中国法学会后期资助项目文丛

BOOK SERIES FUNDED BY CHINA LAW SOCIETY

中国法学会审稿责任人

李存捧　刘海燕　肖志威

中国法学会后期资助项目文丛

BOOK SERIES FUNDED BY CHINA LAW SOCIETY

法律解释权模式研究

A Study on Models of Legal Interpretation Authority

徐凤◎著

法律出版社
LAW PRESS·CHINA

图书在版编目(CIP)数据

法律解释权模式研究 / 徐凤著. -- 北京 : 法律出版社, 2020
(中国法学会后期资助项目文丛)
ISBN 978-7-5197-5011-4

Ⅰ. ①法… Ⅱ. ①徐… Ⅲ. ①法律解释-研究-中国
Ⅳ. ①D920.5

中国版本图书馆 CIP 数据核字(2020)第 190756 号

法律解释权模式研究
FALÜ JIESHIQUAN MOSHI YANJIU

徐 凤 著

责任编辑 屈 瑶
装帧设计 李 瞻

出版 法律出版社
总发行 中国法律图书有限公司
经销 新华书店
印刷 北京虎彩文化传播有限公司
责任校对 王沁陶
责任印制 陶 松

编辑统筹 学术·对外出版分社
开本 710 毫米×1000 毫米 1/16
印张 18.75
字数 237 千
版本 2020 年 12 月第 1 版
印次 2020 年 12 月第 1 次印刷

法律出版社/北京市丰台区莲花池西里 7 号(100073)
网址/www.lawpress.com.cn
投稿邮箱/info@lawpress.com.cn
举报维权邮箱/jbwq@lawpress.com.cn
销售热线/400-660-8393
咨询电话/010-63939796

中国法律图书有限公司/北京市丰台区莲花池西里 7 号(100073)
全国各地中法图分、子公司销售电话:
统一销售客服/400-660-8393/6393
第一法律书店/010-83938432/8433
西安分公司/029-85330678
重庆分公司/023-67453036
上海分公司/021-62071639/1636
深圳分公司/0755-83072995

书号:ISBN 978-7-5197-5011-4
定价:79.00 元

中国法学会后期资助项目文丛

文丛说明

为进一步落实中央《关于加强中国特色新型智库建设的意见》，充分发挥中国法学会作为党和政府联系法学法律界桥梁和纽带的作用，着力实现中国法学会作为国家法治建设领域核心智库的发展目标，为专家学者开展法学研究和成果转化提供支持，不断丰富和发展中国特色社会主义法治理论体系，中国法学会特决定设立后期资助项目，对具有重要理论和实践价值的优秀法学研究成果予以后期资助，纳入“中国法学会后期资助项目文丛”出版。2015年中国法学会后期资助项目设立以来，累计立项80余项成果，已交付出版70余部。今后每年我们还将评选确定一定数量的后期资助项目并予以出版。

中国法学会研究部

2020年11月

序

有关法律解释的研究，近些年来，在我国法学中是一个热门话题，热度持续而不减，但是，关于“法律解释权”“模式”的具体分析，却是法律解释学之热门中的一个“冷”地带。徐凤博士的《法律解释权模式研究》，就是在这样一种冷热不均的背景下，发现并辟出一条蹊径，对法律解释这个大的事项进行的一项独到研究。

就所选定的主题而言，这是一种比较典型的“源于生活、高于生活”的学理性或者研究性设计，其优势是通过它可以清晰地俯瞰生活，可以看全局、观全貌并建立大局观，虽然同时可能会忽略生活的部分细节。因此，这个主题和研究框架的难度和挑战性是很大的，是一个有意义的、初始性的尝试。

研究所需要把握的研究资料，在时间跨度和空间广度上都相当大，可以看到，徐凤博士在历史与现实、中国与外国（不同的法系、不同的国家或者地域）等方面做了大量的原始资料和间接资料的取得、分析和取舍的工作。在理论框架的构造方面，经典的和有新意的诸多学说和观点构成了有益的支撑，因此，在与既有理论的衔接和在此基础上所做出的自身的创新性研究，也显得合理、自洽和自然流畅。从一元到四元到最后多元模式的构造论证，具备了学理上工整、解释并涵盖生活的效能。

在无法“阻挡”法律解释每日每处发生的现实情形下，面对它、研究它并由此反馈于它从而完善它是必需的。理论层面上，这意味着进行多角度、多方位的细致研究，这对于完备法律解释的学理以至完备法学的学理是至关重要的。同时，这项研究的实践意义也是不言自明的。首先，直接关涉法律的实施，当然也关涉司法的权能与过程、关涉法律实现的状况，甚至还会反过来关涉或者影响立法，关涉一个国家、一个地方法制运行和法治发展的状况。

无论是法律解释，还是由它所引带出来的“法律解释权”“模式”“方法”等，都是以法律这部社会“机器”的“技术环节和功能”而被定位和存在的。这是“法律人”才感兴趣和谈论的话题——所以它在我国的法学研究中是一个热点。但是最终，无论如何“专业”“技术”，都改变不了它就是法律运行过程中的一个“动作”、一个“环节”的事实，它只不过是构成法律、法制、法治以至整个社会这条河流中的一个浪花。

其实，法律解释，“法律解释权”“模式”“方法”等，都显然是具体地方、具体国度、具体时期、具体场景、具体人的。在我们坚守本行地谈论技术的时候，也别忘了，除了归纳总结出不同的“模式”之外，也许起着更重要作用的是所谓的法系、国别、民族、人群、时间或历史时期的不同。不关注和不倾力于技术，自然是我们的专业职责所不允许的，与此同时，把技术环节和技术的提升恰当地还原、装载至具体且整体的法律过程、法制系统和法治发展中，才是生活在其中的“法律人”不可忽略和忘记的工作和责任。

当然，就徐凤博士的这项研究本身而言，这些话似乎说得有些“远”了，但确实是我的读后感，是读后的联想和有感而发。因为高兴地看到，徐凤博士在她的毕业论文的基础上，继续着进一步的研究。于是，我也就沿着法律解释这个话题，触发了“从技术到理想”，既是工作任务，也是社会历史责任的感想。法律解释是技术，法律解释权须以权能、权力为基础，权能和权力是社会政治层面上的安排、分配和斗争。模式是技术，模式的选择和恰如其分的使用是社会历史的过程。法律解释的技术发展能促进法制的建设，但仅技术的发达并不必然地迎来法治社会。但愿我们不会用技术上的成就而沾沾自喜地替代社会历史所真正需要迎接的东西。

“路漫漫其修远兮”，成熟的技术以明确的理想追求为其导向，以理想的实现而成其正果。

鲍　禄

二〇二〇年元月

实映照主要体现在古罗马时代罗马法的相关实践和1794年《普鲁士一般邦法》的实践中。一元模式的理论基础是古典自然法学派的理性主义。该理论认为，只要通过理性的努力，就能制定出一部完美无缺的法典，法官照本宣科、机械实施即可。

二元模式允许法官采取各种解释方法解释法律，但反对司法造法。在法官适用法律、解释法律的过程中，法律是没有变化的。只有按规定程序修改相关立法，法律才会改变。二元模式的现实映照主要体现在近代的相关法治实践中，如《法国民法典》的实践、《德国民法典》的早期实践。二元模式的理论基础是实证主义中的形式主义，它认为法律是主权者的命令，法律需要解释，但法官的解释来自主权者的授权，并受制于主权者，法官没有创造法律的权力。二元模式坚持成文法是法律的唯一渊源，不允许法官在成文法之外另寻法源。

三元模式不仅允许法官的法律解释，而且允许法律续造。法律续造超越了法规的字面文义，但符合法规的精神和目的。法官成了辅助立法者、临时立法者。三元模式同时囊括了一元模式和二元模式的合理因素，当法律条文明确无误时，法官要坚守法律的字面含义、严格适用法律；当法律条文存在不确定时，法官要利用法律解释学的方法进行法律解释；当法律存在漏洞时，法官应利用法学方法论进行漏洞填补。三元模式的现实映照主要体现在当代德国与瑞士的相关法治实践中。三元模式的理论基础是实证主义中的实质主义，它追求个案公正，否定了成文法涵盖一切的设定，认为法律必然存在漏洞。法律续造即填补法律漏洞。三元模式通过法官在法律内的续造调和了法律安定与进化、法律稳定性与适应性之间的矛盾。

四元模式不仅允许法官的法律解释和续造，而且允许法律创造。法律创造既超越了法规的字面文义，又超越了法规的精神和目的，但仍在整体法秩序之内。四元模式赋予法官更大的自由裁量权。在四元模式下，法律是开放的、非自足的，它允许政治、经济、社会甚至个人因素入法。四元模式奉行的原则不是追求法律的确定性，而是结果至上。四元模式的现实映照主要体现在美国的相关法治实践中。四元模式的理论基础是实用主义自然法，它不认可理性主义对人类的统治，追求解决实际问题，允许法官的法律创造，但法官造法不是漫无边际的，而是受自然法界限制约的。

多元模式既是对前四种模式的肯定，又是对前四种模式的否定。之所以是对前四种模式的肯定，是因为多元模式并不排斥前四种模式所涉及的法律解释方法；之所以又是对前四种模式的否定，是因为多元模式并不拘泥于前四种模式中的任何一种模式。在多元模式中，立法者、法律文本和法官在司法裁判中共同发挥重要作用，不预先排除任何可能的解决方案，不追求唯一正解，只追求合理的答案。多元模式认为制定法是法律信息的重要传输工具，法官裁判过程就是造法过程，判例也会产生法律信息，判例与判例之间是平等的。多元模式的现实映照主要体现在欧盟的相关法治实践中。多元模式的理论基础是现代诠释学，它认为法律解释不具有终极性，仅具有相对性。立法者、法律文本和解释者之间不再是决定和被决定、反映和被反映的关系，而是一种互动的三角关系。立法原意、法律文本和解释者的“前见”，构成三种不同的“视域”。在确定法律文本意思时，它们之间的关系是相互制约、互助互动的融合关系，解释的最终结果是立法者、法律文本和解释者之间的“视域融合”。

法律解释权的五种模式在判例地位、现实映照、理论基础变迁及其与法律论证关系方面呈现一定的规律性，但每个国家究竟采取何种模式为宜，应具体问题具体分析。具体到我国，本书建议实行三元模式。法官在审判案件时解释法律，甚至在必要的时候进行漏洞填补、法律续造，是法官审判权的应有权力、默示权力。当然，法官的解释和续造，是受权力机关、检察机关、法院内部审级以及媒体、社会公众和法律共同体的监督和制约的，法官应当承担法律论证义务，裁判文书应予以公开。

我国实行三元模式，可通过案例指导制度来实施。案例指导制度就是对法官创造性的肯定。当然，我国目前的案例指导制度需要进一步改革和完善，尤其是在供给主体方面，有权确认和公布指导性案例的主体，不应仅限于最高人民法院，而应至少扩展至地方高级和中级人民法院。与此同时，法官还须掌握类比推理技术和区别技术，以更好地参照或区别指导性案例。指导性案例，既维护了法律的安定性和可预期性，又保持了法律的适应性和进化力。

目　　录

Contents

(law in action) 之间的关系。[①] 法官的法律解释则是法律从纸面走向生活的桥梁。

"纸面上的法"即法律条文是静态的，而"行动中的法"却是动态的。在布莱克看来，无论是"纸面上的法"，还是"行动中的法"，都是法律，立法活动和审判活动都会带来法律的发展。[②] 在民法法系的传统中，"纸面上的法"非常重要，但在普通法法系，往往更重视"行动中的法"。例如，格雷认为只有"行动中的法"才是法律。他说："一个社会中司法部门在确立法律权利与义务时会遵守某些一般规则，这些规则便是该社会的法律。""一个国家的法律在任何时候都是由这个国家的法院在判决中适用的规则构成的。"[③] 所以依格雷之见，对于"纸面上的法"，如果法院不适用它，它就不是法律。甚至也可以说，"行动中的法"对当事人来讲更为重要。再如，霍姆斯认为，"法律就是对法院将要如何判决的预测"。[④]

由上可见，对"纸面上的法"与"行动中的法"孰轻孰重存在不同的认识，而不同的认识则影响了法官法律解释权限的定位。法官法律解释权在不同的国家不尽相同，具有不同的模式，可以抽绎出不同的理想类型。本书分析建构的法官法律解释权模式就是从现实中抽绎出来的理想类型。研究好法官法律解释的各种权限模式，有助于明确"纸面上的法"与"行动中的法"之间的具体关系。

基于以上认识，本书从模式角度研究法官法律解释权，以期从空间上

---

① 庞德区分"纸面上的法"与"行动中的法"，他强调法学除了注重"纸面上的法"、法律的条文含义和逻辑体系的研究之外，更应当注重对"行动中的法"、对在法律运作过程中灵活运用法律、发展法律的研究。

② 参见［美］布莱克：《法律的运作行为》，唐越、苏力译，中国政法大学出版社 1994 年版，第 2 ~3 页。

③ ［美］约翰·奇普曼·格雷：《法律的性质与渊源》，马驰译，中国政法大学出版社 2012 年版，第 233 页。

④ Oliver Wendell Holmes，The Path of the Law，10 Harvard Law Review 457 (1897).

跨越不同法系、不同国家（地区）、不同司法体系，从时间上跨越不同历史时期，分析建构出具有普适性和说明力的法律解释权模式类型。本书的研究目的是为我国法律解释权的模式选择提供理论背景和模式图谱，通过本书的研究，可以了解我国法律解释权模式所处的地位和阶段，并为我国案例指导制度的未来发展提供智识指引。

本书通过理想类型的方法，在前人研究的基础上，分析建构出法官法律解释权的五种模式，它们分别是：一元模式、二元模式、三元模式、四元模式和多元模式。从这些模式的名称可以看出，它们具有一定的规律性。本书的任务是界定这五种模式的内涵，比较研究在各模式下法官法律解释权的大小和界限、法官的法律解释方法和范围、各种法官法律解释观的历史与思想基础，从而发现法官在法律发展中的不同作用，或者说法官参与法律发展的不同程度与方式。这些都事关司法权的配置与改革，兼具理论和实践意义。

二、关键概念界定

为避免歧义，特对本书书名“法律解释权模式研究”中的关键概念界定如下：

首先，就解释主体而言，国内通常认为法律解释（尤其是法定解释）分为立法解释、司法解释和行政解释；[①] 但在国外，只有少数国家明文规定了立法解释，这些国家主要是以前的苏东社会主义国家。在大多数国家，法律解释通常是指法官在适用法律过程中的解释，尽管这些国家的行政机关实际上在执法过程中也在解释法律，但该行政解释并无最终效力，

① 参见姚建宗编：《法理学——一般法律科学》，中国政法大学出版社2006年版，第430～431页；郑成良主编：《法理学》，清华大学出版社2008年版，第279页；浦法仁编：《法律辞典》，上海辞书出版社2009年版，第5页；等等。

法律的最终解释权仍在法院。[①] 在很多学者的笔下，法律解释都仅指法官的司法解释。[②] 法官的司法解释可再细分为具体司法解释和抽象司法解释。具体司法解释是指法官在审判具体案件的过程中对法律进行的解释，解释的载体是判决。[③] 抽象司法解释指法院不以具体个案为背景，而是针对某类法律问题进行的解释，或者，即使是以具体个案为背景而引发的解释，但仍具有规范的概括性和一般性，其表现形式不是判决，而是具有普遍约束力的文件，如"解释""规定""批复""决定""通知""纪要""意见"等。作出具体司法解释的主体是法官，而制定抽象司法解释的主体则是法院，通常是我国的最高人民法院，有时是各省级甚至是地市级人民法院。抽象司法解释是我国的特有现象。本书采用更为流行的"通说"，将法律解释限定在具体司法解释的范围内。

其次，解释的对象——"法律"，是指法官裁判纠纷的"依据""准据""准绳"，即"以事实为根据，以法律为准绳"中的"准绳"，也就是通常所说的法官适用的"法律"，也即"法律渊源"。"法律渊源是一种权威性理由。人们提供了一种权威性理由，以支持特定立法决定、司法裁决或者其他根据情势而不是其内容所作出的裁决。"[④] 无论形式如何，无论是国家法、国际法、超国家法，还是民间法，只要能够成为法官裁判案件的"依据""准据""准绳"，均是这里所称的"法律"或"法律渊源"。这些"法律"或"法律渊

---

① 例如美国在1803年马伯里诉麦迪逊案中确立了法官的法律解释权。审理该案的马歇尔大法官认为，解释法律是司法机关的权限和职责，法官在审理案件时，有权力也有义务解释具体案件中涉及的宪法和法律。法官的法律解释权由此得以确立。此后，法官享有法律解释权这一思想深入人心。See Marbury v. Madison，5 U. S. 137（1803）. 美国在1958年库珀诉亚伦案中则进一步确立了法官法律解释权的最高权威，即优越性（至上性）。See Cooper v. Aaron，358 U. S. 1（1958）.

② 如拉伦茨、杨仁寿、梁慧星、王利明等。

③ 参见苏力：《解释的难题：对几种法律文本解释方法的追问》，载《中国社会科学》1997年第4期；张志铭：《法律解释学》，中国人民大学出版社2015年版，第164页。

④ ［瑞典］亚历山大·佩岑尼克：《法律科学：作为法律知识和法律渊源的法律学说》，桂晓伟译，武汉大学出版社2009年版，第26页。

源”在适用的时候，都需要解释，因而就成了法律解释的对象。

对于不同的法院而言，其适用的“法律”或“法律渊源”在范围上是不尽相同的。在我国，法院所适用的“法律”，既包括正式的法律渊源——制定法，也包括非正式的法律渊源——如指导性案例、习惯法、民间法等。在普通法法系国家（如美国），法院适用的“法律”，既包括制定法与判例法等正式法律渊源，也包括习惯法，甚至可能包括权威专家的意见等非正式法律渊源。对于国际性司法机构而言，其所适用的“法律”，首要的就是国际法和超国家法。也就是说，不同的法院，其适用的“法律”可能并不相同，其法律解释的对象自然也就不尽相同了。

需要强调的是，本书所谓法律解释权的大与小，不是指法院所适用的“法律”与“法律渊源”范围的宽与窄，而是指法官解释与创设法律规范的创造性的强与弱。法院所适用的“法律”与“法律渊源”的范围宽，并不意味着法官的权力就一定大。如果限制法官的解释权，不允许法官造法，即使法官所适用的“法律”与“法律渊源”的范围很宽——既包括国内法，也包括民间法，还包括国际法和超国家法，其法律解释权其实也是很小的。相应而言，即使法院所适用的“法律”与“法律渊源”的范围很窄，比如只包括制定法，但如果法官在适用法律的时候具有创造法律规范的权力，那么其法律解释权也很大。

最后，就法律解释的方法和权限而言，法官对法律的解释，狭义上，仅指法官在不逾越法律文本含义范围的情况下对法律文本所作的解释；广义上，除了狭义的法律解释外，还包括法官在逾越“法律文本含义”范围的情况下所作的法律续造以及法外造法①（法官造法、“法律创造”）。例

① 卡尔·拉伦茨专门论述了法官超越法律计划之外的法的续造。这种续造是法律计划原本并未包含，有时甚至与之背道而驰的。这种法的续造虽然在“法律之外”（超越法律的规整），但仍在“法秩序之内”（其仍须坚守由整体法秩序及其根本的法律原则所划定的界限）。参见［德］卡尔·拉伦茨：《法学方法论》，陈爱娥译，商务印书馆2003年版，第286～287页。

四、研究现状与评析

综观目前国内外相关文献，研究法律解释和法律解释权的文献很多，但直接研究法律解释权模式的文献或者以较宽广视野、跨越普通法法系与民法法系、以比较法方法研究法律解释权模式的文献并不多见。既有文献大多是间接涉及法律解释权模式。

（一）直接研究法律解释权模式的文献

雅各布的《欧洲法院判例与案例推理：未竟的事业》① 将法律解释权模式分为否定法官造法的模式与肯定法官造法的模式，前者包括二元模式（Binary Model）与三元模式（Ternary Model），后者包括实用主义模式（Pragmatic Model）与多元模式（Alternative Model）。这是笔者发现的为数不多的直接论述法律解释权模式的文献，为本书的进一步研究提供了基础。但该书对这四种模式的研究非常简短，有待深化。

魏胜强的《法律解释权的配置研究》②（以下简称“魏文”）在题目上与本书非常接近，但其实研究的却是不同的对象。“魏文”主要探讨的是法律解释权在立法机关、行政机关、检察机关、审判机关之间的配置问题，换言之，“魏文”研究的是立法解释、行政解释和司法解释之间的关系问题，而本书则仅研究司法解释权的不同模式，对立法解释、行政解释、检察机关的解释等不予涉及。此外，“魏文”沿着法律发展的轨迹考察了大陆法系、英美法系和中华法系代表性国家、地区法律解释权的配置状况，探讨了法律解释权配置的历史演变问题，这对本书有一

---

① Marc Jacob，Precedents and Case-Based Reasoning in the European Court of Justice：Unfinished Business，Cambridge，Cambridge University Press，2014.

② 魏胜强：《法律解释权的配置研究》，北京大学出版社 2013 年版。

定的借鉴意义。“魏文”主张参考我国台湾地区的经验，建立“声请解释制度”。

季卫东的《法律解释的真谛（上）——探索实用法学的第三道路》[①]介绍了三种法律解释观——法律决定论的思维模式、法官主观论的思维模式和法律议论的思维模式，并对传统中国的法律解释作出了解释，分析了当代我国法律解释的特色。该文介绍的法学流派既包括普通法法系的分析法学、实用主义法学、批评法学等，也包括民法法系的法律推理与法律论证学派，涉及图尔敏、阿列克西、哈贝马斯等著名学者。该文较早也较全面地介绍了法律解释的各种理论，对我国研究各学派的法律解释理论很有助益。该文所述的三种法律解释观实际上就是法律解释权的三种模式——法律决定论模式、法官主观论模式、法律议论模式。

李荣在《西方法官解释的历史与学派之争》[②] 中简要梳理了大陆法系国家和英美法系国家法官解释的历史，将西方法官解释的学派之争分为肯定派和否定派，并根据法官解释的限度在肯定派中提炼出当今西方三种代表性法官解释观：（1）德沃金无须造法的法官解释观；（2）哈特调和式的法官解释观；（3）波斯纳超越成文法的法官解释观。这实际上也是对法律解释权的一种划分方法。

沃罗布莱夫斯基在《司法的法律适用》[③] 中将司法裁判观念（judicial decision-making ideology）分为三种：受约束的（bound）司法裁判、自由的（free）司法裁判、合法且合理的（legal and rational）司法裁判。其主要观点是：（1）受约束的司法裁判观是政治自由主义和法律实证主义的产物。政治自由主义旨在保护个体公民的权利，防止其权利被国家或其他公

① 季卫东：《法律解释的真谛（上）——探索实用法学的第三道路》，载《中外法学》1998 年第 6 期。收录于季卫东：《法治秩序的建构》（增补本），商务印书馆 2014 年版，第 84 ~138 页。

② 李荣：《西方法官解释的历史与学派之争》，载《环球法律评论》2007 年第 3 期。

③ J. Wróblewski，The Judicial Application of Law，Kluwer，1992.

民侵犯。英国分析法学派（English School of Analytical Jurisprudence）、德国概念法学派（German School of Begriffsjurisprudenz）和法国注释法学派（French école exégètique）都主张司法裁判要受到约束。自由、法律的确定性和保障性、法律适用中的稳定性和一致性，这些形式价值（formal values）成为国家法律保护的最高价值。在这种观念下，法律被视为封闭、完整、一致的抽象规范体系。制定法是正式承认的唯一法源。如今这种极端形式主义虽然在法国司法体系中仍有残余，但基本上已经成为法律小说。更现实一点的形式主义则会承认法官拥有有限的自由裁量权。凯尔森就认为制定法或其他法律规范的适用需要法官拥有一定的自由裁量权。哈特也认为，因为语言和法律规则的空缺结构，法官需要在法律规则语义范围中界限不明的“灰色”地带行使一定的自由裁量权，公开创造一些规则。（2）自由的司法裁判观是基于法律实证主义的缺陷对法律形式主义的反叛。主张这一观念的思想运动包括法国的科学研究自由运动（libre recherche scientifique）、德国的自由法运动（Free Law Movement）、社会法学、美国的现实主义运动，代表人物包括惹尼（Gény）、埃利希（Ehrlich）、康特洛维奇（Kantorowicz）、赫克（Heck）、施密特（Schmitt）和毕洛夫（Bülow）等。该观念强调法官在创造有效法律规范中的作用，贬抑立法者的作用。20世纪以来立法技术的重大变化产生了越来越多的概括性法律条款，成为引发司法上反对形式主义的一大原因，法律规范的创制权因此或多或少地从立法机关转移至法院。自由的司法裁判观念强调司法裁判的动态性以及对真实世界中存在问题的回应。在这一观念下，法律渊源不仅包括制定法，还包括价值性法源：法律实践、社交规则、社会事实、社会规则、法律事实评价、其他事实评价、评价来源等，甚至还包括美国学者提出的“直觉”（hunch）或称为对具体事实进行的非理性、情感化的评价和直觉性的法律反应。（3）合法且合理的司法裁判规则是居于受约束司法裁判观念和自由司法裁判观念之间的中间派。合法性（legality）

意味着遵守现行法律的要求，合理性（rationality）则关注法律正当性的内在和外在前提。该观念既避免了司法裁判受严格约束的极端理性主义，也防止完全自由的非理性司法裁判。该观念并不赞成法官法（judge-made law）的概念，即反对由法院创造具有普遍性的、抽象的法律规则。该文阐述的三种司法裁判观念其实就是三种法律解释观。

伊斯特布鲁克的《法律解释与法官的权力》① 探讨了法官为什么应该拥有解释法律和创造法律的权力，体现了现代诠释学视角下的法律解释观。其主要观点包括：（1）法官解释文本，文本并不能约束解释者，而是解释者赋予文本以意义。文本只是传达思想的工具，但并不等于作者的意图。文本的意义主要由其使用者决定，而不是作者。（2）主张严格、统一字义解释的平义规则（“plain meaning” rule）和清楚陈述规则（“clear statement” approach）都是荒谬的，因为法律文本不可能完全清楚明白，立法者往往也只是意在制定法律原则，而不是一部法典。（3）立法原旨主义也是失败的，因为很难确定立法当时的意图。（4）“法律发现（finding）”和“法律创造（making）”的划分是伪二分法，凡是解释都会添加解释者赋予的意义。（5）法律解释和文学诠释不一样，制定法的不确定性反而意味着法官权力的减少，而不是增加。越是质疑法律文本传达意义的能力，越会怀疑法官判决的权威性，法官就越需要证明其判决的正当性。（6）法律解释需要一套具有一致性和原则性的规则，虽然这可能只是一个西西弗神话。

张志铭在《法律解释学》② 中分析了三类法律解释认知模式：统一模式、选择模式以及融合模式。它们实际上就是三种法律解释权模式。该书的

---

① Frank H. Easterbrook, Legal Interpretation and the Power of the Judiciary, 7 Harvard Journal of Law and Public Policy, 87 (1984).

② 张志铭：《法律解释学》，中国人民大学出版社 2015 年版。

法律续造与法外造法。

杨仁寿在《法学方法论》[①] 中介绍了19世纪初期法国和德国学者对法律解释之认识和19世纪前后英美及日本学者对法学解释之认识，以及概念法学和自由法运动对法律解释的影响等。

梁慧星的《民法解释学》[②] 介绍了民法法系民法解释学的发展史，从罗马时期、中世纪、近代到20世纪，涉及民法法系解释学的各个学派，包括注释法学、注解法学、潘德克吞法学、自由法运动、目的法学、自由法学、科学法学、利益法学等。

王利明的《法律解释学》[③] 介绍了狭义法律解释的方法、不确定概念和一般条款的具体化、法律漏洞的填补、解释方法的综合运用及其适用顺序。该书关于法律解释方法的研究为本书提供了方法论支持。

陈金钊等著的《法律方法论研究》[④] 以及陈金钊主编的《法律方法论》[⑤] 主要研究了法律渊源与法律发现、法律解释的方法、法律漏洞填补的方法、法律论证的方法以及法律拟制的方法、司法裁判中的利益衡量等。这些研究都较为深入。

我国台湾地区学者吴从舟的《概念法学、利益法学与价值法学：探索一部民法方法论的演变史》[⑥]，研究了德国从概念法学到利益法学发展的历史脉络，着重探讨了耶林与赫克的利益法学及其现代影响。这对于我们深化对德国法学方法论的认识具有重要意义。

---

① 杨仁寿：《法学方法论》（第二版），中国政法大学出版社2013年版。

② 梁慧星：《民法解释学》，中国政法大学出版社1995年版。

③ 王利明：《法律解释学》，中国人民大学出版社2011年版。

④ 陈金钊等：《法律方法论研究》，山东人民出版社2010年版。

⑤ 陈金钊主编：《法律方法论》，中国政法大学出版社2007年版。

⑥ 吴从舟：《概念法学、利益法学与价值法学：探索一部民法方法论的演变史》，中国法制出版社2011年版。

顾祝轩的《制造"拉伦茨神话"——德国法学方法论史》[①] 则研究了德国法学方法论的发展史，分别是：概念法学、自由法学、利益法学、纳粹法学、价值法学。顾祝轩的研究受吴从舟的影响较大，但也同样对本书提供了有价值的资料。

法学方法论的研究是民法法系在制定法背景下的特有现象。但随着制定法在普通法法系的日益增多和地位的不断提升，普通法法系也开始了相关研究，不过，在普通法法系，它被称为"法律解释学"或"制定法解释"。

麦考密克与萨默斯共同主编的《制定法解释比较研究》[②] 概括总结了9个国家高等法院在裁判过程中广泛运用的11种最基本的法律解释方法。这11种法律解释方法又分为四大类。张志铭最早将其介绍到国内。[③] 这9个国家即阿根廷、德国、芬兰、法国、意大利、波兰、瑞典、英国、美国，既有民法法系的典型代表，又有普通法法系的典型代表。该书属于跨法域的研究。这4大类11种解释方法详见表1：

表1　11种解释方法

种类	解释方法	含义
语义类	普通含义论点	如果法律规定所使用的是普通语词或词组，而且其含义是明白的，就应当以普通含义为准，除非有充分理由做其他不同解释。
	专门含义论点	如果法律规定所使用的是专门语词或词组，或者具有专门含义的语词或词组，就应该从专门含义的角度进行解释。

① 顾祝轩：《制造"拉伦茨神话"——德国法学方法论史》，法律出版社2011年版。

② D. Neil Maccormic & Robert S. Summers (eds.), Interpreting Statutes: A Comparative Study, Dartmouth, Aldershot, 1991.

③ 张志铭：《法律解释学》，中国人民大学出版社2015年版。

续表

种类	解释方法	含义
系统类	上下文和谐论点	如果一项法律规定属于一个更大的系统，就应该把该系统视为一个完整和谐的体系，把拟解释的对象作为其中的一个组成部分，根据上下文的联系予以解释。
	判例论点	如果一项法律规定在先前的司法判决中曾有过适用或解释，则应遵循此解释。
	类比论点	如果一项法律规定与同一法律或法典的另一些规定，或其他法律或法典的相似规定有明显的可类比性，那么即使涉及对其普通含义的重大扩张或背离，也应当以确保与这些规定的意义相同的方式来解释。
	逻辑—概念论点	如果法律规定使用了众所公认并在学理上有详尽阐述的一般法律概念，就应该以保持该概念在整个法律体系或相关法律部门中一致使用的观点来解释。
	一般法律原则论点	解释应采取与所适用的原则最为一致的解释。
	历史论点	有的法典历经历史巨变，许多规定已经发生了适时的变化，有了与原来不同的含义，最终变成了按照对其要点、目的、所体现的正当性观念的历史理解，则解释应与该历史理解相一致。
目的—评价类	目的论点	如果可以确定一项具体的法律规定或者其所在的整个法律的一般目的，则解释应与该目的保持一致。
	实体理由论点	实体理由包括道德考虑、政治考虑、经济考虑或其他社会考虑。如果认为存在某种有价值的目标或事物状态，或者存在某种对法律秩序具有根本重要性的正当概念，而这种目标、状态或正当概念更能为一种而非另一种解释所促进，那么就应该选择有利于促进该目标，或者维持这种事物状态或正当概念的解释。
跨类型的意图类	意图论点	如果能识别具体法律规定的相关立法意图，就应按照对立法意图的某种适当的理解，或者着眼于作为立法意图对象的某种要素（可以是任何上述 10 种解释方式之一），以保持与立法意图一致的方式解释之。

麦考密克的《法律推理与法律理论》[①] 继承了哈特关于简易案件（clear case）与疑难案件（hard case）的区分，认为在简易案件中需要适用演绎证立，即一个结论性命题隐含于另一个或者若干个命题当中，后者是前者的前提。无论前提和结论的内容是什么，只要从形式上前提中包含着（或者等同于）结论，一个演绎性判断就是成立的。但当面对疑难案件时，演绎证立不敷使用，需要引入二阶证立。演绎证立将二阶证立区分为三种模式：后果主义论辩、一致性论辩和融贯性论辩。后果主义论辩主要为法律实用主义所主张，要求法官在疑难案件中考虑社会整体利益进行判决；一致性论辩主要是由严格的实证主义所主张，要求法官必须严格依照既有的规则进行裁判而不能与此相冲突；融贯性论辩主要是价值法学的主张，它要求法官所依据的原则不得与法律秩序内在的价值体系相冲突。德沃金的整全性法律理论与德国的评价法学就属于价值法学。该书将法律解释与法律论证联结起来，将法律解释学推向了一个新的高度。

菲特丽丝在《法律论证原理——司法裁决之证立理论概览》[②] 中则概述了论证理论的主要研究成果，包括图尔敏的论证模型、佩雷尔曼的新修辞学、哈贝马斯的交往理性理论、麦考密克的法律裁决之证立理论、阿列克西的程序性法律论证理论、阿尔尼奥的法律解释之证立理论、佩策尼克的法律转化理论等。菲特丽丝将法律论证的方法分为逻辑的、修辞的和对话的。从逻辑的角度看，逻辑有效性是某一法律证立之可接受性的前提条件。逻辑方法是传统的理论模型，最古老的逻辑系统是亚里士多德提出的三段论逻辑。而按照修辞方法，法律论证的可接受性取决于论证的有效

① ［英］尼尔·麦考密克：《法律推理与法律理论》，姜峰译，法律出版社 2018 年版。

② ［荷］伊芙琳·T. 菲特丽丝：《法律论证原理——司法裁决之证立理论概览》，张其山、焦宝乾、夏贞鹏译，商务印书馆 2005 年版。

2. 关于司法行为模式的分类研究

卡多佐在《司法过程的性质》中将法律原则增长与发展的路径分为四种：逻辑发展的路径，历史发展的路径，社区习惯的路径，正义、道德、社会福利、社会风气的路径。[①] 卡多佐认为，民法法系和普通法法系都在使用逻辑的方法，不过其侧重点不同罢了。民法法系可能更多地使用逻辑中的演绎方法，普通法法系则更多地使用归纳和类比的方法。卡多佐的结论是：这四种路径在法律进步中都具有推动作用，至于在某个具体案件中，哪种路径起决定作用，则主要取决于诸多社会利益的衡量。[②] 其实卡多佐的这一分类也是对司法行为模式的概括，为本书的写作提供了重要的理论背景。

最早真正研究司法行为模式的是鲍姆。他在《法官和他的受众：法官行为的一个视角》[③] 中将司法行为分为两种模型：法律政策模型与社会心理学模型。前者假定最高法院大法官们只会为取得良好的法律政策这一目标而采取行动；后者认为法官关心自己的受众是怎样看待自己的，并认为受众可以对法官的选择产生根本性的影响。作者认为，审判行为可以理解为对一组受众进行的自我表演。法官寻求其他人的认可，并且他对于认可的兴趣会影响他们作为法官的选择。这一研究方法的影响较大。

波斯纳在《法官如何思考》[④] 一书中，主要针对美国的法官和司法，将司法行为的描述性（而非规范性）分为9种模型：（政治）态度（attitudinal theory）理论、博弈理论、社会学理论、心理学理论、经济学理论、组织理论、实用主义理论、现象学理论和法条主义理论。详见表2：

---

① 参见［美］本杰明·卡多佐：《司法过程的性质》，苏力译，商务印书馆1998年版，第16页。

② 同上书，第69页。

③ Lawrence Baum，Judges and Their Audiences：A Perspective on Judicial Behavior，Princeton University Press，2008.

④ Richard A. Posner，How Judges Think，Harvard University Press，2008.

表 2 司法行为模型

司法行为模型	主要内容
（政治）态度理论	以法官带进案件中的政治偏好解说法官的决定。
博弈理论	以博弈论来解释法官行动，认为法官的决定取决于命令链上的其他人。
社会学理论	合议庭构成（包括党派、性别、肤色等）会影响裁判结果。
心理学理论	集中关注应对不确定性的战略，强调在塑造不确定性之回应中，前见的重要性和渊源。
经济学理论	视法官为理性的、自利的效用最大化者，司法判决（因变量）取决于司法效用函数的自变量（如货币收入、休闲、权力、特权、名誉、自尊、工作自身的快乐以及其他满足）。
组织理论	基于代理人与被代理人的组织结构来解释司法行为，并认为上诉审法官坚持先例使下层法院成为其忠实的代理人。
实用主义理论	依据司法判决可能产生的效果作出决定，而不是以三段论方式根据前提展开演绎。
现象学理论	研究第一人称的意识，即清醒心智中的经验的自我表达。
法条主义理论	司法决定都是由“法律”（the law）确定，而这个法律是正宗的法律材料——诸如宪法和制定法文本以及先例——所表达的，或者可以通过逻辑操作从这些材料中衍生出来的一整套已有规则。坚持认为不是法官的个人因素决定司法决定。

这 9 种理论相互重叠、不完整，但富有洞见，用波斯纳自己的话说，“它们构成了一台不便使用的分析设备”。波斯纳发现，尽管常规（大多数）司法决定看上去是法条主义驱动的，但法官绝非仅适用已有规则或有什么独特的法律推理模式，他们不是法条主义者。法官的政治偏好或法律以外的其他因素，如法官的个人特点以及生平阅历和职业经验，会塑造他的司法前见（preconception），进而直接塑造他对案件的回应。波斯纳重复

了自己之前的观点，[①] 认为法官都是实用主义者，他们高度关注并评估一个司法决定的系统、长远后果，并在此基础上作出司法决定。

西格尔、斯皮斯和蓓娜莎所著的《美国司法体系中的最高法院》[②] 将司法裁决的形成路径分为法律路径和法律路径以外的其他政策路径。法律路径分为三个模型：（1）机械主义司法模型（mechanical jurisprudence）。这一模型假设法律问题只有一个正确答案，需要法官主动发现。（2）影响模型（gravitational model）：法律标准（基本文义、立法者意图、先例等）对法官的判决具有重要影响。（3）后实证主义模型（post-positivism）：认为法官所遵循的法律原则，只是其内心确信。法律路径以外的其他政策路径分为两个模型：（1）态度模型——强调法官的态度对判决的影响；（2）理性选择模型——强调司法选择间的相互依赖性：在形成裁决时，无论该法官或大法官是为了实现政策目的还是其他目的，为保证胜利，他们必须考虑到其他政治角色的选择。[③] 他们认为，由于法官本身也在创制公共政策，所以他们可能希望判决能够反映自己偏好的政策。下级法院可能受到上级法院先例的影响，但美国联邦最高法院大法官在选民的偏好以及一系列法律和法外因素中，只明显地受到一个法外因素的影响：他们自己的政治态度。因为美国的政治制度给予终身任职的大法官以充分的自由，使其得以根据个人政策偏好进行裁决。大法官们可以推进其政策目标，因为他们不负选举或政治责任，没有更高的职位追求，并且身处一个能够决定自己案件负担的、提供最后救济的最高法院。[④] 意识形态在很大程度上

---

① Richard A. Posner，Problems of Jurisprudence，Harvard University Press，1990.

② ［美］杰弗瑞·A. 西格尔、哈罗德·J. 斯皮斯、莎拉·C. 蓓娜莎：《美国司法体系中的最高法院》，刘哲玮、杨微波译，北京大学出版社 2011 年版。

③ 同上书，第 17 ~36 页。

④ 同上书，第 340 页。

左右了最高法院创立以来的各判决。[①]

上述研究对于笔者研究美国的法律解释权模式都具有重要的参考价值。

3. 关于不同法学流派法律解释观的研究

庞德在《法律史解释》中认为，为了使法律的稳定与变化相协调，人类主要依循三条路线：权威、哲学和历史。[②] 权威观最早的表现形式是人们对神定的或神授的规则体的信奉，最新的表现形式是对主权者（君主、议会或人民）的命令的信奉。哲学观的表现形式主要是自然法。历史观的表现形式主要是法律的历史解释——对法律的解释必须将全部的法律文献，包括判例、法理著述和制定法都考虑进去。大致而论，12～16 世纪人类社会主要依赖权威，17～18 世纪主要依赖哲学，19 世纪主要依赖历史。总之，庞德以历史的视野将法律方法归纳为权威、哲学和历史三种，这其实对应着法律方法的三大学术流派：实证法学派、自然法学派和历史法学派。这有助于我们深刻了解法律方法的历史演进，以及不同流派的哲学基础。

秦策、张镭的《司法方法与法学流派》[③] 梳理了法律形式主义、法律过程理论、现实主义法学、自然法学、分析法学、实用主义法学、批判法学等学派的司法方法论，以及语义分析、逻辑推理、历史分析、政策分析、价值衡量、利益衡量、原则裁判、后果评估等方法。该书主要介绍了普通法法系的法学流派，虽仅以学派为区分标准，但也为本书提供了研究素材。

（三）既有研究评析

通过对相关文献的综合分析，笔者认为既有研究的总体情况如下：

---

① ［美］杰弗瑞·A. 西格尔、哈罗德·J. 斯皮斯、莎拉·C. 蓓娜莎：《美国司法体系中的最高法院》，刘哲玮、杨微波译，北京大学出版社 2011 年版，第 72 页。

② 参见［美］罗斯科·庞德：《法律史解释》，邓正来译，中国法制出版社 2002 年版，第 3～4 页。

③ 秦策、张镭：《司法方法与法学流派》，人民出版社 2011 年版。

第一，直接研究法官法律解释权模式的文献较少，间接涉及法官法律解释权模式的文献较多，既有研究主要是从不同角度展开，视域不够开阔。不过既有研究对本书具有重要的参考价值，为本书奠定了一定的研究基础。

第二，既有研究中跨越民法法系和普通法法系两大法系进行的法官法律解释权研究不多，即使有，也是有所侧重，要么侧重于研究普通法法系中法官的权力与功能，要么侧重于研究民法法系中法律方法论的应然状态。

第三，在普通法法系法官法律解释权的相关研究中，得出的结论是：英国法的形式化特点与美国法的实质化特点具有共性。虽并无不当，但未充分展现英美法学者之间的分歧。其实，即使在英国学者之间，不同学术流派以及同一学术流派内部，学者们对法官法律解释权的认识也不尽一致。

第四，在民法法系法官法律解释权及法律方法论的相关研究中，各学派的研究大多是以时间为主轴，按照其出现和流行的时间顺序进行结构安排。其实对普通法法系法律解释学的某些研究亦是如此。这种以时间轴展开的顺序安排很容易给人以一种新理论优于旧理论的错误印象，而忽略了这些理论的适用其实各有其条件。尤其是将其借鉴到国内时，新的理论未必有用，旧的理论可能反而更有价值。换言之，以理论出现和流行的时间顺序展开研究未能充分挖掘各种理论的适用条件。

第五，既有研究大多集中于国内法律解释权和法律解释方法的探讨，未能兼顾国际司法与争端解决机构的法律解释方法，视野具有一定的局限性，因此划分出来的模型普适性不足。

第六，现有研究尽管各具深度，但缺乏系统性，既未能将法官法律解释权模式及其现实映照和理论基础有机结合起来进行系统研究，又未能从历史的角度研究法律解释权模式的理论和现实演变规律。简言之，在实证基础上对法官法律解释权模式的系统性理论研究比较欠缺。

五、研究方法

本书运用的研究方法主要是理想类型研究方法、比较研究方法、实证研究方法和规范分析方法。

首先，本书以理想类型的方法分析确立了法律解释权的五种模式：一元模式、二元模式、三元模式、四元模式和多元模式。在此基础上，对这五种模式进行比较研究。其次，本书还运用实证方法研究了五种模式在现实中的映照。在分析我国的法律解释权模式选择时，则运用规范分析方法，因为现有的法律规范（尤其是宪法规范）构成了我国法律解释权模式选择的约束条件。由于理想类型方法是本书运用的一个基础性研究方法，在此有必要进行详细说明。

理想类型（Ideal Type）是德国社会学家马克斯·韦伯用以进行历史的和社会的比较研究的根据，是其比较社会学的方法论基础。[①] 韦伯认为任何科学系统都无法囊括所有具体现实，任何概念工具都不能完全涵盖无限多样、千变万化的具体现象。社会学家在选择概念工具时极易陷入这样的困境，即如果概念工具概括性很强，就很容易忽视现象的具体特征；如果概念工具概括性不足，又无法包容相关现象。而韦伯的理想类型就是要避免陷入这种两难的困境：一方面，理想类型是人为构建的概念工具，抽象性和概括性较强，与经验事实不同；另一方面，理想类型又是考察现实的概念工具，它是在对千变万化的经验事实进行分析整理之后，抽绎出其中的共性或规律，突出经验事实的典型形式。[②]

理想类型方法不同于归纳法。理想类型是社会学家为了分析、理解现实而构建的理论模式，不是对实际存在的现象的概括和归纳。因为人类对

① 参见杨善华、谢立中主编：《西方社会学理论》（上卷），北京大学出版社2005年版，第183页。

② 参见［德］马克斯·韦伯：《社会科学方法论》，杨富斌译，华夏出版社1999年版，第186页。

于外物的认识是通过概念和范畴获得的，所以理想类型就是通过人为建构的概念工具认识社会现象的真相。尽管理想类型是人为建构的，但绝不是无中生有，而是去掉了社会现象纷繁复杂的枝蔓，突出其中某些特征，根据这些特征来建构的一个理想化类型。① 简言之，理想类型既源于现实，又高于现实。另外，理想类型的构建也不是随心所欲的，而应具有逻辑上的一致性，不得与经验的因果关系相违背。②

归纳法具有不周延性，但理想类型的构建却可以做到周延。归纳法是从有限的经验中得出结论的，由于人的经验有限性，其得出的结论未必可靠。休谟曾说过，即使过去天天都是太阳从东边升起，我们也不能得出明天的太阳一定升起或者太阳一定从东边升起的结论。一个没有到过南极的人是不会想到太阳会从北边升起的。此外，从这一些有限的材料中归纳出一个结论，从那一些有限的材料中归纳出一个结论，再从另外一些有限的材料中归纳出另一个结论，将这些所有结论拼接在一起，难以得出这个世界的完整图像，这些结论的拼接也难以做到“无缝对接”。相反，以我们的理想去建构理想类型，只要分类方法得当，就可以构建出一个涵盖整个世界的完整图像，这些理想类型之间还可以做到“无缝对接”。

理想类型是社会科学理论建构中方法论上必不可少的一种工具。理想类型作为一种思想模式，不是对社会现实的描述，是抽象的，却不是空想的，是社会科学家确立社会事件和社会现象中某些联系并将它们视为一个统一体系的概念范式或建构原则，可以用于说明客观经验事实，分析具体社会事件，具有启发性。

理想类型以化繁为简、单方面突出某一观点为重要特征，是一种“片面的深刻”。但片面具有促进思考的能量。通过这种“片面的深刻”，科学

---

① 参见陈小文：《行政法的哲学基础》，北京大学出版社2009年版，第17页。

② 参见文军主编：《西方社会学经典命题》，江西人民出版社2008年版，第69页。

研究才能步入整体分析，人类认识才能接近事物的真相。[①] 正因为如此，理想类型有利于我们更深刻地认识和解释现实世界。从现代哲学立场来看，任何解释世界的哲学，无不具有改变世界的功能和性质，解释世界与改变世界是分不开的，而深刻认识和解释世界无疑有益于我们更好地改造世界。这就是理想类型这一研究方法的力量。

既然理想类型是人为建构的，不同学者分析建构的理想类型也不尽相同。例如，季卫东分析建构的法律解释权的理想类型有三种：法律决定论的思维模式、法官主观论的思维模式以及关于法律议论的法学理论。庞德分析建构的法律发展理想类型是权威方法、哲学方法和历史方法。雅各布分析建构的法律解释权模式有四种：二元模式、三元模式、实用主义模式和多元模式。而本书分析建构的法律解释权模式则有五种，即一元模式、二元模式、三元模式、四元模式和多元模式。此外，即使不同学者分析建构的理想类型的名称相同，但其具体内容却不一定相同。笔者与雅各布分析建构的理想类型在名称上，有三种完全相同，但其具体内容却不尽相同。

本书分析建构的五种模式之间有交叉和重叠，前四种模式呈递进关系，层层递进，后面的类型包括前面的类型，第五个类型则是例外。这五种模式（理想类型），涵盖了当今世界上法官参与法律发展的大多数类型——如果不是所有类型的话。通过这五种模式类型，我们能够更清晰地认识各国法官的权限、作用和地位，从而找准我国法官的定位以及我国法律发展的阶段，为我国的司法改革提供方向选择和智识支持。

六、创新之处

总体而言，本书的创新之处主要体现在以下几个方面：

---

① 参见胡玉鸿：《韦伯的“理想类型”及其法学方法论意义——兼论法学中“类型”的建构》，载《广西师范大学学报》（哲学社会科学版）2003 年第 2 期。

第五，本书虽然是以全球视野来研究法官法律解释权模式，但最后的落脚点还在中国。根据法律解释权五种模式的特点和利弊优劣，本书深入分析其在我国的适用前景，反思了我国的司法解释权模式并为其完善建言献策。

第二章　法律解释权的一元模式

一、一元模式的界定与判例地位

一元模式是法律解释权最初始的模式，它起始于人们对法治最朴素的认识，也饱含了人类最初的法治理想。尽管在今天看来，它很难实现，有点异想天开甚至荒唐可笑，但在当时却具有不容忽视的历史意义。

（一）一元模式的界定

在一元模式中，立法者与司法者的角色定位很明确：立法者创制法律，是规范的唯一源泉；司法者不创制法律，司法不能改变法律。一元模式认为法典万能，制定法完美无缺，法律静止不变，一般禁止法官进行法律解释，或者仅允许文义解释[①]，即字面解释。由于这一模式仅允许司法的机械适用或字面解释，不允许其他法律解释方法，因此笔者称这一模式

---

① 文义解释有狭义和广义之分。狭义的文义解释是指按照字面含义解释法律文本，原则上不考虑法律文本字面含义以外的因素，既不需要对其进行扩张或限缩，也不需要法官进行价值判断，不用借助立法目的的考量和立法资料的考证来确定立法者的立法目的，只需“就法条论法条”。参见王泽鉴：《民法总则》，中国政法大学出版社2001年版，第51页；王利明：《法律解释学》，中国人民大学出版社2011年版，第72~74页。广义的文义解释是指按照法律文本的文义及通常使用方式进行解释，不仅包括字面解释，还包括体系解释、目的解释等。最典型的文义解释是字面解释。无论何种解释方法，只要解释的结果未超出法律文本可能的文义范围，就属于文义解释。参见梁慧星：《民法解释学》，中国政法大学出版社1995年版，第214~215页；徐明：《文义解释的语用分析与构建》，载《政法论丛》2016年第3期。本书中的文义解释皆采用狭义解释。

为一元模式，它又可称为“禁止解释或文义解释模式”。一元模式是和后面的二元模式、三元模式等相对而言的。一元模式如图 1 所示。

图 1　一元模式

在一元模式之下，法官的形象是保守的。很多法学家都把法官看作法律借以说话的嘴巴。孟德斯鸠的名言是：“法官仅仅是这样的‘嘴’，（在不添加自己意思的状态下）说出法律中的词句就是了。”[①] “国家的法官不过是法律的代言人，不过是一些呆板的人物，既不能缓和法律的威力，也不能缓和法律的严峻。”[②] 美国大法官马歇尔重述了孟德斯鸠的这番话，认为法官不能随意行事。英国法学家、法官爱德华·科克爵士（Sir Edward Coke）在卡尔文案[③]中也曾言：“法官乃说话的法律。”“虽然法院不应固定，判决却应该固定，以使判决书永远是一纸精确的法律条文。判决如果仅仅是法官的个人意见，生活在社会中的人们就无法确切地知道自己对社会承诺的究竟是什么义务。”[④] 可见，在一元模式中，判决只是法律条文的誊写。

---

① 转引自［德］克劳斯·罗克辛：《德国刑法学总论》（第 1 卷），王世洲译，法律出版社 2005 年版，第 84 页。

② ［法］孟德斯鸠：《论法的精神》（上卷），许明龙译，商务印书馆 2011 年版，第 193 页。

③ See Calvin's Case, 7 Co. Rep. 1, 77 E. R. 377 (1609).

④ ［法］孟德斯鸠：《论法的精神》（上卷），许明龙译，商务印书馆 2011 年版，第 188 页。

韦伯将这一司法裁判过程比喻成“自动售货机”，意即在司法裁判过程中，只要输入具体案件的相关材料，法官就会自动吐出相应的判决。[①]这样，法官只要从现存的法律规定中寻找正确的法律条款，把条款与事实联系起来，就可以提出解决方案，作出司法判决。

（二）一元模式下判例的地位

一元模式奉行“法典万能主义”思想，认为成文法凌驾于一切，法院之任务，不过是“照章行事”而已，法官于判决时绝不能掺杂价值评价，应恰如其分地反映法律。成文法至臻至美，不虞漏缺，对任何案件均可自如应付，无须寻求判例或其他法源。[②] 或言之，判决就是判决，无所谓“判例”存在。

二、一元模式的现实映照

一元模式的现实映照主要体现在古代和近代早期的相关法治实践中，这是与人们当初对法治的朴素认识相适应的。

需要指出的是，各模式的“现实映照”意味着“模式”与“现实”不是完全等同的。现实实践是复杂的，抽象出来的理论模式则相对概括和简化，但后者却可以在现实中找到相应的“影子”。[③]

---

① 参见［德］马克斯·韦伯：《论经济与社会中的法律》，张乃根等译，中国大百科全书出版社 1998 年版，第 309 页。

② 参见杨仁寿：《法学方法论》（第二版），中国政法大学出版社 2013 年版，第 71 页。

③ 柏拉图认为，自然界中有形物质是变动不居的，而无形的“理念”却是永恒的。人类感官接触到的具体事物即现实世界其实是“理念”在现实世界中的“摹写”。“理念”是“摹本”，现实世界中的具体事物仅仅是“理念”的“影子”。柏拉图的这一观点与佛教中的“月印万川”或“月映万川”有异曲同工之妙。柏拉图的“理念”可谓“天上之月”，是“一”；现实世界可谓“人间万月”，是“多”。“人间万月”是“天上之月”在现实世界中的“映照”。各种法律解释权模式与现实映照的关系就类似于这里的“月印万川”。

（一）罗马法时代的实践

罗马法解释学源于对《十二铜表法》的解释。在《十二铜表法》实施初期，司法者奉行文义解释原则，只对法律的条文进行严格字面意义上的解释，而不得超出法律条文的字面含义。① 古罗马著名法学家盖尤斯在《法学阶梯》中就曾提及，当时认为法律神圣不可改变，要严格遵循法律的词句，所以采取的是极端咬文嚼字的文义解释。例如《十二铜表法》规定，“不法砍伐他人树木的，每棵处25阿司的罚款”。如果一个人因他人毁坏其葡萄树而起诉，但在诉讼中没有按照法律规定把葡萄树称作“树”而是称作“葡萄树”的话，法庭最终会判决他败诉。②

在古罗马的法律解释发展过程中，法学家的解释起初具有很强的说服力，到公元2世纪时开始取得法律上的效力。公元284年狄奥克历迪亚努斯帝登位后，法学家的解释被皇帝取代。如果人们对法律的解释出现任何疑问，按照惯例是将案件以书面形式向皇帝陈述，然后按照他的意见作出裁决。布莱克斯通评论说：“的确，这是个糟糕的法律解释方法。征询立法机构的意见来解决具体争议，不但是无休止的，还给皇帝提供了偏袒一方和压迫民众的机会。”③

由于诸多不便，公元426年，罗马皇帝颁布的《引证法》（Law of Citation）正式承认五大法学家（帕比尼安、盖尤斯、乌尔比安、莫迪斯蒂努斯和保罗）的解答都具有法律效力，凡法律问题没有明文规定者，以五大法学家的解答为准。如各法学家解答不一致时，取多数说；不能取多数

---

① 参见董皞：《司法解释论》，中国政法大学出版社1999年版，第114页。

② 参见［古罗马］盖尤斯：《盖尤斯法学阶梯》，黄风译，中国政法大学出版社2008年版，第209～210页。

③ ［英］威廉·布莱克斯通：《英国法释义》（第1卷），游云庭、缪苗译，上海人民出版社2006年版，第70页。

说时，依帕比尼安之说；若帕比尼安无说，则由裁判官选择一说。[①]

公元527年，东罗马帝国皇帝优士丁尼即位后，担心法学家对法典的自由解释引起争论，会有损自己的绝对权威，一方面任命了由10位教授组成的法典编纂委员会，先后公布了《学说汇纂》《法学阶梯》《新敕法》[②]，这三部著作被称为《罗马法大全》；另一方面明令禁止对法典的解释。

此外，随着罗马的对外扩张，罗马统治者任命了一批专门的法官裁判官（pretor），审理涉及臣民财产的案件。裁判官通过法律解释将市民法、万民法和自然法相联系，从而丰富了罗马法的内容，使罗马法与扩展的疆域相适应。裁判官的法律解释经常超出既定法的范围，根据公平正义等自然法原则进行解释。

罗马法有谚："谁制定法律谁有权解释。"在整个古罗马时期，皇帝的法律解释占据主导地位。法学家的解释尽管一直都居于要位，甚至曾获得法律效力，但这一权力还是源于皇帝和法律的授权。裁判官在罗马各行省握有实质解释权，亦是源于皇帝的授权。总之，"谁制定法律谁有权解释"是罗马法解释的一贯原则，而一元模式的现实映照主要体现在罗马法时代的早期实践。

（二）《普鲁士一般邦法》的实践

1794年《普鲁士一般邦法》（Allgemeines Landrecht für die Preußischen Staaten，ALR）是典型的一元模式。[③]

---

① 参见［美］艾伦·沃森：《民法法系的演变及形成》，李静冰、姚新华译，中国政法大学出版社1992年版，第50页。

② 《新敕法》在优士丁尼帝死后才得以颁布。

③ 全名为《普鲁士国家的普通邦法》，又称《普鲁士法典》《普鲁士腓特烈大帝法典》《腓特烈大帝法典》。该法典内容庞杂，包括宪法、行政法、民法、刑法、商法等，共分2部43章，有19,000条之多。腓特烈大帝即腓特烈二世（德语：Friedrich II von Preußen，der Große，1712年1月24日生，1786年8月17日卒），又称弗里德里希二世，1740年5月31日~1786年8月17日在位。该法典由腓特烈大帝的继承者颁发，为纪念腓特烈大帝而命名为《腓特烈大帝法典》。

没有几部法律的制定过程像《普鲁士一般邦法》这样漫长。在自然法思想的影响下，早在17世纪，普鲁士就出现了将国民几乎所有领域的生活都纳入法典管理的想法。1700年，包括莱布尼兹在内的哲学家、法学家就提出了法典化的建议。普鲁士选帝侯腓特烈三世（Friedrich Ⅲ）[①] 将其批转给勃兰登堡柏林高等法院、法兰克福大学和哈勒大学的法律系。[②] 普鲁士第二任国王腓特烈·威廉一世[③]登基后，普鲁士的法典化运动加速。1713年，腓特烈·威廉一世发布了一份“旨在改进司法的一般性命令”，要求创制一部一般邦法，要能一次性地解决所有可疑案件和不明案件。1714年，腓特烈·威廉一世命令新任司法部部长科克采伊（Samuel von Cocceji）从罗马法和普鲁士1685年的制定法中提炼出一部基于自然公正的原则性法典。腓特烈大帝登基后，1746年年末签发了一份皇家敕令，命令科克采伊完成一部德意志法典，它将完全建立在自然理性和现存的邦法之上。但科克采伊于1749～1751年间起草的法典却注入了一种经院主义的精神，未被采用。后来由于腓特烈大帝的精力主要运用在急迫的对外征服事业，腓特烈大帝对法典的兴趣逐渐减弱。有学者认为，腓特烈大帝这种不情愿的理由之一是他确信“完善不属于人类”。尽管腓特烈大帝可能一直怀疑人类具有认识如法律这类伟大事务的潜力，但作为启蒙运动之子，他也坚定地认为人类理性至少应该为达到这样的完善而努力。[④]

1780年，法典的起草工作再一次加快。在1780年的内阁令中，腓特

---

① 1701年，勃兰登堡大选帝侯腓特烈三世（Friedrich Ⅲ）支持奥地利哈布斯堡王朝向法国波旁王朝宣战，借以换取国王称号。1月18日，腓特烈三世在柯尼斯堡加冕成为普鲁士国王腓特烈一世（Friedrich Ⅰ），成为普鲁士的开国皇帝。

② 参见［美］罗杰·伯科威茨：《科学的馈赠——现代法律是如何演变为实在法的?》，田夫、徐丽丽译，法律出版社2011年版，第121页。

③ 即Friedrich Wilhelm Ⅰ，1713～1740年在位。

④ 参见［美］罗杰·伯科威茨：《科学的馈赠——现代法律是如何演变为实在法的?》，田夫、徐丽丽译，法律出版社2011年版，第121～124页。

烈大帝说："如果朕实现了自己的目标，那么，由于该法典精明清晰，许多法律从业者将会肯定丧失其不可思议的重要性……律师将变得一无是处。但是，另一方面，寡人却将拥有更善于计谋的商人、工匠和艺人，藉由他们，国家将会更有希望繁荣昌盛。"①

卡尔·戈特利布·斯瓦雷茨（Carl Gottlieb Svarez）是普鲁士的法律改革家，1780～1794年主要负责《普鲁士一般邦法》的编纂工作。斯瓦雷茨主张自然法学派的思想，认为法律规则能够支配生活中的每一种情形。②

当时普鲁士的目标就是用通俗的语言制定条理清晰、容易理解的法典，从而避免针对法典的任何类型的学术讨论。③ 除此之外，18世纪中期在德国发展起来的新自然法学派开始不断借鉴古代德国的法律渊源。

《普鲁士一般邦法》是现代法律史上最广泛的法典。法典的起草人试图为可能会在普鲁士法院出现的任何刑事诉讼或国民之间的任何法律纠纷提供法律规则。不过《普鲁士一般邦法》并未包括诉讼法（procedural law），因为该领域已有独立的一套法律，而是涵盖了商法、公司法、劳动法、继承和家庭法、市镇法、工业和建筑法、公务员法、封建法、基督教教会法和刑法。④

《普鲁士一般邦法》采取的立法技术是精细化的，它试图对各种细微的具体情形都给出详细的解决方案，以便法官在审理案件时能方便地进行查找和引用，而不必做任何解释，该法也禁止法官的解释。⑤

---

① ［德］弗里德里希·卡尔·冯·萨维尼：《论立法与法学的当代使命》，许章润译，中国法制出版社2001年版，第66页。

② Milan Kuhli, Power and Law in Enlightened Absolutism—Carl Gottlieb Svarez' Theoretical and Practical Approach, 2 Max Planck Institute for European Legal History Research Paper Series 2 (2012).

③ Ibid.

④ Ibid.

⑤ 参见［美］约翰·亨利·梅利曼：《大陆法系》，顾培东、禄正平译，法律出版社2004年版，第39页。

拉伦茨将法律的体裁分为三种：个案列举式、抽象概括式和指令准则式。[①]《普鲁士一般邦法》显然是采取了个案列举式。“这样一个规则体系应当是包罗万象的，人们根据这个规则体系即可对立法者预见到的所有案件作出正确无误的判断。选择这种体裁，立法者必须确信自己能够预见到未来所有的情形，并对它们作出适当的规定”。[②]

例如，对于“从物”，该法典就用了61个条款（第42条至第102条）的篇幅进行了详细规定。第42条是对“从物”的定义，但这个定义比较空洞。其余以下60个条文规定的都是一些具体的例子。立法者力图做到面面俱到，因此有些例子看上去简直滑稽可笑。

腓特烈大帝的目标是设计一部最为简单易行，同时又包含全面的法典，以便法官的工作不过是对于法律的简单适用而已。据此，腓特烈大帝绝对禁止一切法律解释，饬令在每一起凡证明法律存在疑问和缺陷之具体案件中，任何补救措施都必须由立法机构作出。如果立法机构进行了补救，法官就会被认为是按照新的规范做出裁判。

庞德说：“《腓特烈大帝法典》假定，所有的细节都被法律考虑到，法官没有任何自由裁量权。”[③] 因此，该法典中没有规定司法解释权，“在遇到任何疑难问题的时候，法官都应当去咨询皇家委员会，而且也应当受其解答的约束”。[④] 若法官擅自对法律作出解释，便会招致严厉的惩罚。[⑤]

---

① 《普鲁士法典》采取的立法技术是个案列举式的，《德国民法典》采取的立法技术是抽象概括式的，《瑞士民法典》采取的立法技术是指令准则式的。参见［德］卡尔·拉伦茨：《德国民法通论》（上册），王晓晔等译，法律出版社2004年版，第32~36页。

② 参见［德］卡尔·拉伦茨：《德国民法通论》（上册），王晓晔等译，法律出版社2004年版，第32~36页。

③ 参见［美］罗斯科·庞德：《普通法的精神》，唐前宏等译，法律出版社2001年版，第125页。

④ ［美］罗斯科·庞德：《法律史解释》，邓正来译，中国法制出版社2002年版，第21页。

⑤ 除了立法技术和法律解释理念的上述特点外，该法典虽是基于封建农奴制，但还体现了一些开明的进步：保护个人，反对私人和公共的压迫与“不平等”；简化诉讼程序；增加法律的透明度；提高法官的教育水平；减轻量刑；死刑必须由国王批准；任何人因公事可直接向国王申诉，等等。参见丁建弘、李霞：《德国文化：普鲁士精神和文化》，上海社会科学院出版社2003年版，第132页。

腓特烈大帝之所以主导制定出这部宏伟的法典，背景与原因如下：

其一，腓特烈大帝是一位开明的专制君主。尽管他是一位封建君主，在军事上建立了卓越的功勋，也非常专制，但是他受当时欧洲启蒙思想的一定影响。他特意在波茨坦修建了无忧宫，这是他最欣赏的知识分子的云集之地，其中大部分是法国人，包括当时著名的哲学家伏尔泰和17卷本《法国大百科全书》的编辑让·勒隆德·达朗贝尔。《法国大百科全书》可谓是融合了启蒙运动智慧的法国哲学、政治和宗教交织的索引。腓特烈大帝在其撰写的《反对马基雅维里》一文中，批判马基雅维里的政治学，他称赞那些为臣民服务并为之做出牺牲的国王，不赞成国王欺骗和操纵臣民。[①] 他24岁登基时就写信给伏尔泰，希望他能到柏林来，以便拜师门下。“通过42年断断续续的学习，伏尔泰将这位国王糊涂痴迷的秉性祛除一空，使之对嘲讽、诽谤、欺诈等伎俩能迅速作出反应，也能够刺探年轻人的内心世界，分享他的知识和恶意的流言蜚语。”[②] 伏尔泰是法国资产阶级启蒙运动思想家，主张开明的君主政治，强调自由和平等。他的著作《哲学通信》宣扬英国资产阶级革命的成就，抨击法国的专制政体，认为最理想的是由“开明”的君主按哲学家的意见来治理国家。受这些思想的影响，腓特烈大帝从极权专制转向了开明专制或启蒙专制。开明专制意味着将全民福祉看作国家政策的目的。腓特烈大帝就宣称自己是“国家第一服务员”（erster Diener des Staates）。[③] 当然，腓特烈大帝作为国王，依旧蔑视洛克的三权分立学说，也不完全赞同霍布斯的“社会契约”国家学说，而是坚持“朕即国家”的绝对专制论，他的话就是法，无须立法机构，但对新兴的市民——资产阶级的利益和愿望须作一定的“照顾”（或

---

① Geles Macdonogh, Frederick The Great, Phoenix Press, 2000, pp. 37 –140.

② Ibid., p. 120.

③ 参见钱跃君：《德国法律精神与司法现实》，社会科学文献出版社2014年版，第35~36页。

者说“让步”），制止官吏和贵族的大胆妄为和胡作非为，把各等级、各阶级的人的行为都约束在一种由他确定的“道德和法律”的规范之中。①

其二，这也是政治斗争与妥协的结果。当时的司法不公非常普遍，法官在社会上的声誉不佳。腓特烈大帝进行了很多改革，包括要求所有司法领域的从业人员（法官和律师）都必须经过大学教育，掌握法律知识，而且还要通过国家考核（Staats examen）；首次设立司法部，专门监管法院的职责等；甚至直接审理和判案，但这却招致了“干涉司法独立”的非议，被德国史称为“司法灾难”（Justi zkatastrophe）。腓特烈大帝吃力不讨好，转而希望通过立法来细化法律，而且要通俗化，人人都能读懂，使法官无机可乘。同时，规范法庭程序，不再干预司法。腓特烈大帝自己也说：“在法庭上是法律说话，统治者必须住口。”② 而法官也希望国王立法而不是直接干预司法。政治妥协的结果就是制定法典。

该法典在当时是非常开明的，例如其第18条规定：“如果国家最高领导人与他的臣民发生法律纠纷，必须在通常的法庭，根据法律来判决。”虽然腓特烈大帝有时我行我素，在与其政治对手的斗争中，不择手段，不顾法律，没有遇上强大的司法制度的阻止，但普通公民，或公民之间，或公民与国家打交道时，又可期望得到日益整体划一、非人格化的待遇，公民甚至可以起诉国家。③

然而这部法典很快就不能满足社会的需要，它的历史地位也远不如同时代的《法国民法典》，后来也没有再出现过类似的法典。④ 随着怀疑理性

---

① 参见丁建弘、李霞：《德国文化：普鲁士精神和文化》，上海社会科学院出版社2003年版，第131页。

② 钱跃君：《德国法律精神与司法现实》，社会科学文献出版社2014年版，第40页。

③ 参见［美］弗朗西斯·福山：《政治秩序与政治衰败：从工业革命到民主全球化》，毛俊杰译，广西师范大学出版社2015年版，第65页。

④ 参见冯健鹏：《极度的精密在法律中应受非难》，载《人民法院报》2006年5月8日，第B04版。

的历史法学派在德国的兴起，以及对理性的批判氛围，“普鲁士法典的短命恰恰验证了那些怀疑”。[①]

但在1804年《法国民法典》颁布之前，“这个法典也许是民法传统中最重要的革新力量”。[②] 这部法典的影响也是很大的：美国的国务活动家本杰明·富兰克林在波茨坦曾就国家政策和法律政策问题向腓特烈大帝请教；美国第二任总统约翰·亚当斯曾在西里西亚考察和研究腓特烈时代的建设工作，他在通信中就对这部法典予以赞扬。

三、一元模式的理论依据

禁止解释或仅允许文义解释的理论依据，即一元模式的理论基础，是古典自然法学派的理性主义，而古典自然法学则是从神性自然法发展而来的。

（一）神性自然法学派的思想

古典自然法的前身是神性自然法。自然法的萌芽最早可追溯至古希腊早期的荷马史诗。在荷马史诗中，以神话的形式表述了古希腊思维中存在的这样一种倾向：“自然中内含着一种规范性的秩序。”[③] 按照荷马史诗的神话，宇宙是有基本秩序的，自然与社会是有一定结构的。该秩序由宙斯这一诸神之父和人类之父来统辖和支配。正义女神忒弥斯标志着由宙斯颁定、支配、统辖的万事万人的秩序，她专司法律，用布蒙住双眼，手持天平，象征不偏不袒，公正裁判。[④] 按照神话的观点，人世间的秩序是具有

---

① ［爱尔兰］J. M. 凯利：《西方法律思想简史》，王笑红译，法律出版社2002年版，第253页。

② ［美］弗朗西斯·福山：《政治秩序与政治衰败：从工业革命到民主全球化》，毛俊杰译，广西师范大学出版社2015年版，第66页。

③ Lloyd L. Weinreb Natural Law and Justice，Harvard University Press，1987，p. 15.

④ 参见占茂华：《自然法观念的变迁》，法律出版社2010年版，第10页。

神的起源和意旨的全世界（宇宙）秩序中不可分割的组成部分。

公元前6世纪，古希腊哲学家赫拉克利特对“逻各斯”的发现标志着人类确立了早期的自然法观念。赫拉克利特认为，宇宙既不是神也不是人创造的，它是一团永恒的活火，过去是、现在是、将来也是，并按照一定的规律燃烧和熄灭。[①] 火的规律被赫拉克利特称为“逻各斯”。[②] “逻各斯”是“神”“命运”的同义语。宇宙秩序、火、逻各斯是同一概念的不同称谓而已。人间的法律秩序源于唯一神圣的宇宙法则，即逻各斯。赫拉克利特认为，人间的法律，从神学的角度来看，源于神的正义和真理；从认识论的角度来看，源于普遍的逻各斯；从本体论的角度来看，源于永恒之火。赫拉克利特以其晦涩难懂的语言区分了法的类型：一类是存在于万物之中的神法——逻各斯，另一类是存在于人类社会中的人定法。神法决定人定法。[③]

亚里士多德继承和发展了赫拉克利特的思想，论证和确定了自然法与人定法（或实在法）这种二元结构在认识、分析法律上的方法论地位，成为西方法学两千年来的一个基本传统。[④] 亚里士多德第一次提出了较为明确的自然法和实证法的定义：“波利斯（城邦国家）的法分为自然的和法律的（实证的），自然的具有普遍的效力，不取决于对人来说是好是坏；法律的是其内容在起源上具有偶然性，但一旦通过立法确定，便有着确切的内容。”[⑤]

及至古罗马，法学家通常认为，法学是“关于神事和人事的知识”，特意突出一系列理性法规，并在理性法规中定义绝对公平的理想。圣奥古

---

① 参见苗力田主编：《古希腊哲学》，中国人民大学出版社1989年版，第37~38页。

② 李道军：《法的应然与实然》，山东人民出版社2001年版，第46页。

③ 参见占茂华：《自然法观念的变迁》，法律出版社2010年版，第20页。

④ 鲍禄：《法理学与比较法》（第2版），对外经济贸易大学出版社2011年版，第5页。

⑤ 郑永流主编：《法哲学与法社会学论丛》（一），中国政法大学出版社1998年版，第5~6页。

斯丁则认为人类的理念和理智均源于上帝，两者之间可以实现完美的协作和互补："真正的永恒法来源于上帝的神圣理性或旨意，它维持自然秩序使其免遭破坏。"① 人类的快乐首先来自智慧和生存，并主要建立在人类共有的理性的基础上。这种理性可以激励人类不断寻求自然法则——当然可以只局限在"寻求"的范畴，而不要求对此类法则的完全理解。

欧洲于12世纪出现了罗马法的复兴。复兴后的罗马法逐渐为大众所认可并快速在全欧普及，甚至到达了英格兰。它成了"公共法"，形成了欧洲统一的法律体系，汇集了欧洲各国的法律文化。当时的法学家们致力于从罗马法中探究如何制定一种"既良善又公平"的理想规范。在这样的思想背景下，人们认为公民不能凭借自己的意愿制定或废除法律，而只可在一般客观条件下以正当或合理的理由对其进行合法而有效的修正。有学者评论道："罗马法（在各国）的盛行是自然的，这不是出于统治需要，而是出于人们的理性。"②

接着，基督教会在欧洲兴起。当时的领军人物圣托马索·迪阿圭诺重新引入自然法的精神，将其哲学思路与基督教理论统一起来，认为上帝的存在是一个理性的事实，永恒法（神法）是建立在具备内在合理性的人法的基础上，它能通过理性或者是《圣经》上的启示来启发人类的思想。人法只有在与神法发生严重抵触时才不予遵行，这在历史上是极少见的，但也有先例。

既然法律来自上帝的理性或旨意，人是不可更改上帝旨意的，因此，法律解释也必须中规中矩，进行严格的文义解释。③

---

① ［意］蒂托·卢克雷齐奥·里佐：《法律的缘由》，李斌全译，浙江大学出版社2009年版，第78页。

② 同上书，第80页。

③ 在翻译领域也是如此。古罗马曾明文规定源文本与目标文本之间必须采取形式对应的译法以保持《圣经》和法律文本的含义。法律文本和《圣经》一样神圣不可改变，所以要求翻译时必须秉持严格的字面翻译（直译），即使语句不通顺，也必须字对字、词对词。

（二）古典自然法学派的思想

16至18世纪，自然法学派的理论逐渐盛行起来，它强烈呼吁立法的理性和自然法则。这一时期的自然法思想抛弃了神性自然法，取而代之的是人们对良知和个人自由这些内在价值的肯定。

格劳秀斯不再把自然法分为神的自然法和人的自然法，而是只分为纯粹的自然法（人类在原始状态下的自然法）和有限的自然法（人类在社会状态下的自然法）。格劳秀斯认为，自然法是“正当理性的命令”，合乎理性的行为是“道义上公正的行为”，不合乎理性的行为是“道义上罪恶的行为”。格劳秀斯认为，自然法是不可改变的，哪怕是上帝自己也不能改变它，因为事物所表达的意思是明白无误的，不可能有任何其他的理解。① 依格劳秀斯之见，法官应该严格地按照文义解释法律。

格劳秀斯之后，笛卡尔的理性主义对当时的自然法思想产生了巨大影响。普芬道夫针对霍布斯的“人性恶”假设，在其《自然法原理》一书中提出了人类天生的好社交性。他认为上帝为人类创造了自然法则，使人类凭借其理性有序地进行各类生存活动——这一理性是人类区别于动物的标志。社交活动不仅提高了人类的物质生活水平，还提高了人类的精神生活水平。② 沃尔夫继承了普芬道夫的思想，在他撰写的《自然法科学研究方法》一书中，提倡一种法学的几何学方法论。他从一些最高的公理出发，层层推理，直到末端细节，整个体系的有效性都建立在形式逻辑的排中律和矛盾律的基础上，自然法因此获得相当程度的理论自足。③ 莱布尼兹推崇逻辑——演绎法，他认为法律是固有存在的，直接体现于人类对公义和规范

---

① 参见［荷］格劳秀斯：《战争与和平法》，何勤华等译，上海人民出版社2005年版，第32～34页。

② 参见［德］萨缪尔·普芬道夫：《论人与公民在自然法上的责任》，支振锋等译，北京大学出版社2010年版，第41页。

③ 参见薛军：《批判民法学的理论建构》，北京大学出版社2012年版，第246页。

的先天意识。他极力主张法律应具备完备性，要用简明扼要的文字对其进行表述，从而制定出一套完整的法律规范。根据这些自然法学说，既然法律是理性的、完备的，那么相应地，法官在适用法律时，自应严格适用。

孟德斯鸠也是自然法学派的代表人物。孟德斯鸠认为，从最广泛的意义上说，法是源自事物本性的必然关系。就此而言，一切存在物都各有其法。作为物质存在，人与其他物质一样，也受制于不变的法则。但是，作为智能存在物，人类却不断地忘记甚至破坏上帝确定的法则，于是，上帝通过宗教法唤起人类对上帝的记忆，哲学家借助道德提醒人们，立法者借助政治法和公民法让人们恪尽义务。自然法是人在社会组成之前所接受的法。人在社会组成之后，出现了万民法、政治法和公民法。最符合自然的政体应该是这样的：为一个民族所设置的政体，最符合这个民族的秉性。法律，作为人类的理性，或人类理性在各个具体场合的实际应用，应该是量身定做的，仅仅适用于特定的国家。法律应该与政体的性质和原则相吻合，应该顾及国家的物质、自然、地理、幅员、人口、财富等条件以及民众的生活方式、宗教信仰、习惯风俗等。这些关系，组成了孟德斯鸠所称的“法的精神”，而法的精神存在于法与各种事物可能发生的关系之中。①

第一次全面论述法官与法律的关系、法官如何对待法律的思想家，当属孟德斯鸠。他认为，法官仅仅是法律的代言人，他既不能变动法律的效力，也不能变动法律的严格性。“在罗马历史上，我们看到，当只有一个法官时，他会滥用职权到何等地步”。② 为了防止权力滥用，孟德斯鸠主张以权力制约权力。毫无疑问，司法权也应受到制约。

孟德斯鸠将国家权力分为三种：立法权、“适用万民法的执行权”“适用公民法的执行权”。“适用万民法的执行权”实际上是外交权，但却被人

---

① 参见［法］孟德斯鸠：《论法的精神》（上卷），许明龙译，商务印书馆2012年版，第9～15页。

② ［法］孟德斯鸠：《论法的精神》（上卷），许明龙译，商务印书馆2012年版，第99页。

们简单地称作“国家的行政权”，这一权力的主要内容是宣战或媾和、派出或接受使节、防止外敌入侵、维持国家安全。① “适用公民法的执行权”实际上是司法权，这一权力的主要内容是惩治犯罪、裁决私人争端。孟德斯鸠认为，如果立法权和行政权集中于一个机构，或者司法权不与立法权和行政权分设，自由便不复存在。“司法权如果与立法权合并，公民的生命和自由就将由专断的权力处置，因为法官就是立法者。司法权如果与行政权合并，法官就拥有压迫者的力量”。② 孟德斯鸠对法官的专制表示警惕：“专制国家里什么法律也没有，法官本身就是法律。”③ “斯巴达共和国的监察官无法可依，随心所欲地处置案件，这是它的一大弊端。”④ 因此，孟德斯鸠主张三权分立。

孟德斯鸠还在《论法的精神》中阐述了制定法律时的注意事项，表达了孟德斯鸠心中理想的法律的样态：法律的文风应该简约、朴实。“法律的用词要做到让所有的人都理解为相同的概念。” “法律不应让人难以捉摸，而应该能为普通人所理解。法律不是高深的逻辑艺术，而是一位家长的简单道理。”⑤ 孟德斯鸠对法律的看法无疑是朴素的，但却是和当时较为简单的社会关系相适应的。在这样的法律风格之下，自然谈不上法官适用法律时的创造性，法官只需要简单地将法律照搬过来，将之套用于具体的案件中即可。

深受霍布斯、孟德斯鸠、休谟等启蒙运动思想家影响的贝卡里亚也持基本相同的看法。他说：“刑事法官没有解释刑事法律的权力，因为他们

---

① ［法］孟德斯鸠：《论法的精神》（上卷），许明龙译，商务印书馆2012年版，第186页。

② 同上书，第186～187页。

③ 同上书，第93页。

④ 同上书，第93页。

⑤ ［法］孟德斯鸠：《论法的精神》（下卷），许明龙译，商务印书馆2012年版，第693～695页。

不是立法者。"[①] 贝卡里亚认为，再也没有比"法律的精神需要探询"更危险的了，因为如果这样就等于"放弃了堤坝，让位于汹涌的歧见"。[②] 由于法官个人都有自己的观点，甚至在不同的时点，对事物的看法也不同。法官的逻辑推理能力各不相同，对法律的领会程度不一，法官与被告人、被害人的关系也不尽一样，因此，法官解释法律是很危险的。"公民的命运常常因法庭的更换而变化。不幸的生活和自由成为荒谬推理的牺牲品，或者成为某个法官情绪一时冲动的牺牲品，这样的法官把从自己头脑中一系列混杂概念中得出的谬误结论奉为合法的解释。"[③] 严格遵守刑法条文尽管也会遭遇麻烦，但它与解释法律所造成的混乱是不能相提并论的，两害相权，贝卡里亚坚持严格的文义解释原则。"当一部法典业已厘定，就应逐字遵守，法官唯一的使命就是判定公民的行为是否符合成文法律。"[④]

总之，这一时期自然法学派的学术思想对法官解释法律的态度是，法官应严格适用法律，无须解释法律或仅可进行严格的文义解释。对此，庞德评论道："自然法学派的立法理论认为，只要通过理性的努力，法学家就能够塑造出一部作为最高法律智慧、由法官按照一种机械的方式加以实施的完美无缺的法典。"[⑤]

四、一元模式的意义与局限

在当时的历史条件下，一元模式禁止解释或仅允许文义解释是有其积极意义的，这一点不可否认。即使在今天，它也仍有一定的理论价值。当然，它的历史局限性也是显而易见的。

---

① ［意］切萨雷·贝卡里亚：《论犯罪与刑罚》，黄风译，北京大学出版社2008年版，第12页。

② 同上。

③ 同上书，第13页。

④ 同上。

⑤ ［美］罗斯科·庞德：《法律史解释》，邓正来译，中国法制出版社2002年版，第20页。

（一）一元模式的意义

一元模式禁止解释或仅允许文义解释的意义分为历史意义与当代意义，二者均不可忽视。尤其是其历史意义作为人类文明的宝贵遗产，应为当今社会所继承和发扬。

禁止解释或仅允许文义解释的历史意义不容否定。以禁止解释的极致——《普鲁士一般邦法》为例，这部法典虽有缺陷，但在当时的封建时代却是一个很大的进步。它不仅建立了独立司法，而且国民开始逐步习惯遵纪守法。世称普鲁士人的国民性——“纪律、秩序和可靠”，或许都与此有关。为德国150年后真正进入法治国奠定了国民法制素养的基础。①

德意志民族是由日耳曼民族发展而来，而后者是由蛮族发展而来。德意志民族之所以能迅速步入世界民族之林，并在后来创造了人类法治史上的辉煌，这一切均离不开《普鲁士一般邦法》所奠定的“普鲁士人的精神”。这种精神在我们看来或许简单、机械、不知变通、不够灵活，但正是这一点，才塑造了德国国民的守法意识。今日德国社会的秩序井然，“德国制造”的蜚声世界，均源自《普鲁士一般邦法》对“普鲁士精神”的塑造。②

一元模式禁止解释或仅允许文义解释在历史上的“失败和破产”是否就意味着它在当下已不存在，或者即使存在也没有意义？答案是否定的，一元模式在当下不但存在，而且还具有很大的法律价值和社会意义，因为一元模式的优秀基因已经被后面的模式所承继。

持一元模式观点者并不都是近代资本主义法制启蒙时期的思想家，在

---

① 钱跃君：《德国法律精神与司法现实》，社会科学文献出版社2014年版，第40页。

② 德国企业文化具有规范、和谐、负责的特征。其中的规范是指依法治理企业，员工遵纪守法，纪律严明，绝不含糊，克服随意性和灵活性。参见佚名：《德国的企业文化》，载《中国文化报》2005年6月15日。

今天仍有一些学者秉持这种观点。例如，哈佛法学院的沃缪勒教授认为，法律解释是一种在经验事实极度不确定状态下的决策活动。由于有限认知和有限理性，法官的最佳策略是，当法律规定清晰明白之时，坚决遵守其字面含义，坚决杜绝通过目的解释、利益平衡等，诉诸所谓的“立法原意”“公共价值”“公共利益”而赋予法律以文本之外的其他含义。当法律文本的含义模糊不清或出现歧义之时，如果法官能够把法律解释的责任转让给其他机构，包括行政机构和立法机构，那么，法官就应该让其他机构进行法律解释，因为行政机构和立法机构比司法机构拥有更强的解释能力。简言之，法官应当坚决控制自己单独进行法律解释的欲望，应将自己限定在极为有限的解释领域，并在限定的范围内采取相对机械的解释规则。[①] 沃缪勒特别提出，他所谓的形式主义不同于那种本质意义上的形式主义，而是一种受规则约束的决策策略。沃缪勒运用的方法是法律经济学，他认为，在极度不确定性和有限理性条件下进行决策的法官，应当限缩他们试图去收集信息的范围，并降低他们行动技巧的复杂性，因为过多的信息、复杂性和灵活性必然要支付一定的成本，但却未必会获取收益。“司法女神必须小心谨慎地前行，以使她可能受到的伤害降低到最低限度，并放弃追求完美的雄心。”[②] 沃缪勒认为，提供给司法女神一些与她的能力相符的建议，比将她推到她无法达到的高度，更能表达出完美的敬重。

在我国的司法实践中，如果不考虑抽象司法解释——因为抽象司法解释尽管声称是在“法律适用中对法律条文的进一步明确化”，但实质上属于立法——法官判案的大部分工作，尤其是下级法院法官的大部分工作，实际上都在践行一元模式。他们的判案工作没有对法律的过多解释，如有

① 参见［美］阿德里安·沃缪勒：《不确定状态下的裁判——法律解释的制度理论》，梁迎修、孟庆友译，北京大学出版社2011年版，第4~5页。

② ［美］阿德里安·沃缪勒：《不确定状态下的裁判——法律解释的制度理论》，梁迎修、孟庆友译，北京大学出版社2011年版，第318页。

解释，也仅限于文义解释，更没有对这些解释的合理性的论证，而只是在查明事实后，“本院认为”，当事人的行为属于何种性质，应归属于何法以及哪一条文之下，因此，根据某法某条判决如下……许多法学家认为，经过千年锤炼的法律，无论是成文法还是判例法，能解决大部分案件。在此情况下，法官的职责就是尊重明确的法律，而不是为了达到某种目的（甚至是不可告人的目的）而“何患无辞”。

对此，陈金钊提出了“法治反对解释”的命题。他认为，反对解释是法治初级阶段的一个重要原则。这一原则要求法官奉行司法克制主义，对明确的法律条文必须无条件遵守，在解释中不能附加法官个人的意思。反对解释不是说不要解释，而是说不能过度解释，法官只能行使有限的创造权力，对法律文本已明确的含义，法官的解释就是认同。在我国，严格执法和司法的理念还没有完全树立，任意解释法律、过度解读法律、甚至曲解法律的现象并非个别，在这样的背景下，我国不能跨越严格执法和司法这一历程、阶段或台阶，而应首先严格法制。因此，反对解释的原则就成了当下我国司法活动的重要原则。①

陈金钊这里的“法治反对解释”的原则，也可以说是一种反对滥用解释法律、反对过度解读法律的姿态。这种姿态在当下的中国是有积极意义的，它有利于维护法律的确定性，树立法治的权威，不能对这一原则过度解释。过度解释将导致曲解。例如，在“浙江复星商业发展有限公司诉上海长烨投资管理咨询有限公司财产损害赔偿纠纷一案”一审中，浙江复星商业发展有限公司（以下简称“复星公司”）、上海证大五道口房地产开发有限公司（以下简称“证大五道口公司”）、杭州绿城合升投资有限公司（以下简称“绿城公司”）分别持有上海海之门房地产投资管理有限公司（以下简称“海之门公司”）50%、40%和10%的股权，“证大五道口公司”的唯一股东上海证大置业有限公司

① 参见陈金钊：《法治反对解释的原则》，载《法律科学》2007年第3期。

(以下简称“证大置业公司”) 将其持有的“证大五道口公司”的100%的股权转让给了上海长烨投资管理咨询有限公司 (以下简称“长烨公司”), “绿城公司”的唯一股东浙江嘉和实业有限公司 (以下简称“嘉和公司”) 也将其持有的“绿城公司”的100%的股权转让给了“长烨公司”, 这就涉及“复星公司”是否有我国《公司法》第72条里的“股东优先购买权”问题。从《公司法》第72条清晰的文义看, 有限责任公司的股东向股东以外的人转让股权的, 应当经该公司其他股东过半数之同意。如果“海之门公司”的股东——“证大五道口公司”和“绿城公司”对外转让其持有的“海之门公司”的股权, 显然应该取得“海之门公司”的另一股东——“复星公司”的同意。反之, 如果不是“海之门公司”的股东 (“证大五道口公司”和“绿城公司”) 对外转让其持有的“海之门公司”的股权, 而是“证大五道口公司”和“绿城公司”的股东 (“证大置业公司”与“嘉和公司”) 对外转让其持有的“证大五道口公司”和“绿城公司”的股权, 则不需要第三方的同意。这是商法上外观主义的要求, 该制度具有维护交易安全的价值。[①] 但是, 在本案中, 法官却对《公司法》第72条进行了过度解释, 并结合《合同法》第52条, 认定这一股权转让协议和安排为“以合法形式掩盖非法目的”, 并判决无效。[②] 这种过度解释增加了对《公司法》第72条的遵从成本, 严重威胁了整体上的交易安全, 这种过度解释并不可取。

(二) 一元模式的局限

一元模式禁止解释或仅允许文义解释得以成功实施的前提是法律完备, 立法较为精细化、没有重大缺漏、也不过时。如果法律粗疏, 立法空

---

① 参见叶林、石旭雯:《外观主义的商法意义——从内在体系的视角出发》, 载《河南大学学报》(社会科学版) 2008年第3期。

② 详见上海市第一中级人民法院 (2012) 沪一中民四 (商) 初字第23号民事判决书。

洞，仅仅为“宣示性立法”，一元模式是难以适用的，因为“无法可依”，法官又不得拒绝判案，只能加强法律解释甚至造法来适应当下判案的需要。换言之，一元模式需要立法的配合，一元模式不是无条件的。在立法不配合、条件不具备的情况下，一味地要求法官固守一元模式，会造成对当事人权利的漠视。这就是在一元模式之后，又出现二元甚至三元模式的原因。

一元模式禁止解释或仅允许文义解释往往会导致对法律的机械适用，法律适用达不到良好的社会效果。文义解释或语义解释的方法是机械的、僵硬的、不考虑具体语境的解释方法，它过分拘泥于文字，不灵活，不能使法律“与时俱进”。此外，概念的外延并不是一成不变的，语词的共时性分歧与历时性变化都会使语词的所指和能指无法统一起来。[①] 例如，西红柿是蔬菜还是水果？即使是同一时代的人，因生活习惯的不同，在理解上都存在分歧，这就是共时性分歧。又如，硫酸是不是武器？过去人们认为不是，现在人们认为是，这就是历时性变化。再如，子女作为一个法律概念也存在历时性变化。在古代的一些国家里，非婚生子女不是法律上的子女，但在当代社会，非婚生子女逐渐获得了与婚生子女相同的法律待遇。如果仅仅依照字面解释法律，法官的判决似乎符合立法者的本意，但结合具体案情，实质上这样的判决是缺乏合理性与正当性的。如果德国的法院仅拘泥于文字，将“武器”仅仅理解为枪支弹药或刀枪剑戟等传统武器，“硫酸”等新型的化学危险品不属于“武器”的话，法院就不能用刑法对以硫酸伤人者进行惩罚，这就会使犯罪嫌疑人逍遥法外，达不到刑法应有的社会效果。如果司法裁判中机械理解、适用法律条文，虽然表面上符合法律条文的字面含义，但实际上却是对法的精神和目的的违背。[②]

---

① 参见王彬：《文义解释的反思与重构》，载《宁夏大学学报》（人文社会科学版）2008 年第 3 期。

② 徐明：《文义解释的语用分析与构建》，载《政法论丛》2016 年第 3 期。

在法律完备的前提下，一元模式固然能解决大部分案件和法律问题，但社会生活是不断变化的，也是丰富多彩的。事实证明，人的理性不能事先预想和规定未来生活和纠纷的所有细节，这就导致在一些异常的情况下一元模式无能为力。这些异常的情况，哈特称之为“疑难案件”。一元模式对于某些疑难案件无能为力，在不承认二元和三元模式的情况下，法官不得不在一元模式的掩护下进行法律解释甚至法律续造。实质上，二元和三元模式悄然登场了。

第三章　法律解释权的二元模式

一、二元模式的界定与判例的地位

二元模式比一元模式前进一步，不仅允许文义解释，而且允许其他的法律解释方法，这反映了人们对待法律、法治的态度在变化，法官也不再对立法者亦步亦趋，其保守的形象有所改变。

（一）二元模式的界定

在二元模式中，立法机关与司法机关的角色定位也很明确：立法机关创制法律，司法机关不创制法律。[①] 立法者是规范的唯一源泉。“法律是静止不变的，就像包裹在琥珀中的史前苍蝇一样”。[②] 司法者虽然不能改变法律，但允许司法者进行（狭义）法律解释。法律解释方法不但包括文义解释，还包括其他形式的解释，如体系解释、目的解释[③]等。由于这一模式

---

① Marc Jacob，Precedents and Case-Based Reasoning in the European Court of Justice：Unfinished Business，Cambridge University Press，2014，p. 21.

② Ibid.，p. 22.

③ 目的解释主要是依据法律文本来探究立法目的。如果法官借助其他方法来探究立法目的，就有可能转化为其他法律解释方法，如历史解释等。主要依据法律文本探究立法目的是狭义的“目的解释”。结合其他解释方法的所谓“目的解释”或“目的论解释”是广义的“目的解释”，它们有的属于法律解释，有的则属于法律续造。由于目的有历史目的与现实目的、实质性目的与形式性目的、基本目的与具体目的、单一目的与多重目的之分，因此，用立法目的来解释法律有时会出现复数解释结果。

是在“一元模式”的基础上发展而来的，且允许除文义解释之外的其他法律解释方法，因此，笔者称之为“二元模式”，它又可称为“法律解释模式”。二元模式如图2所示。

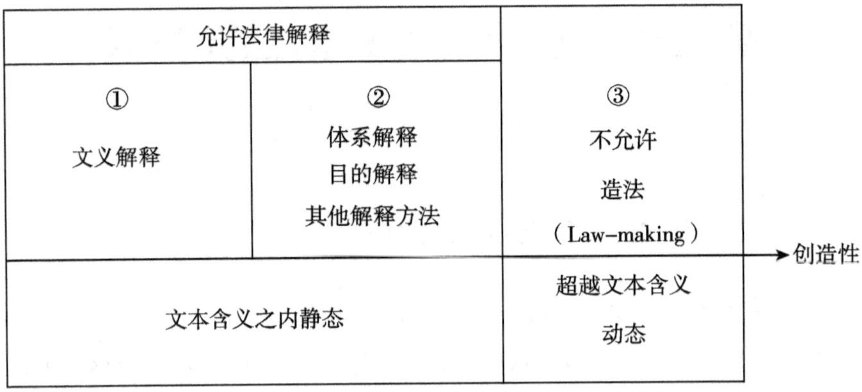

图2　二元模式

二元模式允许（狭义）法律解释，但反对演化意义或断章取义以及司法造法。无论采取何种解释方法，都必须在文本含义的范围之内。对此，雅各布比喻说：“从二元模式的角度，裁判就相当于将小麦从小麦秸秆上分离出来，辛苦而普通，但小麦和秸秆是现成的。”[①]换言之，法官适用法律进行裁判的过程，虽然辛苦，但很普通，是从现成的法律渊源（小麦秸秆）中找出适用于当下案件的法律（小麦），法官只是“物理加工”，没有任何创造。在法官适用法律、解释法律的过程中，法律是没有变化的。只有按规定程序修改相关立法，法律才会改变。

二元模式具有教义性（doctrinal）特征。[②]在二元模式下，法院从不改

基于此，学者们一般都反对目的论的解释方法，因为这可能会导致法官自由裁量权的扩大，所以法官应“认真对待语词”，以维护法律的安定性。参见陈金钊：《目的解释方法及其意义》，载《法律科学》2004年第5期。

① Marc Jacob，Precedents and Case-Based Reasoning in the European Court of Justice：Unfinished Business，Cambridge University Press，2014，p. 27.

② Ibid.，p. 22.

变法律，只是讨论法律的具体情形。法院只是在宣告什么是法律，而法律早已在那里。因此，这一学说又被称为“法律宣告说”（Declaratory Theory）。法律宣告说最早可追溯至柯克（Coke）、黑尔（Hale）和布莱克斯通。根据这一理论：“法官的判决从来没有制定法律，他们只不过是建构了法律是什么的证据而已。”① “这些判决根本不是法律，然而它们比任何个人的观点更能说明什么是法律。”② 布莱克斯通也说，法官是在发现先前已经存在的法律规则，而不是在制定规则。詹姆斯·C. 卡特认为，法官是法律的发现者而不是创造者。这一理论承认法官所发布的规则恰好表达了法律，却并不认为由于法官的表达才使得这些规则成为法律。③ 判决可能是正确的或错误的，判断标准取决于其是否属于法律现实范围之内，但判决不能改变法律现实的界限。

二元模式的认识论前提是：法律是客观明确的规则集合体。换言之，如果文本有意义，那么其意义不能简单地由某一个人在某一时间确定。否则，文本就没有真正的意义。根据这种理解，在文本、作者与解释者之间并不存在创造意义的三角关系。意义掩藏于物自体（things），有待发掘。意义的藏身之处在于词典中的词汇定义，“词汇定义是意义在严酷现实中的避难所”。④

---

① Arthur Taylor Von Mehren, The Civil Law System: an Introduction to the Comparative Study of Law, Little, Brown, 2nd ed. 1977, p. 839. 转引自［英］鲁伯特·克罗斯、J. W. 哈里斯：《英国法中的先例》，苗文龙译，北京大学出版社 2011 年版，第 26 页。

② M. Hale, The History of the Common Law of England, Rothman, Littleton, Reprint ed. 1987, p. 90.

③ 参见［美］约翰·奇普曼·格雷：《法律的性质与渊源》，马驰译，中国政法大学出版社 2012 年版，第 79 页。

④ Marc Jacob, Precedents and Case-Based Reasoning in the European Court of Justice: Unfinished Business, Cambridge University Press, 2014, p. 27.

二元模式源于哲学上的“实体”（substantive）观念。[①] 对于二元模式

① 西方哲学中“实体”一词源于希腊文“ousia”，在英文中译为“substance”或“essence”，在中文中一般采用的译法是“实体”，但是汪子嵩认为，把“ousia”译为“实体”，容易被误解为具体实在存在的物体，主张把它翻译为“本体”，因为“本体”相对抽象，而且同时具有实在和抽象两层意义，较符合亚里士多德的本意。爱利亚学派的巴门尼德从感性世界概括出最一般的范畴“存在”，认为存在是永恒的，是连续不可分的；存在也是不动的，是真实的，可以被思想；感性世界的具体事物是“非存在”，是假象，不能被思想。由此他区分了“真理之路”和“意见之路”，前者是对存在的认识，后者是对非存在的认识。这样，巴门尼德第一次创造了一种形而上学的论证形式，开启了西方哲学史上的“存在”之思。而“哲学之作为科学是从柏拉图开始”的，柏拉图的哲学思想集中体现在“理念论”上，他认为，自然界中有形的东西是流动不居的，但是构成这些有形物质的“形式”或“理念”却是永恒不变的。所有我们感官所感知到的东西都是变动的、不真实的、不可靠的。因此，所有永恒不变的理念构成了一个不依赖我们主观意识的客观独存的世界，即理念世界，是唯一真实的世界。感官接触到的具体事物构成的世界是理念的“摹写”，理念是“模型”“摹本”，个别的、具体的事物只是理念的“影子”。亚里士多德认为，哲学作为一种普遍科学，研究对象就是“作为存在的存在”及其属性。那么“作为存在的存在”到底是什么呢？在亚里士多德那里，主要指的是实体。亚里士多德的“实体”，正是对泰勒斯模式和柏拉图模式的综合和继承。亚里士多德认为，泰勒斯模式没有赋予质料以能动性，柏拉图模式又将“理念”置于可感世界之外。《形而上学》中，亚里士多德在批判元素论的同时，毫不留情地批判了柏拉图的“理念论”，大致包括三层意思：第一，与个别事物相分离的理念是无用的设定。因为设定理念本是为了说明诸多个别事物具有共同本质或普遍性质，但却事与愿违。很显然，个别事物有多少，需要设立的“理念”就会有多少。如此一来，不但没有实现解释个别事物共同本质的目的，反而将解释对象的数量增加了一倍。第二，理念不能解释个别事物。把理念设想成为与个别事物无关的不动者，就不能解释个别事物及其运动。第三，批判柏拉图“数”的理念。亚里士多德认为，如果数的理念是本原的话，往往还需要另一种用来计算的数，即居间者，而这些居间者又需要另外的居间者，这样必然会导致“居间者”的无穷，永远也找不到本原。亚里士多德把实体分为三类：第一类是可感觉的实体，包括永恒的和可消灭的两类；第二类是“所有人都同意”的实体，如植物和动物；第三类是永恒不动的实体。前两类实体都是运动的，是物理学的对象；第三类则和前两类实体没有共同的本原，属于另一门科学。他认为“运动的东西”必然被“某种东西”所推动，最初推动者自身是不运动的。这里的“某种东西”就是第一推动者、就是神。亚里士多德所谓的“第一推动者”，实际上就是神圣的思想或理性，也就是“神”，这个“神”当然是理性意义上的，是理性神。理性神作为“终极实体”是一种没有质料，不依赖任何对象的、永恒不动的精神“实体”。笛卡尔、斯宾诺莎和莱布尼茨都肯定了终极实体的原初意义，即事物只是在以依赖于自身存在的方式存在，并以此作为他们的共同基础。但是，从这一相同的起点出发，这三人却得出了不同的结论。在笛卡尔看来，实体的数目是三个：上帝、精神和物质。笛卡尔承袭了古老的实体观念，认为实体不过是一种可以独立于其他所造之物而存在的事物。而这样的实体只有两种，一种是心灵，一种是物体。他们的属性分别是思想和广延。而斯宾诺莎认为只有上帝。莱布尼茨却相信实体具有无限多个。

而言，无论是由谁宣明法律，都不会影响法律本身，法律是作为自给自足的“自在之物”（thing in itself）而存在。一个法律观点要么反映了法律现实，要么误解了法律现实。在二元模式中，要么在法律之内，要么在法律之外，由特定的机制或规则确定什么是有效的法律、标注法律现实的范围（哈特就是这一主张的典型代表）。法律渊源（sources）是法律最显著的标志但不是唯一标志。[①]

（二）二元模式下判例的地位

在二元模式之下，判例是法律解释的载体，即法官的司法解释是基于个案的具体解释。通过判例，法律得以具体化，但法律并没有发展。雅各布认为，在这里，使用“判例”（Jurisprudence）这个字眼似乎比使用“判例法”（case law）更为恰当。各罗马语言（法语、意大利语、西班牙语、葡萄牙语）中的“判例”[②]一词表明：判决体现了对法律的看法，即法院对法律现实的认识。判决可能有助于我们理解法律，但本身不是法律，至多是典范。[③]

在二元模式之下，司法判例的效力不能延伸到相应的案件之外。后来的法官不能依照前任法官的判决作为定案的根据。典型的例证可见于《法国民法典》第5条：“法官在对案件作出判决时，不得确立一般性规则，也不得遵循先例。”这一规定的目的就是防止法官确立支配法院的判例法体系，防止他们“用司法解释方法矫正‘制定法’中的错误”。[④]

---

① See Marc Jacob，Precedents and Case-Based Reasoning in the European Court of Justice：Unfinished Business，Cambridge University Press，2014，p. 27.

② Jurisprudence 在英国是指“法理学”，但在罗马语言中却是指“法院的判决”“判例”。

③ See Marc Jacob，Precedents and Case-Based Reasoning in the European Court of Justice：Unfinished Business，Cambridge University Press，2014，pp. 24 –25.

④ ［美］罗斯科·庞德：《普通法的精神》，唐前宏等译，法律出版社 2001 年版，第 127 页。

二、二元模式的现实映照

二元模式的现实映照主要体现在近代的相关法治实践中。需要说明的是，在本部分，“《法国民法典》的相关实践”，并不是说法国仅存在二元模式，而是说法国此时以二元模式为主。“《德国民法典》早期的相关实践”，是指《德国民法典》的早期实践以二元模式为主。一个国家（或地区）允许的模式可能不止一种，有时是两种、三种甚至多种模式并存，或者是不同模式在不同领域（如刑法、民法领域等）有不同的运用。一个国家（或地区）在不同时期的模式也可能不尽相同。

（一）《法国民法典》的相关实践

编纂法典的初衷就是要用无微不至的法条涵盖司法中可能出现的各种具体情形，然而1794年《普鲁士一般邦法》的失败证明了怀疑主义对成文理性（ratio scripta）的批判。《普鲁士一般邦法》之所以失败就是因为错误地认为有了详尽全面的法典就不需要创造性的司法。萨维尼就曾对成文法能按照预期自动、平等、及时适用的幼稚想法表示怀疑，并提出法律参与者多元化的主张。

鉴于上述原因，1804年的《法国民法典》吸取了《普鲁士一般邦法》的教训，除了聚焦于更窄的私法领域之外，还采用了不同的法典编纂技术，将条文缩减为2000多条。拿破仑只是打算建立一般原则，[①] 剩下的交由法官将这些一般原则适用于具体的案件中。正因为如此，1804年《法国民法典》仍能解决很多当今出现的问题，如机动车事故引发的法律问题。[②] 立

---

① 这些一般原则并非哲学思考下的科学原创，而是基于已有的规则和习惯，从中选取最佳原则。

② Claire M. Germain, Approaches to Statutory Interpretation and Legislative History in France, 3 Duke Journal of Comparative & International Law 196 (2003).

法者不可能预测法律文本适用中出现的所有情形和所有难题。制定法的意义并非总是清晰的，而且将法律文本适用于具体的情形可能会引发难题。在确定法律文本的意义和范围时需要解释。“法典一旦完成编纂，就必须适用，而适用的途径就是解释。”①

有人认为《法国民法典》是一元模式的代表，不允许法官的法律解释。对此，笔者并不认同。梅利曼在其《大陆法系》一书中指出，如果我们读一读《拿破仑法典》最有影响的编纂者之一波塔利斯所作的评论，就会发现，该法典没有受到激进的理性主义思想的影响，而是具有现实主义的色彩。②

波塔利斯（Portalis）作为《法国民法典》四位起草者中最著名的一位，在法典起草会议上曾主张，立法应避免走两个极端：过于简单化或者过分复杂化。过于简单化会使对于关切公民最大利益的法律缺乏规定和保障；过分复杂化，企图事无巨细，预见和规定所有事物，则会导致法律的不稳定。③ 波塔利斯还认为，如果只允许法官在法律非常明确之时才能作出判决，审判过程就会中断。事实上，很少有案件是在有明确的法律条文时进行判决的，大部分案件都是法官依据一般法律原则、法律科学和法学学说进行判决的。“（法国）民法典没有排除这一认识，相反，它以此为前提。”④

根据《法国民法典》第4条，以法律沉默、法律模糊或法律缺乏为由拒绝裁判的法官可以因拒绝司法而受到起诉，这一规定意味着法官既有权力也有义务解释制定法。不过法官的解释权仅限于具体案件的判决，《法国民法典》第5条就禁止法官根据提交给他们审理的案件进行普遍意义上

① Jeremy M. Miller，A Comparative Analysis of Codification，12 Western State University Law Review 95（1984）.

② 参见［美］约翰·亨利·梅利曼：《大陆法系》（第2版），顾培东、禄正平译，法律出版社2004年版，第30页。

③ 何勤华主编：《法国法律发达史》，法律出版社2001年版，第221~222页。

④ ［法］雅克·盖斯旦、吉勒·古博：《法国民法总论》，陈鹏等译，法律出版社2004年版，第413页。

的造法。法国法与普通法的这一根本不同之处是有历史原因的，源于法国大革命时期革命者对议会法官的敌视，因为在法国大革命之前，议会法官颁布一般规定（general rulings），反对国王所有的改革尝试。①

根据1791年《法国宪法》，法官需要提请立法机关解释法律，从而消除法院之间的理解分歧。该过程被称为“提请立法”（référé législatif），这一做法于1837年停止，因为司法判决可能会受政治因素影响，缺乏必要的独立性。② 此后议会可以通过颁布事后立法（posterior law）解释法律，又称为“解释性法律”（interpretive law）。不过法官一般不愿意适用这种溯及既往的法律。在实践中，这种解释性法律非常少见，作用不大。③

在《法国民法典》颁布之前，当时流行的是孟德斯鸠的理论，即法官是自动适用法律的机器，司法判决是“法律严格之复印”。④ 1790年法国最高法院的前身“上诉法庭”（Tribunal de Cassation）建立时，就被视为“站立在立法者旁边的机构”。⑤ 这个法院“是作为法律的仆人、卫兵、监察员而成立的……它仅为弹劾‘公然违反法律条文的行为’，并无任何解释法律之权”。⑥ 上诉法庭本身不能对法律作出权威的解释，它只起监督法院不得解释法律的作用。如果法院认为法律条款不明，则应提请立法机关予以解释。当时人们认为，如果法官只是“说出法律的嘴巴”的话，司法

① Claire M. Germain，Approaches to Statutory Interpretation and Legislative History in France，3 Duke Journal of Comparative & International Law 196（2003）.

② Claire M. Germain，Approaches to Statutory Interpretation and Legislative History in France，3 Duke Journal of Comparative & International Law 197（2003）.

③ Claire M. Germain，Approaches to Statutory Interpretation and Legislative History in France，3 Duke Journal of Comparative & International Law 198（2003）.

④ 参见杨仁寿：《法学方法论》，中国政法大学出版社2013年版，第132页。

⑤ Nieolas Bergasse，Report on the Organization of Judicial Power，Department of Justice of Canada（February 19，2017），http：//www. Justice. Gc. Ca/Eng/Rp-Pr/Csj-Sjc/Ilp-Pji/Rev2/Rev2. Pdf.

⑥［法］皮埃尔·贝勒：《法国最高法院的崇高地位和苦役工作》，李泽锐译，载《法学译丛》1981年第3期。

权保持纯洁性的概率更高。[①] 因此，法国建立了立法紧急程序制度，法院可提请立法机关紧急立法，结果却导致立法机关疲惫不堪。“立法紧急审理制非常不实用。向立法机关提出的请求经常是悬而未决。相反，在一些重要诉讼中，有人会对立法团成员施加影响。”[②] 因此，该制度实施不久即被取消。由于上诉法庭的职能是撤销法院依据自身对法律的错误理解所作出的司法判决，然后将案件发回原审法院重审，但实际上，这一撤销判决与发回重审即暗含了下级法院的“错误解释”不同于上诉法庭的“正确解释”这一逻辑，该逻辑又以上诉法庭对法律具有权威解释为前提。但此时的上诉法庭仅具有撤销错误判决和事实上的法律解释权，而无权直接作出判决，但逐渐的也是必然的发展结果是上诉法庭可以正式对法律进行权威性的解释。[③]

法官有权解释制定法，但必须基于法律文本对司法判决进行说理。因此，几乎所有的案件都是基于制定法进行裁决。当制定法规定清晰明确时，必须适用制定法，但在很多时候，还需要解释。法国的法典并没有规定法律解释方法的条款，所以主要由法官寻找制定法的解释方法并由学者评论、阐述各种解释方法。根据法国学术界的观点，制定法解释的方法主要是注释解释方法（exegetic）和目的解释方法（teleological）。注释解释方法利用立法史进行解释，目的解释方法着眼于制定法的社会目标。[④]

注释解释方法在19世纪取得了胜利。注释解释学派的思想主要体现在法教义学的论著中，认为通过仔细研究法律文本，足以发现待判案件的解

---

① 参见贾敬华：《法的确定性和规则中心主义》，载《南开学报》（哲学社会科学版）2006年第2期。

② ［法］雅克·盖斯旦、吉勒·古博：《法国民法总论》，陈鹏等译，法律出版社2004年版，第395页。

③ 董皞：《司法解释论》，中国政法大学出版社1999年版，第123页。

④ Claire M. Germain, Approaches to Statutory Interpretation and Legislative History in France, 3 Duke Journal of Comparative & International Law 196 –197 (2003).

决方法。[①]《拿破仑法典》制定后，认为法律是完整自足的。法典囊括了整个法律，法律解释以法律文本为中心。逻辑推理方法，例如类比推理、归纳推理、演绎推理、反面推理（reasoning *a contrario*）等，则多用于解决法典适用过程中的疑难案件。如果出现法律沉默，法官可以运用类比推理、适用类似案件中确立的规则；归纳推理，即总结、运用其他案件中确立的规则作为裁判的依据；反面推理，即依照法律条文的正面意思推论出相反的结果，据此阐明法律条文的真实含义；演绎推理，即从立法者确立的法律原则出发，然后推导至具体情形。注释解释方法强调对立法者意志的尊重。如果法律是模糊的，法官会通过考察立法准备资料（travaux préparatoires）发现立法机关的意图，在立法机关的清晰思路中发现模糊法律条款的意义。[②]

因为制定法在法国占主导地位，所以制定法解释是法国法的核心。制定法解释非常灵活，没有严格的解释标准。[③] 尽管惹尼主张法官应该成为立法者，然而，法国法院并没有接受他的思想。虽然法国法院对待法律文本比较自由，但并不像惹尼倡导的那样公开将自己从法律文本中解放出来。[④]

当前，法国制定法解释的主流方法可以总结如下：第一，当法律文本清楚明白时，应直接适用法律文本，不能进行解释，除非直接适用的结果是荒谬的。[⑤] 第二，当法律文本模糊不清或晦涩难懂时，法院就探

---

① Andrew West，Alain Fenet，Yvon Desdevises，The French Legal System，an Introduction，Fourmat Publishing，1992.

② Claire M. Germain，Approaches to Statutory Interpretation and Legislative History in France，3 Duke Journal of Comparative & International Law 198（2003）.

③ René David，French Law，Trans by Michael Kindred，Louisiana State University Press，1972，p. 166.

④ Claire M. Germain，Approaches to Statutory Interpretation and Legislative History in France，3 Duke Journal of Comparative & International Law 199（2003）.

⑤ 在一个著名案例中，法院不得不对一个禁止旅行者在火车完全停下来的时候攀爬火车或下火车的法令进行解释。该法令的文义是清楚明白的，但法院还是通过法律解释对在火车完全停下来之前攀爬火车或下火车的旅行者也判处刑罚。

求立法机关的意志。法官首先仔细审视法律文本本身，考虑关于法律文本的评论。法律文本并不限于待适用的法律条款，也包括整个章节的法律或整部法律。法律条款往往是在脱离整部法律的语境时才会模糊不清。第三，如果通过上述研究仍不足以确定法律文本的含义，法院往往会寻求立法准备资料，从而发现立法机关的思想。最高法院同意这一寻求过程，但同时申明立法准备材料对法院从来都没有拘束力。勒内·达维德（René David）将这一寻求立法准备材料的过程称为法律解释的历史方法。第四，当法律文本没有直接提供解决纠纷的答案时，法官至少需要从一个法律文本出发，为其设计的规则定位。法国的司法判决几乎都要援引一个法律文本，不援引是例外。不过有时法院援引的是法律的普遍原则。第五，如果立法史不清楚，或者法律太陈旧，那么法官就会进行其他方面的考量，运用学者所称的目的解释方法。这种法律解释方法大多是由最高级法院（最高法院和国家委员会）采用，而不是低级法院。①

总之，当法律是新近的法律，法院就运用注释解释方法和历史解释方法；当法律是陈旧的法律，而立法机关又没有明确表达其思想，法院则采用目的解释方法。尽管这些法律解释方法（广义）大部分属于二元模式下的法律解释方法（立足于文本，在文本含义之内解释法律），但有的可能已经是法律续造了（超越了文本含义）。② 不过无论如何，二元模式是法国的

---

① Claire M. Germain，Approaches to Statutory Interpretation and Legislative History in France，3 Duke Journal of Comparative & International Law 202（2003）.

② "历史解释是在文本解释出现复数的情况下，通过对立法过程的考察，探究立法者立法时的真意，以寻求最妥当的法律解释结论。历史解释具有辅助于其他法律解释方法而使用的作用，尤其是可以辅助目的解释、目的性扩张、目的性限缩等方法而发挥作用。""历史解释是从法律文本之外进行的解释。"（参见王利明：《法律解释学》，中国人民大学出版社 2011 年版，第 142、144 页。）目的性扩张与目的性限缩属于法律漏洞填补的方法，已不属于"法律解释"而属于"法律续造"（三元模式）了。因此，有的历史解释可以归属于三元模式。

主流模式。[①]

二元模式的典型例证可以在法官适用《法国民法典》第1386条的若干判例中找到。该条规定了建筑物因维修不善或存有瑕疵倒塌致人损害的侵权赔偿责任。这一条文极其简明，没有规定相应的构成要件，也没有对“建筑物”下定义。1887年，法国最高法院在“莱永诉社会福利工厂案”[②]的判决中对第1386条规定的“建筑物”进行了扩张解释，将连接于厂房的机器设备解释为建筑物的一部分。在本案中，被告社会福利工厂的机器破损，导致在现场工作的一名工人受伤死亡。法国最高法院认为，该“机器”因与厂房相连接，因而已经是厂房的一部分，所以，因该“机器”所受的损害，应视为厂房本身导致的损害，被侵权人无须证明厂房所有者存在过失，即可要求给予赔偿。[③] 但这种扩张解释并没有走得太远。在1896年“泰费恩诉贵赛斯等案”[④] 中，受害人泰费恩在被告贵赛斯等的一艘轮船上工作，因该船上的锅炉发生爆炸而身亡。受害人的妻子随即提起诉讼，要求赔偿。一审法院驳回了原告的起诉，理由是被告不存在过失；二审法院类推适用《法国民法典》第1386条的规定判决被告承担无过错赔偿责任，理由是事故原因是锅炉机械存在瑕疵。在上诉到最高法院后，最高法院否定了二审法院的类推，直接适用《法国民法典》第1384条第1款判决被告承担责任。[⑤] 第1384条第1款规定的是人们对“在其照管之下的物”所造成的损害应承担的赔偿责任。可见，法国最高法院在是法律文

① “二元模式是法国的主流模式”意味着法国可能还存在其他模式。事实上，法国，尤其是当代法国，也不全是二元模式，在法国也有法律续造（三元模式）。

② See Lejon v. Société des usines de la providence.

③ 参见邱聪智：《从侵权行为归责原理之变动论危险责任之构成》，中国人民大学出版社2006年版，第152页。

④ See Teffaine v. Guissez，Cousin et Oriolle.

⑤ 参见邱聪智：《从侵权行为归责原理之变动论危险责任之构成》，中国人民大学出版社2006年版，第154页。

本含义的“射程”之内对“建筑物”作扩张解释，但没有超出法律文本的含义进行目的性扩张，[①] 没有把锅炉视为轮船的一部分，也没有将轮船视为“建筑物”。在第一个案例（“莱永诉社会福利工厂案”）中的扩张解释是法律解释的一种方法。法国最高法院在第二个案例（“泰费恩诉贵赛斯等案”）中则没有运用目的性扩张，而目的性扩张是法律续造（法律漏洞填补）的一种方法。

据调查，很难找到法国法院判决的数据材料证明其在解释制定法时是否借鉴了立法史，[②] 因为法国法院，尤其是最高法院的判决书都很简洁。即使法院必须在判决中说明理由，也不会解释促使法官得出一定结论的政策性考虑和推理过程，所以难以找到法官遵循的确切推理过程。法国的判决书不会说明采用了何种法律解释以及采用的原因。例如，为什么对一个法律文本采用严格解释，而对另一个法律文本又采用扩张解释？法国的判决书和普通法法系法院的判决书大不相同，法律人通过阅读普通法法系法院的判决书就可以知道为什么会作出这样的判决。[③]

（二）《德国民法典》早期的相关实践

在潘德克吞法学和概念法学的影响下，《德国民法典》横空出世。鉴于《普鲁士一般邦法》的教训，《德国民法典》亦抛弃了个案列举式的立法方式，选择了抽象概括式。“它内容广泛、体系完整、意义准确并具有

---

① 扩张解释与目的性扩张不同，前者是法律解释的方法，后者是法律续造的方法。参见［日］碧海纯一、伊藤正己、村上淳一：《法学史》，东京大学出版会1981年版，转引自梁慧星：《民法解释学》，中国政法大学出版社1995年版，第222页。

② 一项研究表明，通过法国最高法院判决书网络数据库（Loxislaser of the Cour de cassation）可以看出，在1984年至1992年，法国最高法院的判决书中很少有判决直接援引立法准备材料。

③ Claire M. Germain, Approaches to Statutory Interpretation and Legislative History in France, 3 Duke Journal of Comparative & International Law 202 -203 (2003).

高度的技术性，为法学打造了一个‘单身牢房’。”①

立法者用抽象的概念描述构成事实，使概念涵括的事实范围非常广泛，但由于这些法律概念将千变万化、形态各异的事实概括在某一个共同的特征之下，因而这些构成事实就显得很不直观，抽象而晦涩难懂。从普通公民的角度看，他可能认识法典中的每一个词汇，但却难以读懂其意思。“为了它所标榜的融贯性与逻辑性，《德国民法典》以其难以理解性而引人注目。”②《德国民法典》的制定者意识到，采取抽象概括的立法方式，虽然能够达到很大程度的法律稳定性，并使调整内容具有一定的公正性，但必须以放弃变化多端的生活关系本身所要求的细致化、放弃对具体案件做出公平处理为代价。③

《德国民法典》运用理论概括和逻辑方法创造了大量的抽象概念，其风格是抽象化、概念化，晦涩艰深，复杂难懂。《德国民法典》在篇幅上并不短于《法国民法典》，在详细程度上也并未明显超过《法国民法典》。④ 举一个《德国民法典》规定不够详尽的例子，譬如关于合同义务成立条件的争议。德国学者豪普特（Haupt）认为合同不仅会产生于“交易协议”，而且可能会产生于事实情形，而《德国民法典》关于合同义务成立的规定则“太狭窄”。因此，即使没有表现出规定的订立合同的意图，合同也有可能成立。例如，房主在未经电力公司许可的情况下绕开电表（偷电），房主对电力公司依旧负有合同义务。⑤ 豪普特的理论虽然也备受

---

① ［德］赖因哈德·齐默尔曼：《罗马法、当代法与欧洲法：现今的民法传统》，常鹏翱译，北京大学出版社 2009 年版，第 57 页。

② ［美］罗杰·伯科威茨：《科学的馈赠——现代法律是如何演变为实在法的？》，田夫、徐丽丽译，法律出版社 2011 年版，第 234 页。

③ 参见［德］卡尔·拉伦茨：《德国民法通论》（上册），王晓晔等译，法律出版社 2004 年版，第 34 页。

④ See A. Watson，Comparative Law（Unpublished lecture，1980）.

⑤ See A. T. Von Mehren，J. R. Gordley，The Civil Law Tradition，Little，Brown and Company，2nd ed.，1977，p. 836.

攻击，但这确实说明《德国民法典》关于这方面的规定存在缺陷。[1]

《德国民法典》放弃了机械法典化之梦。“《德国民法典》否认了这样一种可能性，即对法律的体系性表述可以如此准确以致消除了司法解释的必要。毋宁说，《德国民法典》力图通过一门法律解释科学来解决其法律规则公认的不足性。”[2] 尽管《德国民法典》放弃了编纂者完整表达法律的信念，但它也没有授予法官根据他们自身的经济或政治观点解释法典的全权。相反，《德国民法典》将解释纳入其内在结构之中。法律解释并不是一种专断性推理活动，而是要遵循法典编纂者预设的关于解释的确定规则。[3]

例如，关于“物”的定义与解释。《德国民法典》第90条规定：“法律所称的物，仅为有体标的。”此即德国传统民法学说上的“物必有体说”。也就是说，物是有形、可触觉并可支配的。《德国民法典评注》认为，“有体标的必须在空间上可以界定，或者通过自身所具有的物体界限，或者通过装载于容器，或者通过其他人工手段，如界碑等”。[4] 以此标准，其他所有的财产形式，均被排除在物权法适用范围之外：各种表现形式的债权、无形财产权属于债法或特别法（如知识产权法）。[5] 自然人，即生存之人的身体及其各个部分，尽管它是物质的，却不是“物”。此项结论从《德国民法典》之体系即可得出：第一章为人，其作为权利主体而存在；第二章所规定的物，则与之形成对立。受宪法保障之人的尊严，也不允许

---

① See Jeremy M. Miller, A Comparative Analysis of Codification, 12 Western State University Law Review 98 (1984).

② ［美］罗杰·伯科威茨：《科学的馈赠——现代法律是如何演变为实在法的?》，田夫、徐丽丽译，法律出版社2011年版，第234页。

③ 参见杜景林、卢谌：《德国民法典评注：总则·债法·物权》，法律出版社2011年版，第33页。

④ ［美］罗杰·伯科威茨：《科学的馈赠——现代法律是如何演变为实在法的?》，田夫、徐丽丽译，法律出版社2011年版，第234页。

⑤ 参见［德］鲍尔·施蒂尔纳：《德国物权法》（上册），张双根译，法律出版社2004年版，第22页。

将人作为财产权之客体，故人对自己身体所享有的权利，系作为人格权的一种权利表现，而非作为对自己身体的所有权。[①] 但是，人的尸体是否属于“物”？与人之身体相脱离的牙齿、器官、毛发、精液、胎盘、胚胎等等，是否属于“物”？仅以文义解释的方法就难以确定了。这就必须根据个案，借助于体系解释、目的解释等方法予以确定。例如，在“BGHZ 124，52”一案中，某人为了避免失去生育能力而在手术前将他的精子冷冻存放于某医院，该人结婚后，欲取用精子时，获知该医院因过失致其储存的精子灭失，于是起诉医院要求赔偿2.5万马克的抚慰金。下级和原审法院均否决了该人的请求权，但德国联邦最高法院却认为这属于侵犯人身权而不属于侵犯所有权，肯定了该人的请求权。在此，精子不是“物”。[②] 德国联邦最高法院认为：德国目前的主流观点是身体的部分一旦与身体分离，即成为物，由身体权转为对分离身体部分之物的所有权（对此学术界尚有争论）。如依此观点，原告精子的灭失，不属于对身体的侵害，原告不享有《德国民法典》第847条的抚慰金请求权。第847条第1款规定的是受害人在身体或健康受到侵害时，即使所受损害不是财产损失，也可要求金钱赔偿。但联邦最高法院认为该观点过于狭隘，身体权乃法律特别形成的部分人格权，《德国民法典》第823条第1款[③]保护的对象不是物质，而是人格的存在及其自主决定领域，实质化于身体的状态之上，并以人的身体作为人格的基础加以保护。科学的进步使身体的部分得与身体分离，然后再予以结合，如用于植皮的皮肤，为受精而提取的卵细胞、精液等。

① 杜景林、卢谌：《德国民法典——全条文注释》（上册），中国政法大学出版社2015年版，第69页。

② BGH NJW 1994，127；Taupitz NJW 1995，745.（BGH是指德国联邦最高法院，NJW是指《新法学周刊》）另见王泽鉴：《王泽鉴法学全集·第十四卷——侵权行为法》，中国政法大学出版社2003年版，第138页。

③ 根据《德国民法典》第823条第1款的规定，凡故意或因过失侵害他人生命、身体、健康、自由、所有权或其他权利者，有义务向受害人给予损害赔偿。

若权利主体进行身体部分的分离，目的是保持身体之功能，或者之后再与其身体相结合，则此项身体部分在分离期间，还属于身体的一部分，对此种分离部分的侵害，也是对身体的侵害。在本案中，德国联邦最高法院认为，精子的储存是为了生育繁殖，其虽然与身体永远分离，但未来将用于实现权利主体的生育功能，是其生育能力的替代，应符合《德国民法典》第847条规定的构成要件，原告可以以身体权受侵害为由请求抚慰金。①

《德国民法典》制定的初衷是通过演绎的、分析的、抽象的和逻辑的法典编纂限制解释。人们期望中的法典是自足完满的，法官只须将事实纳入抽象的法律概念即可得出答案。② 然而这种期望还是落空了。实际上，纯逻辑可能会导致坏的结果，没有哪一部法典是无微不至的。③ 齐特尔曼（Zitelmann）也认为实证法中必然有漏洞。④

尽管法官没有被授予以其自己的主观伦理和政治直觉补充制定法的权力，但对“一般条款”这一开放性标准的包含意味着法官可以自由地弱化法律的严格适用，从而与法秩序的社会和经济利益相一致。对诸如“公正”“交易习惯”“重大事由”“善良风俗”和“诚实信用”等概念的体系性求助表明法典的编纂者承认，如果不允许对衡平的考量，抽象的法律规则就不能公正地适用到具体案件之中。通过将这些一般性条款纳入《德国民法典》的“总则”和法典的两个具体分支的总则部分之中，编纂者力图用法官对法律负有一种“有思考的服从”的义务这种理想来取代将法官当

① 参见王泽鉴：《王泽鉴法学全集·第十四卷——侵权行为法》，中国政法大学出版社2003年版，第138～139页。

② See A. T. Von Mehren, J. R. Gordley, The Civil Law Tradition, Little, Brown and Company, 2nd ed., 1977, p. 92.

③ Ibid., p. 90.

④ Ibid., p. 92.

成机器人的理想。[①]

《德国民法典》颁布后的最初10年，“利益法学”就出来与“概念法学”分庭抗礼。在“利益法学”看来，任何法律纠纷都是利益的冲突，法官在对这一利益冲突做出裁判时，必须符合立法者通过法律所表达出来的对利益状况的评价。“利益法学”的功绩，在于它超越了法律的字句和概念的表述，而将视线转向了法律条文所依据的价值观念和一般评价标准。[②]

但是，法院对《德国民法典》的反应如何呢？事实上，德国法院经历了一场“判例法革命”。[③] 在《德国民法典》实施的前20年，在若干特定的判例中，法院富有成效地推翻了民法典的规定。[④] 例如，通过急剧扩张合同责任的范围，通过对《德国民法典》第31条[⑤]的扩张解释——而这与民法典起草者的意图完全不符，德国法院很快就开始规避难尽人意的为他人的侵权责任条款。[⑥]

鉴于法国上诉法庭的教训，[⑦] 务实的德国人创设了一个最高法院，并赋予其撤销下级法院错误判决的权力、作出正确法律解释的权力以及对错

---

① 参见［美］罗杰·伯科威茨：《科学的馈赠——现代法律是如何演变为实在法的?》，田夫、徐丽丽译，法律出版社2011年版，第243~245页。

② 参见［德］卡尔·拉伦茨：《德国民法通论》（上册），王晓晔等译，法律出版社2004年版，第97页。

③ John P. Dawson，The Oracles of the Law，1968，432ff. 转引自［德］赖因哈德·齐默尔曼：《罗马法、当代法与欧洲法：现今的民法传统》，常鹏翱译，北京大学出版社2009年版，第57页。

④ Reinhard Zimmermann，An Introduction to German Legal Culture，in Introduction To German Law 16 ff（Werner F. Ebke and Matther W. Finkin eds.，1996）. 转引自［德］赖因哈德·齐默尔曼：《罗马法、当代法与欧洲法：现今的民法传统》，常鹏翱译，北京大学出版社2009年版，第57页。

⑤ 根据《德国民法典》第31条的规定，董事会、董事会成员或其他依章程选任的代理人在执行业务时给第三人造成损害的，该损害赔偿责任由社团负责。

⑥ ［德］赖因哈德·齐默尔曼：《罗马法、当代法与欧洲法：现今的民法传统》，常鹏翱译，北京大学出版社2009年版，第78页。

⑦ 法国建立的上诉制度虽然减轻了立法者的负担，但是其缺陷也逐渐暴露出来：法国上诉法庭因为没有裁判权，只有将待裁判案件发回重审权，这无疑导致了案件审理的延滞，审判效率明显降低。

判的案件重新裁判的权力。这样，只有立法机关具有法律解释权的做法和严格的分权原则正式破产，法院的司法解释权得以正式确立。

三、二元模式的理论基础

一元模式的理论基础可以概括为理性主义，而二元模式的理论基础则可以概括为实证主义——只不过是实证主义中的形式主义，它追求法律的确定性与安定性。

实证主义是在批判自然法理论的基础上发展起来的，其认为自然法不确切，没有用处。[①] 例如，德国的历史法学派对自然法学派的批判尤为激烈。该学派认为，法根本不是普遍的和永恒的，而是各民族特有的，并随着各民族的历史发展而演变。批判者纷纷加入了实证主义法学派的阵营中。

所有被定义为实证主义的理论都有一个共同点，那就是它们认为完全不必去寻求法律的合理性；法律之所以具有权威，就是因为它是法律。法律与正义无关紧要。除了实在法之外，不存在别的法。[②] “法律实证主义只从法学的体系、概念与定理中推论出法条及其适用，外于法律的，诸如宗教、社会或学术的评价与目的，均不具创造或改变法律的力量。”[③]

无论是英国的霍布斯（具有实证法学思想的自然法学者）、奥斯丁（分析法学）、边沁（功利主义），抑或法国的德莫隆博（Demolombe）（注释法学派），以及德国的萨维尼（历史法学派）、普赫塔（概念法学派）等，都可以归入实证主义法学中形式主义的阵营。正是在实证法学家

---

① 参见［法］雅克·盖斯旦、吉勒·古博：《法国民法总论》，陈鹏等译，法律出版社2004年版，第16页。

② 同上。

③ 参见［德］弗朗茨·维亚克尔：《近代私法史——以德意志的发展为观察重点》，陈爱娥、黄建辉译，上海三联书店2006年版，第415页。

的努力下，法律由天国坠入尘世。

（一）英国早期实证法学派的法律解释观

英国早期实证法学派的主要代表人物是霍布斯、边沁和奥斯丁。在他们的思想中，都可以发现相应的法律解释观。

人们通常将霍布斯归为自然法学派，但与其他自然法学派不同，霍布斯属于具有实证法学思想的自然法学者。霍布斯将法律分为自然法和民约法。霍布斯认为，自然法和民约法是互相包容、范围相同的。自然法在世界各国都是国法的一个组成部分——因为国家是人们通过缔约而组成的，自然法在单纯的自然状态之下不是正式的法律，国家成立之后，才成为实际的法律，成为民约法的一部分，强制人们服从的是主权者。反过来，民约法也是自然法的一部分——因为正义是自然法的指令，国家的每一个臣民都订立了契约要服从国法。这里的缔约分为两种：一种是聚会推选共同的代表彼此间订约；另一种是因被武力征服而允诺服从以获得生命，各自与代表者本身立约。前者为议会制，后者为君主制。

霍布斯最早发明了“法律命令说”。在霍布斯看来，法律不是建议而是命令，它不是任何一个人对任何其他人的命令，而是“专对原先有义务服从的人”发布的命令。[①] 霍布斯认为唯有主权者才能充任立法者，而不论主权者是君主还是议会。立法者就是制定法律的人，法官不是立法者。“构成法律的不是法官的慎虑或低级法官的智慧，而是我们这位人造的人——国家的理性和命令。”[②] 这就是霍布斯思想中的实证主义成分。

霍布斯主张的法律解释是立法者授权给法官的解释，这种解释仍受制于立法者，法官没有独立的法律解释权。法官的判决应尊重主权者订立法

---

① 参见［英］霍布斯：《利维坦》，黎思复、黎廷弼译，商务印书馆 1985 年版，第 206 页。

② ［英］霍布斯：《利维坦》，黎思复、黎廷弼译，商务印书馆 1985 年版，第 210 页。

律的理由。在所有的法庭中，实行裁判的是主权者，法官应当尊重主权者订立法律的理由，以便其判决与法律相符，如此一来，法官的判决就成了主权者的判决。若非如此，法官的判决就是他自己的判决，因此也是不公正的判决。[①] 对于英国的判例法，霍布斯说："英国的不成文法法官并不是正式的法官，而只是咨询法官，正式法官不是贵族就是当地的十二个人，他们在法律方面征询这种咨询法官的意见。"[②]

霍布斯认为，"所有的成文法与不成文法都需要解释"。[③] 这是因为，不成文的自然法是最晦涩的法，需要精明能干的解释者。对于成文法，文字短的容易因为两个字具有歧义而被误解，文字长的由于许多字都有歧义而更加含糊，结果是任何成文法，无论字数长短，如果对于制定该法的最终因没有透彻的理解无法好好了解。[④] 而关于这最终因的知识则存在于立法者身上。因此，对他来说，法律上没有任何结子是解不开的；他或是找到头绪把它解开，或是运用立法权力造成自己所愿意的头绪，这是任何其他解释者所不能办到的。[⑤]

霍布斯认为，法律解释取决于主权者，解释者只能是主权者指派的人。如果不这样的话，"法律便可能由于解释者的奸诈而带有与主权者原意相违背的意义，利用这种手段，解释者就变成了立法者"。[⑥] "世界上没有任何地方能够把曾经作出同样判决的前辈法官的判决当成自然法的解释或制定法律。"[⑦] "法官的判决对诉讼人来说虽然是法律，但对于任何继任

① 参见［英］霍布斯：《利维坦》，黎思复、黎廷弼译，商务印书馆1985年版，第210页。

② ［英］霍布斯：《利维坦》，黎思复、黎廷弼译，商务印书馆1985年版，第221页。

③ 同上书，第214页。

④ 参见［英］霍布斯：《利维坦》，黎思复、黎廷弼译，商务印书馆1985年版，第214～215页。

⑤ 同上书，第215页。

⑥ ［英］霍布斯：《利维坦》，黎思复、黎廷弼译，商务印书馆1985年版，第214页。

⑦ 同上书，第216页。

法官来说却不是法律。”[①] “除非是有一个经主权者授权、下属法官不得违背的解释者，否则解释者就是一般法官……他们的判决应当被诉讼双方在该案件中接受成为法律，但却不能约束其他法官在类似案件中作出类似判决。”[②] 霍布斯认为：“一个良好的法律解释者——法官所具备的能力和一个律师不同，不是关于法律的研究。”[③] 法官“只应当通过诉讼中所援引的或主权当局授权宣布律令的人向他宣布的成文法和主权者的律令看法律”。[④]

边沁则将法律的本质定义为政治上的上级对下级的命令。法律源于主权者，主权者的意志是通过命令转化为法律的，有的命令是明确的，而有的命令则是隐含的。从本质来说，一个命令是以制裁为威胁为后盾的意志的表达。法律是否有效，其标准是看其渊源而不是看其内容。[⑤]

边沁主张区分“解释性法理学”与“审查性法理学”，前者关注的是以清晰、准确的语言描述法律“是什么”，后者关注的是阐明法律“应该是什么”，尤其是立法机关的法律改革目标。他认为理想的法律是成文法，主张制定法典，反对法官造法。

一直以来，英国主流的法律观是：法律是法院职责范围内的事，道德与政策问题以及法律改革则是立法机关职责范围内的事，一般来讲，法官不应该介入法律改革。边沁也坚持这样的观点，并主张司法应扮演（消极）角色的观念，而奥斯丁对法官造法相对较为宽容。[⑥]

---

① ［英］霍布斯：《利维坦》，黎思复、黎廷弼译，商务印书馆1985年版，第217~218页。

② 同上书，第218页。

③ 同上书，第219页。

④ 同上书，第219页。

⑤ 参见［美］P. S. 阿蒂亚、R. S. 萨默斯：《英美法中的形式与实质——法律推理、法律理论和法律制度的比较研究》，金敏、陈林林、王笑红译，中国政法大学出版社2005年版，第190页。

⑥ 同上书，第205页。

奥斯丁以英国为背景，将政治权力分为最高统治权力和从属政治权力。最高统治权力是政治权力，无论是在数量上还是在种类上都是无限的。最高政治权力属于一个主权者，或者属于一个国家。从属的政治权力是那些被授予政治下属者的部分的最高统治权力。这样一些政治下属者，仅仅是隶属性的，或者从属性的。他们也是那些被授予的部分最高统治权力或共享最高统治权力的直接参与实施者。他们是作为“大臣首相”以及“受托人”而被赋予权力的。[①]

奥斯丁反对将立法权与执行权分开，他将司法权归属于执行权。奥斯丁说：“绝大多数被视为执行权或行政权的权力，其本身就是立法权，或者涉及立法权。例如，就法院实施或执行法律而言，法律主要是通过判决或裁定来实施的。这里的意思是说，法律主要是通过最高法院或高等法院，在具体案件中，以发布命令的方式来实施的。”[②] 奥斯丁的主张与英国的实践相吻合，在历史上也不乏先例。英国议会在相当长的历史时期内是最高司法机构，直到2009年，英国设立了最高法院，后者才取代议会，成为英国的最高司法机构。而在古罗马，皇帝或王子作为最高统治者，不仅颁布属于一般规则或法律的敕令性法规（edictal constitutions），而且还作为最高法院或终审法院的法官发布被描述为裁决（decretes）或判决的具体法规（particular constitutions）。

既然法院从属于立法机关，“法律是由主权者发布的以制裁为后盾的命令”，那么，根据奥斯丁的理论学说，法官仅仅是一个执行者，应服从立法机关的命令，没有创造法律的权力。但在论述习惯何以成为“主权者的命令”时，奥斯丁认为，习惯被法院采用之前，还不是法律，仅仅是实在道德规则，当法官将习惯转变成法律规则时，习惯规则就获得了法律的

---

① 参见［英］约翰·奥斯丁：《法理学的范围》，刘星译，北京大学出版社2013年版，第288页。
② ［英］约翰·奥斯丁：《法理学的范围》，刘星译，北京大学出版社2013年版，第285页。

强制力。表面上看，法官没有创造法律的权力，但实质上，法官是代表主权者来行使权力的，法官所创立的规则从主权者那里获得了法律强制力。此时，主权者虽然没有明示命令法官创制规则，却在默示法官的法律创造。之所以是默示的，是因为主权者有权改变或废除某个规则但他却没有这么做。尽管如此，法官的造法仍然是被授权的代理立法机关的行为，法官没有独立的造法权力。“在司法过程中，法官的推理和解释方法实际上是以法律的存在为前提的，一方面，既存的法律构成司法推理和司法解释的前提；另一方面，在法律并非既存的情况下，只有法官推理或解释行为得到主权者的认可，这种推理和解释结果依然是有效的。因此，司法过程实际上都是主权者命令的实现过程。”①

奥斯丁的实证主义在英国成了主流传统，它对英国的律师和法官的影响是如此之大，以至于若说法官有权质疑议会制定法的权威，简直是不可思议。②

（二）法国实证主义的法律解释观——注释法学派

《法国民法典》颁布和实施后相当长一段时期内，是注释法学派一统天下的时期。该学派有两个主要特点：法被完全包容在成文法律当中；法学家只需通过寻求立法者的意图将法提取出来。③ 注释法学派信奉法典万能主义，强调注释必须严格忠实于法典条文。注释法学派相信成文法的完全性，认为法律家的工作仅仅是通过对立法者意思的探究，从成文法中抽出应适用的法规范。法律规范以法典形式构成明确的体系，这个体系是普遍不可侵犯的自然法原则的表现，对于法学家来说，法典之外不再有法

---

① 秦策、张镭：《司法方法与法学流派》，人民出版社2011年版，第141页。

② 参见［美］P.S. 阿蒂亚、R.S. 萨默斯：《英美法中的形式与实质——法律推理、法律理论和法律制度的比较研究》，金敏、陈林林、王笑红译，中国政法大学出版社2005年版，第207页。

③ ［法］雅克·盖斯旦、吉勒·古博：《法国民法总论》，陈鹏等译，法律出版社2004年版，第103页。

源。对于法官来说，就是对法典所宣示的实在法规范进行操作，有关法外的政治、经济、社会、道德因素都应排除，必要时可以探求立法者的意思。

在注释法学派看来，民法典是“书面的理性”，认为法典能够解决一切案件，完美无瑕。由于又受启蒙思想家的影响，严格禁止法官造法。法律解释之基本原理，不外乎探求立法者明示的或可推知的意思。① 举例而言，如果一项法律条文规定不得带狗进入公共汽车，那么我们能不能推衍出也不能带熊进入公共汽车？显然，注释法学派没有否认对法律进行解释的必要性，但是，它试图排斥解释者意志的任何主观影响，特别是在对法律适用结果的评判这一点上。“只有立法者的意志是最重要的，它需要人们去探究。”②

注释法学派宣称解释的目的就是使人们能够认识到立法者的意志。③ 法学的任务是确保法律之严格适用，通过严密的逻辑推理发现法律的真正含义，并将之适用于具体的案件之中，法官不得借解释之名，创设法律。④

注释法学者蒲鲁东（Proudhon）主张，对于法律条文中未有表现的经济的、社会的考虑以及立法者意思未包含的东西，解释者应一概抛弃。他说，“拿破仑法典的研究，必须在拿破仑法典中进行”。⑤ 特鲁隆（Troplong）也认为解释应紧扣法律条文，不应轻易遵从判例的权威。他的名言是，不依条文而依良心的灵感所作的所谓衡平裁判，是最大的危险，它将破坏一切

① 参见梁慧星：《民法解释学》，中国政法大学出版社1995年版，第41页。

② ［法］雅克·盖斯旦、吉勒·古博：《法国民法总论》，陈鹏等译，法律出版社2004年版，第104页。

③ 参见［意］罗道尔夫·萨科：《比较法导论》，费安玲、刘家安、贾婉婷译，商务印书馆2014年版，第294页。

④ 参见何勤华：《西方法学史》（第2版），中国政法大学出版社1996年版，第135页。

⑤ 转引自梁慧星：《民法解释学》，中国政法大学出版社1995年版，第35页。

栅栏，消除一切信赖，使裁判丧失指针和向导。① 注释法学派的代表人物德莫隆博则指明，从理论上说，解释是对法律进行的说明，以阐明法律的真正含义。法律解释“不能变更，不能修正，不能增加。仅仅是予以宣示，予以认识。解释可能多少是巧妙而且精致的。这就可能常常将立法者未曾有的更好的或更不好的意思归之于立法者。但在结局上，解释不同于立法。不然的话，就已不属于解释了”。② 在劳伦（Laurent）看来，诸法典未给解释者的恣意留下任何余地。对于一切场合，成文法具有绝对且排他的支配力。对法律条文应予以严格解释这一法则，不应容许有任何妥协和例外。③

总之，注释法学派关于法官法律解释的观点可以归纳为：法官可以在法典之内进行法律解释，除了文义解释之外，还可以进行目的（意图）解释，但不允许法官造法。

（三）德国国家实证主义的法律解释观

18 世纪是自然法占上风的时期，而在 19 世纪，着力强调国家实证主义的理论发展起来了。黑格尔哲学即属此类：合理性与现实性被混合在一起；现实是按照辩证法演进的，所有的命题都会引发一个反命题，直到形成合题。在《法哲学原理》中，黑格尔用既成事实和强力来解释法。“法律是被设定的东西，源出于人类。”④ 黑格尔认为，法律是人为法，是通过得以实现它的强权来表现的；在法律中可以设定任何权利，但唯有自由权是不能设定的，自由权是所有法律的依据。每个人都要求事物符合他特有的标准，符合他的自由意志，符合的他就拥护，不符合的他就反对、要求

---

① 梁慧星：《民法解释学》，中国政法大学出版社 1995 年版，第 36 页。

② 同上书，第 38 页。

③ 参见董皞：《司法解释论》，中国政法大学出版社 1999 年版，第 154 页。

④ ［德］黑格尔：《法哲学原理》，范扬、张企泰译，商务印书馆 2009 年版，序言第 17 页。

改善。法律的制定不可能十全十美，符合了这部分人的意志，就可能违背了那部分人的意志，有人认为应当这样，有人认为应当那样，这是很难调和的，法律永远有改善的余地。黑格尔的这一思想对后来德国的法学思想产生了很大的影响。

德国国家实证主义可以大致分为两大法学理论流派：历史法学派和概念法学派。这两个学派前后相继，影响深远。

在整个 18 世纪，德国法学界也一直处于理性（自然）法学的统治之下，1756 年的《巴伐利亚民法典》与 1794 年的《普鲁士一般邦法》就是其产物。作为历史法学派的创立者，萨维尼对此非常反感，他认为这种方法是完全任意的、专断的，必将导致种种谬误，他试图以追求客观性、绝对性、科学性的历史主义方法取代理性（自然）法学的方法。萨维尼“把法学从 18 世纪的理性主义中解放出来，引向了担负着 19 世纪精神运动的历史主义。”①

萨维尼是真正系统化研究法学方法论的第一人。萨维尼认为，法具有历史发展性。法是一种历史现象，属于时间范畴。某个国家（民族）的法律是该国家（民族）所特有的。某个国家（民族）的法律与该国家（民族）的语言、行为方式和基本社会组织体制之间并非彼此分割、相互独立、孤立存在，而是该国家（民族）所特有的、不可相互割裂的禀赋。法律与民族的性格以及它们之间存在的有机联系，都展现在时代的进步之中。②

萨维尼说：“人们期望新法典。这些新法典在完成以后应当确保法院可以精确而机械地司法，因此那些从执行一已观点中解脱出来的法官也只

---

① ［德］弗里德里希·卡尔·冯·萨维尼：《历史法学派的基本思想（1814－1840 年）》，郑永流译，法律出版社 2009 年版，第 42 页。

② 参见［德］弗里德里希·卡尔·冯·萨维尼：《论立法与法学的当代使命》，许章润译，中国法制出版社 2001 年版，第 7～9 页。

能够逐字逐句地适用这些法典。”[①] “就法律本身的状况而言，人们期其最具精确性，同时，在适用中则当具有统一性。”[②] 但是，法律的精确性取决于法律之获得有效执行。法典要如人们期待的那样具有唯一的权威，它就应当包含适用于可能发生的每一个案件的裁判。但现实情况错综复杂、千差万别，法典不可能仅凭经验得出而获得完美，但可以通过法理学的科学研究，像几何学那样，根据已知条件推出未知。但是，如果是在一个并未达臻此一艺境的时刻编纂法典，则会导致法典的不完美性："表面上由法典规定，实际则由法典之外、充任真正的绝对权威的其他东西所调控。”[③] 但是，整个18世纪，德国不曾诞生什么伟大的法学家。因此，萨维尼认为当时德国不具备制定民法典的条件。法学家必须具备历史素养和系统素养。历史素养意味着法学家必须能够把握历史上每一时代及该时代的法律的基本特征；系统素养意味着法学家应该具有系统眼光，能够在事物的整体联系中，洞悉每一个法律概念与法律规则。[④] 由此，萨维尼确定了法律研究的两种方法："历史的方法”和“系统的方法”。

通过比较1794年《普鲁士一般邦法》与罗马法，萨维尼认为，前者之所以失败，原因主要在于，一是其大部分规定未达到普适的“主要原理(原则)”（leading principle）的高度，未形成自身独树一帜的个性，二是普鲁士没有出现伟大的法学家；而后者之所以成功，原因主要在于立法技术高超，且出现了众多伟大的法学家。此外，萨维尼还认为，当时的德语还是日常生活语言、自然语言，未发展成为法律专业语言，不适合作为法

---

① ［美］罗斯科·庞德：《法律史解释》，邓正来译，中国法制出版社2002年版，第21页。

② ［德］弗里德里希·卡尔·冯·萨维尼：《论立法与法学的当代使命》，许章润译，中国法制出版社2001年版，第16页。

③ 同上书，第18页。

④ 参见［德］弗里德里希·卡尔·冯·萨维尼：《论立法与法学的当代使命》，许章润译，中国法制出版社2001年版，第37页。

律语言来书写立法。

关于法律解释，由于德国没有法典，萨维尼主要是以对罗马法的解释为参照系进行论述的。萨维尼认为，解释法律的时候必须洞悉其所蕴含的思想，揭示其内容。从这个意义上说，法律解释首先就是对法律内容的重建（Rekonstrukzion）。解释者应站在立法者的立场上，模拟他所形成的法律思想。因此，法律解释必须具备三个要素：逻辑、语法、历史。逻辑要素即对法律表达出来的思想予以发生学阐述，从法律形成的视角对其内容进行阐述。语法要素即对法律表达思想所使用的媒介进行阐明。历史要素即对法律所规定的历史对象予以阐述，通过需要对该法律得以诞生的那个时代进行考察。根据萨维尼的观点，法律既然是在特定时代赋予特定民族的，因此，欲挖掘法律所蕴含的思想，必须对制定法律的那个时代进行历史考察。法律本身应该是客观的，它应该直接展现自身，因此，解释的全部前提都存在于法律自身之中，或者存在于一般知识之中，比如历史知识、语言知识。一旦解释者将自己置于立法者的立场上，就进入了解释过程，但此种立场必须能够直接从法律本身显现出来。解释的最高任务是深层次的考证，也就是将残缺不全的法律文本恢复原貌，对解释的素材予以重构。解释者应当以模拟的方式形成法律内容，前提是原始文本的某些部分已经遗失，需要将其找回。①

萨维尼尽管在立法上摆脱了自然法理性主义的束缚，但其早期的法律适用学即法律解释学思路却未完全走出自然法理性主义的背景。我国台湾地区学者林端认为，萨维尼的上述观点是接近“制定法实证主义”的。他强调制定法是客观的，是独立于所有个人信念的，制定法必须排除所有的恣意专断：它是如此完备，以至于应用它的人，完全不需要自己添加任何

① 参见［德］弗里德里希·卡尔·冯·萨维尼、雅各布·格林：《萨维尼法学方法论讲义与格林笔记》，杨代雄译，法律出版社2014年版，第7～13、76～98页。

东西上去。法官唯一的工作，只是对它进行纯粹的逻辑解释。法官要设想自己站在历史上的立法者的立场上，重建法律内涵，据此作出判决。萨维尼认为法官的解释不能做任何修改法律的工作，哪怕是对有缺陷的法律进行修改和完善也不允许，因为后者是立法者的任务。①

只是到了晚年，萨维尼的作品才做出了重大改变，不再主张制定法为优先的法源，而认为“民族的共同法律信念”亦即“民族精神”是最重要的法源。也正是这一转变，种下了历史法学派日后分裂为罗马法学派与日耳曼法学派，再演变成概念法学与自由法学对峙的因子。②

概念法学（Begriffsjurisprudenz）这一词汇最初由耶林使用，但真正的创始人是普赫塔。现代概念法学之所以形成，一个重要原因就是17～18世纪包括笛卡尔、斯宾诺莎、莱布尼茨等人的理性法学思想的影响。19世纪，概念法学的发展则要归因于康德哲学及自然法运动，因为它们试图从抽象的价值形式导出整体法律。在法学继受哲学研究成果的基础上，萨维尼的历史法学派是概念法学的首要推手。因为历史法学派强调“历史的方法”与“体系的方法”，将法律规范理解为一个关联的整体。因此，有人认为普赫塔是“概念法学之父”，但有人则争议说，萨维尼应为“概念法学之父”。③

普赫塔是萨维尼的门生，他认为法律体系是一个有机体，“自我发展为一个身体”，体系完全以概念为核心构成，这些概念是有层次的。例如，地役权——用益物权——物权。普赫塔称之为“概念系谱”。这一系谱中的每个概念都是鲜活的存在，而不是僵死的、只是需要接收的工具。每一概念都是单独的，和创造它的概念完全不同。法律制度之父是原则，法律

---

① 参见林端：《德国历史法学派——兼论其与法律解释学、法律史和法律社会学的关系》，载许章润主编：《萨维尼与历史法学派》，广西师范大学出版社2004年版，第95页。

② 同上书，第92～95页。

③ 在耶林的《法学的概念天国》一书中，则将萨维尼列为概念法学的行列中。参见［德］鲁道夫·冯·耶林：《法学的概念天国》，柯伟才、于庆生译，中国法制出版社2009年版，第10～11页。

制度之母是素材、人类与物的多样性。后者决定了法律建构中理性及法律体系的特征。[①] 这就是赫赫有名的“概念金字塔”。

在普赫塔看来，法学的任务就是通过体系性联系把握法律原则。法律原则是相互联系的、彼此可以推演出来的定理。通过层层推演，可以一直往上追溯这些具体原则的谱系，一直到它们的最顶端。同时，也可以从最顶端一直追溯到最底部。这一工作可以使法学家认识并发现那些隐藏在理性法精神背后的法律定理。温德沙伊德在方法论方面本质地发展了普赫塔的概念法学，他继承并坚守萨维尼与普赫塔的基本见解：“法律是历史的事物也是理性的产物，更是体系加工的结果。”[②]

概念法学的体系建立之后，概念之间无矛盾、圆融无碍的关系将取代法律与生活的鲜活联系。根据概念法学的观点，概念具有再生能力，从一个概念可以衍生出其他概念。耶林不无揶揄地调侃说：“（概念）具有生育能力，并且跟他的其他同类交配，生儿育女。”[③] 概念法学的核心是“建构”。耶林将法学称为“建构法学”。“建构”作为最高的法学技术，是将法条沉淀为法律概念。[④] 建构的素材尽管源于生活，但经过多道工序后，素材已经脱离了生活，成为初级规则。在经过思维加工后，它根本没有生活的样子了。德国继受罗马法，概念法学家用以加工和整理的素材主要是罗马法素材。罗马法经过如此的“法学加工”之后，就成为永不枯萎、脱离时空的“法学身体”了。[⑤]“经由罗马法，超越罗马法。”

---

① 参见谢鸿飞：《法律与历史：体系化法史学与法律历史社会学》，北京大学出版社2012年版，第164页。

② 吴从舟：《概念法学、利益法学与价值法学：探索一部民法方法论的演变史》，中国法制出版社2011年版，第36页。

③ [美] 鲁道夫·冯·耶林：《法学的概念天国》，柯伟才、于庆生译，中国法制出版社2009年版，第19页。

④ 参见吴从舟：《概念法学、利益法学与价值法学：探索一部民法方法论的演变史》，中国法制出版社2011年版，第84页。

⑤ 谢鸿飞：《法律与历史：体系化法史学与法律历史社会学》，北京大学出版社2012年版，第167页。

概念法学主张为了保持法律体系的严密逻辑，法学概念的意义必须固定不变。概念法学最重要的分析方法是三段论式的演绎法。概念法学坚持成文法是唯一的法律渊源，反对在法律适用的过程中加入目的、利益、价值等主观因素。① 概念法学认为，理想的情形是“把不同的概念结构化为一个金字塔”，在金字塔的上端存在少数几个抽象程度高、作为法律体系基础的重要概念，而越往下概念数量越多，抽象程度越低。以此将法律概念体系打造为一个近似于公理体系的东西。这种不证自明的前提就顺理成章地由“概念”转换为“法典（法条）”。“法律概念就像路易斯·卡劳尔的表一般。事实无法影响一种法律概念，而时间也无法影响另一种法律概念。”②

概念法学是一个逻辑严谨、前后一致、各部分互相约束的系统，任何法律概念和规范都不是单一的、孤立的，而是意义关联、首尾呼应的，不能割裂地进行理解。这样就可以把司法者约束在逻辑中，限制其恣意解释。概念法学在建构之后，不考虑任何现实因素，如伦理、政治和经济因素，这并非坏事。因为加入“目的”“社会需求”等现实考虑后，法学就根本不可能获得精确性，形式逻辑推理不可能进行，法律适用也就变得随意。此外，概念法学必然要求法律排除法律原则。因为这些原则是推理的极限，无法再求助于更高的规则，加之其内容又不确定，这样，最抽象的法律规则就难以发挥形式理性的功能，而成了一个极其模糊的规范，其内容留给法官自由决定。③

概念法学主张立法必须明确、统一和完备，成文法是唯一的法律渊源，禁止法官在成文法之外寻找法律渊源，反对法官通过另觅法源而对成

---

① 参见蒙晓阳：《为概念法学正名》，载《法学》2003 年第 12 期。

② ［美］罗斯科·庞德：《法律史解释》，邓正来译，中国法制出版社 2002 年版，第 183 页。

③ 参见谢鸿飞：《法律与历史：体系化法史学与法律历史社会学》，北京大学出版社 2012 年版，第 169～170 页。

文法进行的任何修正、变通，并认为这破坏了成文法的尊严。按照概念法学的理想，法官无论遇到多么复杂的现实情况，都能够在体系庞大、逻辑严密的法典中像查字典那样找到答案。但如果我们据此认为“法官司法活动时的自由裁量权也遭到了否定，法官成为了法典的机械操作者”,[①] 这未免有失偏颇。概念法学只是反对法官造法，但并不反对法官在法典之内、在坚守法律文本含义的范围内进行法律解释。

四、二元模式的意义与局限

二元模式不仅允许文义解释，而且还允许其他的法律解释方法，但无论何种解释方法，都在法律文本含义范围之内。无论是在历史上，还是在今天，都是有其积极意义和理论价值的。当然，它也有一定的局限性。

（一）二元模式的意义

二元模式及其理论基础尤其是概念法学的历史意义不容忽视。概念法学的研究成果被运用于《德国民法典》的制定之中。概念法学的代表人物温德沙伊德甚至参与了《德国民法典》的起草并在其中发挥了核心作用。“委员会”在起草过程中，一旦遇到疑难问题，起决定性作用的就是温氏或其教科书（《学说汇纂法教科书》）。[②]“概念作为德国法学的操作工具，随着德国民法的制定而进入民法典中，形式逻辑的概念计算，即从民法典制定前支配到民法典制定后，愈演愈烈。”[③]《德国民法典》在1896年颁布时仅有2385个条文，如此少的条文涵摄千变万化的法律事实，离不开法官的法律解释。只不过法官不能走得太远，不能在法典之外另寻法源，亦即

① 卢文道：《立法滞后与法官自由裁量权》，载《法学》1997年第8期。

② 谢鸿飞：《法律与历史：体系化法史学与法律历史社会学》，北京大学出版社2012年版，第179页。

③ 吴从舟：《概念法学、利益法学与价值法学：探索一部民法方法论的演变史》，中国法制出版社2011年版，第37～38页。

不能进行拉伦茨所说的“法律续造”。

法律是一个由各种概念、规范、制度和原则构成的整体，其内在结构必须保持一致性和前后逻辑的融洽。为了让法律适应社会的变化，需要不断创造新的概念来表达新的法律关系和内容。梅利曼认为，为了满足这一需要，法学家们创造了新颖、鲜明的概念，并运用于法学之中，人们批判性地称这种法学理论为“概念法学”。但是，实际生活中离开了概念人们就无法进行语言交往，所以，因为使用了这些概念而对法学大张挞伐也是不公正的。[①] 拉伦茨也认为，人们不应低估概念法学的历史性贡献，“没有概念法学的贡献，《德国民法典》的体系就不可能达到这么高的清晰度，有关规范的查找也会变得困难得多”。[②] 我国台湾地区学者吴从舟则认为，“概念法学是法学的第一位”，[③] 通过概念法学，法律学术和法律实务才得以通过法律概念串通和支配起庞大的、无数的、杂乱的法律素材。因此，有德国学者自豪地表示，“概念法学的力量使得德国的法律优于世界其他民族的法律”。[④] 这是不无道理的。

二元模式不仅具有历史意义，也不乏现实意义，主要原因有四点：

第一，二元模式有利于维护法律的稳定性和可预期性。二元模式把司法者拘束在逻辑之中，限制其恣意解释，仅允许其不超越法律文本含义的文义解释、体系解释和目的解释等有限的解释方法；二元模式坚持立法的统一和完备，坚持成文法是唯一法源，禁止法官在成文法之外另寻法源，这有利于维护法律的稳定性和可预期性。普通法一直对自己的法律宣告说

① 参见［美］约翰·亨利·梅利曼：《大陆法系》（第2版），顾培东、禄正平译，法律出版社2004年版，第67页。

② ［德］卡尔·拉伦茨：《德国民法通论》（上册），王晓晔等译，法律出版社2004年版，第97页。

③ 参见吴从舟：《概念法学、利益法学与价值法学：探索一部民法方法论的演变史》，中国法制出版社2011年版，第43页。

④ 转引自吴从舟：《概念法学、利益法学与价值法学：探索一部民法方法论的演变史》，中国法制出版社2011年版，第43页。

饶有兴趣，根据这一学说，司法判决（普通法）只是长期以来习惯和一般原则的证据。[①] 美国最高法院首席大法官约翰·罗伯茨曾言："法官是法律的仆人，不是相反。法官就像裁判员。裁判员不制定规则，只是适用规则。裁判员和法官的作用非常关键，他们要保证每个人都按规则行事，但作用却有限。球赛观众要看的不是裁判员……我会记住我的工作就是判好球或坏球，而不是投球或击球。"[②]

第二，二元模式迎合了当代的司法克制（judicial restraint）主义。司法克制主义由美国著名大法官霍姆斯和布兰代斯首先提出，主张法院应当遵从立法和行政等由选举产生的政治机关批准和作出的法律和政策，在国家政治结构中扮演消极被动角色。作为一种司法哲学观，波斯纳认为，"司法自制"一词至少可以在五种不同的意义上使用：（1）一个自制的法官不允许本人的政策观念影响自己的判决；（2）他对是否将自己的观点注入判决中总是小心谨慎因而也总是犹豫不决；（3）他很留心加诸于司法权力之上的现实政治限制；（4）他的判决受如下考虑影响：应避免那种让法院淹没在诉讼之中，以致法院不能有效运作的混乱的创权行为；（5）他认为，法院体系相对于其他政府部门的权力应该缩小。[③] 波斯纳重点关注第五种意义上的司法自制，将其称为"权力分立的司法自制"或者"结构性自制"，其含义是"法官试图限制其所在法院对其他政府部门的权力。若

① See J. H. Langbein, Blackstone on Judging, in Blackstone and His Commentaries: Biography, Law, History , W. Prest Ed. , Hart, Oxford, 2009, p. 65 – 78; M. Hale, The History of the Common Law of England, Rothman, Littleton, Reprint Ed. 1987, p. 68. ["恰当地说，法院的判决并不是造法（因为只有国王和议会才能创造法律）；但法院判决在解释、宣告和发表王国的法律上具有重要的地位和权威，尤其是当判决与先前判决和决定保持协调一致的时候。"]

② Statement of the Nominee, Confirmation Hearing on the Nomination of John G. Roberts, Jr. to be the Chief Justice of the United States, Senate Committee on the Judiciary, S. Hrg. 109 – 58, 12 – 15 Sep. 2005 (pp. 55 – 56).

③ [美] 理查德·A. 波斯纳：《联邦法院——挑战与改革》，邓海平译，中国政法大学出版社 2002 年版，第 335 页。

他是一名联邦法官，他会希望联邦法院对国会、联邦行政机关、行政部门以及州政府的各级部门等机构的决定予以更大尊重”。[①] 美国当代著名的公法学者凯斯·桑斯坦提出了“司法最小主义”（有学者翻译为司法最低限度主义）的学说，他认为，法院的民主正当性低于民选的政治机构，所以法院在理论上只应扮演过渡中介或锦上添花的角色，也即通过宪法个案裁判去帮助社会形成各种价值观，但法院自身不应该替社会作出决定，尤其是涉及那些特别重要的社会领域。进而他为司法机构框定角色：法院的裁决应该是“审慎民主”的起点，而不应是最后的终结者。[②] 概言之，司法克制主义认为，法官在进行制定法解释时，应该尽力在制定法内发现并且“诚实地……阐释除隐含意图所要表达的意义”。[③] 司法克制主义要求法官“心怀敬畏地担当着法律的声音”。[④] 二元模式与司法克制主义都预设了法院或者法官对法律的忠诚，要求司法活动不能脱离法律而进行，它尊重司法权与立法权的分工，在当代各国仍有一定的市场。

第三，二元模式保护了规范事业（normative enterprise）。[⑤] 这尤其迎合了国际公法争端解决机构和仲裁机构的需求，因为这些机构无法像国内法院那样享有很高的强制性权威。裁判者知道，如果将他们从事的裁判工作暗度陈仓，描述为宣告发现了预先早已存在的法律，那么他们受到的合法性争议就会大大减少，也会使判决更容易为社会所认可与接受，甚至还

---

① ［美］理查德·A. 波斯纳：《联邦法院——挑战与改革》，邓海平译，中国政法大学出版社 2002 年版，第 339 页。

② Cass R. Sunstein，One Case at A Time：Judicial Minimalism on the Superem Court，Harvars University Press，12（1999）.

③ ［美］斯蒂芬·布雷耶：《积极自由——美国宪法的民主解释》，田雷译，中国政法大学出版社 2011 年版，第 13 页。

④ 同上。

⑤ Marc Jacob，Precedents and Case-Based Reasoning in the European Court of Justice：Unfinished Business，Cambridge University Press，2014，p. 30.

能进行更为大胆的判决。即使引起争议，人们至多批评裁判者这一次判错了，但不会引起整体不满。“裁判者是邮递员，只是传达一下坏消息。”① 可见，二元模式并非成熟精致的理论。它是很多法律语境中游戏的名称，玩游戏者一旦僭越规则，会立刻陷入困境。所有的法律制度和法律传统都会玩弄二元模式，包括普通法的法律人。②

第四，二元模式体现了对民主的保障。③ 在二元模式之下，法官仅仅是探究了立法者的意志，没有进行造法，而立法者在民主国家则是民主的体现，不由民主产生的法官通过解释法律，在严密的逻辑构造中，发现了法律的真正含义。“其实这就是现代政治组织崛起的叙事。整个运动的根源就是解放，追求自治和普及，最终追求自由、集体自治、多元主义和不同意见。”④ 集体自治、多元主义和不同意见则体现在议会的立法之中。

此外，二元模式在一些部门法领域尤其有用武之地。

第一，二元模式是宪法解释的主要解释理论。美国联邦最高法院大法官斯蒂芬·布雷耶说，法官在解读宪法语言时应该思考“由联邦宪法自身所意图实现之伟大目标的启示”。⑤ 宪法语言是抽象的、开放的。某些宪法语言反映了这些条款包含的根本目标和基调，它们的制定目的不是为行为规则提供准确与明确的指示。在解释这类开放性条款时，法官必须避免

---

① Marc Jacob，Precedents and Case-Based Reasoning in the European Court of Justice：Unfinished Business，Cambridge University Press，2014，p. 30.

② 在普通法法系国家，将这种永恒的争论称为形式主义和现实主义之争。二元模式的支持者归属于形式主义旗下，反对法律宣告说的则属于现实主义。See B. Tamanaha，Beyond the Formalist-Realist Divide：the Role of Politics in Judging，Princeton University Press，2010.

③ Marc Jacob，Precedents and Case-Based Reasoning in the European Court of Justice：Unfinished Business，Cambridge University Press，2014，p. 32.

④ Ibid.

⑤ ［美］斯蒂芬·布雷耶：《积极自由——美国宪法的民主解释》，田雷译，中国政法大学出版社 2011 年版，第 12 ~13 页。

"恣意地掺入个人的理念"。[①] 路易斯·布兰代斯大法官曾说："在行使司法审查大权时，法官务必时刻严防自身越界，以免法官将其偏见注入法律原则之内。"[②]

第二，二元模式也是刑法学主流的法律解释理论。刑法解释具有不同于其他解释的特殊性，因为刑法关系到对公民的生杀予夺，应当严格解释之。法国刑法典甚至明文规定："刑法应当严格解释之，"并将其视为罪刑法定原则的应有之义。[③] 现代刑法禁止类推。类推是以法律存在漏洞为前提的，因而类推被认为是一种填补法律漏洞的方法。在民法中，可以通过类推来填补法律漏洞，但在刑法中却不能通过类推对被告人定罪，这是罪刑法定原则的基本要求。对于那些应该规定为犯罪但由于疏忽或者其他原因刑法没有加以规定的，就应当视为法无明文规定不为罪。[④] 刑法解释学与民法解释学最主要的不同之处体现在：如果超出法条上文义的所有可能范围，对刑事被告人不利的造法性解释被严格禁止。

第三，二元模式也应该是税法的解释原则。如果说罪刑法定原则是为了保护人们的自由权与生命权的话，那么税收法定原则则是为了保护人们的财产权。由于税收法定原则的影响，税法解释不同于民法解释。由于税法规范是一种"侵害规范"，即它是对纳税人财产权的侵害——尽管是一种合法的侵害，但人们对税法规范有很强的法律安定性期待和要求，因此，日本税法学者金子宏认为，原则上，对税法规范的解释，应依据文理

---

① ［美］斯蒂芬·布雷耶：《积极自由——美国宪法的民主解释》，田雷译，中国政法大学出版社2011年版，第33页。

② New State Ice Co. v. Leibmann，285 U.S. 262，311（1932）.

③ 参见陈兴良：《刑法知识论》，中国人民大学出版社2007年版，第105页。

④ 但这并不意味着在刑法中不能进行有利于被告人的漏洞填补。例如通过目的性限缩对某些嫌疑人不予定罪处罚。参见陈兴良：《刑法知识论》，中国人民大学出版社2007年版，第118页。

进行，不允许滥用扩张解释，也不允许类推解释。[①] 日本最高法院在解释税法时，在以税收法律法规的文理为基础和线索，有时也考虑规定的宗旨和目的。但是，税法的规定不应随意加以扩大化和缩小化解释，因为过度扩大或缩小都将产生以解释为名进行重新立法的相同结果。而至于类推解释或类推适用，则更加应该引起警惕了。[②] 日本学者认为，如果是给纳税人带来有利结果，那么为解决某案件即使进行类推解释，也不会因此给该纳税人带来不利后果。但是，在与其他纳税人的关系上，会产生处理不公的问题。此外，税收法律法规的解释适用出现问题的重要场合，往往出现于在第一线的征税实务中税务工作人员与纳税人进行接触的时候，如认可类推解释存在的余地，则可能产生导致贪污和腐败的危险。为确保税务执行的透明度，还是不认可类推解释为宜。[③] 在德国，税法解释曾一度比较"能动"。《德国税调整法》（Steueranpassungsgesetz，1976 年废除）曾采取"经济观察法"，允许执法者和司法者对税法规范在考虑到税法目的、经济意义、国民思想等因素的情况下进行较为"能动"的解释。但从 20 世纪 50 年代中期开始，德国对这样的"能动"解释进行了反思和批判，目前，德国的主流意见和通说都主张税法解释须依照文句文理来进行，以维护税法的安定性。[④] 换言之，税法解释须警惕税法续造。及至我国，由于税务诉讼案件较少，以及税收授权立法的存在，财税部门在实质性地行使税法解释权。这一解释主要是以"通知"为形式的抽象解释。抽象解释等同于立法。但笔者认为，在我国税收法定原则落实后，二元模式应成为我国税

---

① 参见［日］金子宏：《日本税法》，战宪斌、郑林根等译，法律出版社 2004 年版，第 88 页。

② 参见［日］中里实等编：《日本税法概论》，西村朝日律师事务所、西村高等法务研究所监译，法律出版社 2014 年版，第 45 ~48 页。

③ 同上书，第 49 页。

④ 参见［日］金子宏：《日本税法》，战宪斌、郑林根等译，法律出版社 2004 年版，第 88 ~89 页。

法的解释原则。

（二）二元模式的局限

法典编纂给法学套上了枷锁。因此人们不得不作出选择：要么为了保证法的确定性而违反生活原则，借助法律实证主义的艺术概念、目的性解释以及类推适用把根本没有的内容加入制定法；要么将制定法中的所有规则置于保证公平的前提下，但追求公平会使人们在制定法之外发展法，这使得法再次处于不确定的状态。这之后出现的状况是在所有可能发生的情形中最糟糕的："人们一会儿呼吁制定法的权威，一会儿又要在自由中寻找法。企图通过再次编纂法典而消除上述状况，仅仅意味着再走一次歧路，意味着继续原来的状况。"①

在民法的疑难案件中，二元模式的法律解释无能为力。因此，才有惹尼和哈特的理论出场。这将在本书第三章中予以详述。

在保护政治权利和社会权利的案件中，如果一味固守二元模式，也可能造成对这些新型权利的漠视。司法有时候需要克制，有时候则需要能动。莫诺·卡佩莱蒂（Mauro Cappelletti）认为，司法功能必有的创造性特征在20世纪一直受到了特别强调，无论我们是否欢迎和接受司法功能的这一能动特征，它都在客观上塑造了当今这个时代的特征，这是一个我们都必须认真对待的现象。② 这有三个方面的原因：首先，现代国家已经不再是传统的"最小国家""夜警国家"，而是逐渐转变成了福利国家，福利性

---

① ［德］霍尔斯特·海因里希·雅科布斯：《十九世纪德国民法科学与立法》，王娜译，法律出版社2003年版，第50页。

② 参见［意］莫诺·卡佩莱蒂：《法官造法的权力及其限度》，徐昕、王奕译，载高鸿钧主编：《清华法治论衡》（第4辑），清华大学出版社2004年版，第74页。

立法大幅增长，公民的社会权利也随之增长，导致司法部门的角色发生转变。由于福利性国家对立法干预需求的急剧增长，一方面，议会也在扩张、膨胀；另一方面，由于议会的主要工作仍旧是政治活动，不堪重负、疲于应对的议会不得不将大部分立法工作交给行政部门，这不可避免地导致了立法的原则化、目标化甚至空洞化。在立法机关和行政部门日益膨胀的背景下，法院也不得不转变为“第三巨人”，以制约庞大的立法者和“利维坦式”的行政机构。其次，保护扩散的和集体的利益中的冲突也导致了司法功能的扩张。现代社会日益复杂，大规模侵权时有发生，传统的诉讼结构——仅为单一的原告和被告设计的诉讼结构——已经难以适应现代社会纠纷解决的需要。团体诉讼、集体诉讼、公益诉讼兴起，纯粹个人主义的司法程序观念和结构发生了改变。不可避免地，肯定和维护新型社会权利的职责落在了法官的肩上，人们期待法官担当起监督“大企业”“大政府”，维护劳工、消费者和公民权利的“大法官”的积极角色。在团体诉讼、集体诉讼和公益诉讼中，模糊甚至滞后的福利性法律需要法官解释，变化与扩张的公民社会权利需要法官予以肯定，法官的创造性前所未有。另外，在司法判决的约束力大大超过涉案双方当事人的范围的时候，司法程序的创造性、能动性和积极主义特征凸显。最后，公民意识的增长，违宪审查诉求的扩张也导致了司法角色的转变。在这样的背景下，即使是适用已经存在的法律——事实上很多法律并不存在——法官也不可避免地既是法律解释者又是法律创造者。既然肯定了法官的法律解释，而法律解释意味着总是有一定的自主选择和裁量的空间，有一定的主观能动性和创造性，这在违宪审查和福利性立法领域尤甚。时至今日，无论是普通法法系还是民法法系，其共同趋势是赋予法官比以往时代更多的造法职责。这或许是一种冒险，甚至会带来危险。但是，莫诺·卡佩莱蒂同时认为，在当今世界中，这一冒险带来了人们对法律制度、法律权利和法律正义的接近或亲近，这一“接近司法”“接近正义”的冒险和运动，或许会在人类的法律文明史上书写更加辉煌的篇章。①

① 参见［意］莫诺·卡佩莱蒂：《法官造法的权力及其限度》，徐昕、王奕译，载高鸿钧主编：《清华法治论衡》（第4辑），清华大学出版社2004年版，第124页。

第四章　法律解释权的三元模式

一、三元模式的界定与判例的地位

三元模式在二元模式的基础上又向前迈进了一步，法官的权力进一步得到扩充，法官的形象由保守转向能动，法官成了临时立法者或补充立法者。

（一）三元模式的界定

三元模式不仅允许法官进行法律解释，还允许法律续造。二元模式将司法裁判看作黑白鲜明对比，要么“创造”（making）法律，要么“适用”（applying）法律，非黑即白。三元模式则从“造法”的黑色地带中分离出来一个灰色地带：“续造”（德文为 fortbildung）法律。这样根据创造性程度的高低，裁判活动就分为三种（按创造性由低及高顺序）：（1）法律解释；（2）法律续造（法内续造）；（3）法律创造（法外续造）。三者的差异在于：法律解释坚守法规的字面文义；法律续造超越法规的字面文义，但符合法规的精神和目的；法律创造则既超越法规的字面文义，又超越法规的精神和目的。①

---

① See Marc Jacob, Precedents and Case-Based Reasoning in the European Court of Justice: Unfinished Business, Cambridge University Press, 2014, pp. 33 -34.

在三元模式中，法律解释和法律续造是合法的，而法律创造则是禁止的。由于该模式是在“二元模式”的基础上发展而来，它不但允许法律解释，还允许法律续造，因此，笔者称之为“三元模式”，它又可称为“法律续造模式”。三元模式如图3所示。

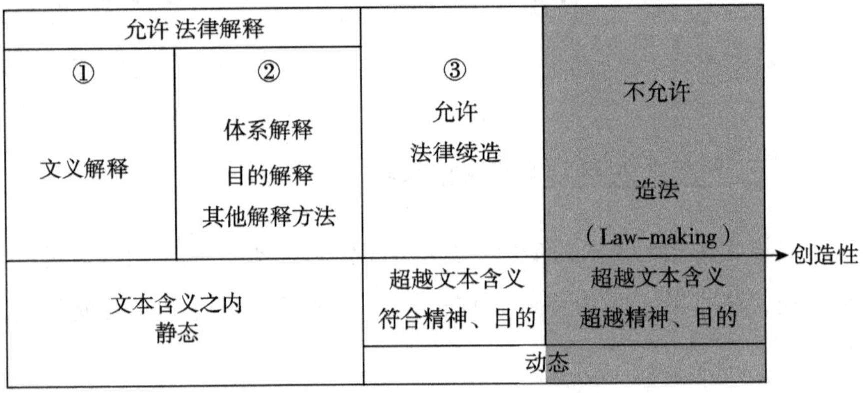

图3 三元模式

三元模式允许法律续造，法官就成了立法者或辅助立法者、临时立法者。法官作为立法者至少可以追溯到亚里士多德。他在《尼各马科伦理学》中认为，法律虽然宣称是普适性的，但也会出现超出法律、在法律之外的案件。如果因立法者条文设计过于简略而对某些情况没有法律规定，那么此时法官对这一遗漏进行填补就是正当的，他将按照如立法者所处的境况的标准进行遗漏填补，假如立法者事先知道存在这种遗漏的话，他也会如此行事，将修正的内容加入法律之中。①

“法律续造”一词为拉伦茨所提出和创立。拉伦茨认为，法律适用是一种对向交流的过程。解释就是用其他语词更清楚、更精确地表达解释者认为有疑义的文字的意义，使它可以传达给他人。解释者绝不只是处在消

① Aristotle, Nicomachean Ethics, Roger Crisp Trans. and ed., Cambridge University Press, 2004, p. 1137b20.

极被动的地位，解释过程也不是一种单向过程，而是一种双向交互澄清的过程。①

拉伦茨最先区分了法律解释与法律续造。拉伦茨认为，法律解释的方法有文义解释、整体解释等。文义解释是解释的出发点，同时为解释的界限。文义解释有多解时，法律的意义脉络（其“前后关系”）是不可或缺的。文义解释、整体解释仍有进行不同解释的空间时，则应优先采纳最能符合立法者原意和目的的解释。如仍得不到合适的解释结果，则可采纳客观的目的论标准。解释应避免评价矛盾，应优先选择符合宪法原则的解释。② 而法官的法的续造，主要是填补法律的漏洞。填补的方式包括：主要以类推适用填补“开放的漏洞”、主要以目的论的限缩填补“隐藏的漏洞”，此外还有利益衡量等方法。

对于法律解释与法的续造的关系，拉伦茨认为，二者是同一思考过程的不同阶段。首次偏离此前的解释的法律解释，其实已经是法律续造了。法律续造所运用的方法，广义而言，也是“解释性”的方法。佩策尼克认为，人们可以将文义解释、扩张解释以及限制解释视为三种对法条的精确解释，而限缩于更具一般性的新规范的创制为矫正解释。“创制一般性的新规范”（尤其是通过法条类比所得的规范创制）不同于扩张解释，因为在语言上，它超出了在议规范适用范围的可接受外围。它比扩张解释更为激进。③

（二）三元模式下判例的地位

三元模式区分法律续造和法律创造，在肯定法院创造性的同时，又试

---

① 参见［德］卡尔·拉伦茨：《法学方法论》，陈爱娥译，商务印书馆2003年版，第193～196页。

② 同上书，第221页。

③ 参见［瑞典］亚历山大·佩策尼克：《论法律与理性》，陈曦译，中国政法大学出版社2015年版，第362页。

图加以控制，不任其恣意发展。法律续造意味着杂糅性（hybridity）和流动性（fluidity）。判决既是旧的又是新的。在司法裁判中法律表面上保持不变，实际却发生了变化。这就是法律续造（Rechtsfortbildung）的本质。①

现代各国法院一般都没有抽象司法解释的权力，无论是何种形式的"法官造法"，均是依托于具体案例的"判例（法）"进行的。在普通法法系，这种判例本身就是法律。在民法法系，这些"判例"虽然不是正式的法源，但在现实中具有相当程度的拘束力，学者们称之为"事实上的拘束力"。在此情况下，"判例（法）"具有精确法律规则，统一裁判尺度，拘束自由裁量的三重功能。"判例（法）"就是让法官"作茧自缚"，约束后来的法官。②

二、三元模式的现实映照

三元模式的现实映照主要在当代，尤其是当代德国和瑞士的相关实践中。这两个国家均为德语国家，法学方法论比较发达，法学家的社会地位比较高，法律共同体也比较成熟，可以构成对法官自由裁量权的有效制约。

（一）当代德国的相关实践

在德国继受罗马法之前，法官在审理案件时，可以直接适用日耳曼习惯法，法官享有很大的造法权力。继受罗马法之后，法官的造法权力受到很大的抑制。在19世纪末，法典化正式否定了法官造法的权力。由于法官在纳粹时代有滥用权力的不光彩历史，人们对法官的造法权力心存戒心。

---

① See Marc Jacob, Precedents and Case-Based Reasoning in the European Court of Justice: Unfinished Business, Cambridge University Press, 2014, p. 34.

② 张骐认为，先例制度的第一个功能，也是它主要的功能，是限制而不是扩大法官的权力。参见张骐等：《中国司法先例与案例指导制度研究》，北京大学出版社2016年版，第14页。

因此,《德国法官法》第 4 条第 1 款规定,法官不得行使行政与立法的职能。换言之,法官只应适用法律,而不应创制法律。尽管不断地遭到质疑,法官不得创制法律的观念依然根深蒂固。[①] 但是,由于制定法的概括性、模糊性和滞后性,法律漏洞在所难免,法官在审判案件时,必须对制定法进行解释,并在必要时适当地填补其漏洞。德国学者也认为,法官只能服从法律,不是指只能被迫按照法律的字面用语一字一句地进行解释,而是只应服从于法律的意义和目的。[②] 因此,司法不应仅是一个将抽象规范适用于具体个案的认知和适用过程,而且更应是一种“创造性的法律发现过程”。这里所“创造”和“发现”的也就是所谓的“法官造法”,亦称“法官法”(Richterrrcht)或“法的续造”,学理上也称“判例法”。[③]

魏德士说:“(德国)最高法院作出的原则性判决在法典化的法律制度中有着重要的立法功能和‘准则性’功能。”[④]“众多法律部门的类似例子表明,联邦最高法院有意识地扮演了‘辅助立法者’(Ersatzgesetzgeber)的角色。”[⑤]

对于本应由立法者制定成文规范,但是目前却尚无法律规范之处,法官会进行“替代性造法”,即替代立法机关进行造法。对于制定年限较长且仍然有效但显然不适用于当下情况的“旧法”,尤其是《德国基本法》生效之前出台的、至今依然有效的所谓“立宪之前的法规”,法官要进行“修正性造法”。无论是何种形式的“法官造法”,均体现在具体的判例中,形成了事实上的“判例法”。

德国的直索责任(Durchgriff)就是一个典型的事实上的“判例法”。

---

① 参见何家弘主编:《外国司法判例制度》,中国法制出版社 2014 年版,第 162 页。

② 同上书,第 163 页。

③ 参见刘飞:《民法法系判例制度及其借鉴意义》,载《华东政法大学学报》2009 年第 1 期。

④ [德] 伯恩·魏德士:《法理学》,丁晓春、吴越译,法律出版社 2013 年版,第 106 页。

⑤ 同上书,第 108 页。

直索责任即股东在一定的情形下，应当对公司债务承担责任，这突破了股东的“有限责任特权”。在德国法上，直索责任目前尚无成文法基础，而是在判例和学说中不断发展。[①] 1920 年，德国帝国最高法院就在判例中认为，“法律的构建，应当考虑生活中的效果和实际的控制”，因此应当否定有限责任公司与其股东的唯一的区别。[②] 此后，德国帝国最高法院和德国联邦最高法院在一系列判例中，从诚实信用和反权利滥用等原则出发，建立了直索责任制度。但是现在在德国的学说和判例中，直索责任的适用范围，尚存较大争论，目前立法者也没有将其纳入成文法的计划。[③]

直索责任超越了法律的文义。《德国股份法》第 1 条第 1 款规定：“股份公司是具有自己人格的公司。对于公司的债务，仅公司的财产对债权人负责。”《德国有限责任公司法》第 13 条第 1 款规定：“有限责任公司独立拥有权利、承担义务……” 第 13 条第 2 款规定：“对于公司的债权，仅以公司财产向公司的债权人承担责任。” 这就是股东的有限责任的规定，法律并无例外规定。但直索责任又符合法律的精神目的，因为直索责任源于诚实信用原则（《德国民法典》第 242 条）和反权利滥用原则（《德国民法典》第 242 条的分支学说）。直索责任的法律方法是目的性限缩[④]和类推。德国学者认为：“股东的行为不符合《德国有限责任公司法》第 13 条第 2 款的目的，这一有目的的法律规范，应当作目的性限缩，结果就是，应当类推适用《德国商法典》第 128 条。” 该条是对无限公司的规定：“股东对于公司债务，作为连带债务人对债权人负有个人责任。相反的约定对

---

① 参见范剑虹、李翀：《德国法研究导论》，中国法制出版社 2013 年版，第 131 页。

② RGZ 99，232，234.

③ 范剑虹、李翀：《德国法研究导论》，中国法制出版社 2013 年版，第 134 页。

④ 目的性限缩是指，法律文句本身虽很明确，但与法律规范的目的相比，法律文句表述过宽而没有进一步区分，此时应将该法律文句的适用范围限缩至符合法律目的的程度。就此，法律漏洞可以通过添加合理必要的限制得以填补。

第三人无效。”目的性限缩和类推适用的结果就是，股东应当对公司的债务负个人责任。[①] 德国判例亦采纳了上述观点，认为股东的直索责任类推适用《德国商法典》第128条。[②] 目的性限缩和类推适用都是拉伦茨所主张的法律续造、填补法律漏洞的典型方法，因此，这属于三元模式的典型案例。

德国判例对司法裁判的实际影响力主要体现在：其一，如果存在持续性判例（Ständige Rechtsprechung），即多个判例都表达了相同的法律见解，那么这些判例一般都会被之后的案件所遵循。在特定情况下，持续性判例甚至能够产生某种法律确信，从而成为习惯法。其二，如果法院要作出与此前的持续性判例相异的判决，通常会给予充分的理由说明。一般来讲，只有德国联邦法院才会作出与以前持续性判例相异的判决。反之，如果理由不够充分，法院一般不会背离此前的持续性判例。其三，如果之前的判例所传递的法律观点是不断变动的，也就是说，不存在持续性判例，那么法院通常也不会忽略判例，而是会对各个判例进行比较与分析，并从中选择一个合理的方案，进而作出判决。

正因为如此，在法律实践中，判例通常都会被判例集、法律期刊、电子数据库和法典评论收录，这些判例资料是各级法院、各大学和科研机构的必备之物。在德国各级法院的判决中，随处可见对判例的引用。有时引用判例只是为了增强说服力，并不对其进行详细讨论。而德国学者对判例的援引和研究，就如我国学者对司法解释的援引和研究。

就这样，通过判例，法律得以渐进地、稳妥地、有理由地、有说服力地向前发展、演进。

---

① Lutter/hommelhoff，GmbH-Gesetz，17. Auflage，Verlag Dr. Otto Schmidt，2009，§ 13，Rdnr. 11.

② 范剑虹、李翀：《德国法研究导论》，中国法制出版社2013年版，第141页。

（二）瑞士的相关实践

1912年开始实施的《瑞士民法典》第1条包括3款："（1）凡本法在文字上或精神上有相关规定的法律问题，一律适用本法。（2）如本法无相关规定，法官应依据习惯法；如无习惯法，法官应依据自己如果是立法者所会制定的规则进行裁判。（3）于此情形，法官应参考公认的学说与判例（doctrine and jurisprudence）。"① 将法官设定成为补充性的立法者，此乃《瑞士民法典》的一大创举。根据上述规定，法官法（法院法）被确定为第三种形式的法律渊源。第一种是法律，第二种是习惯法，只有当这两种形式的法律渊源都不能提供答案时，法官法作为第三种形式的法律渊源才派上用场。虽然《瑞士民法典》第1条规定了习惯法的第二顺位，但"在当今的实践中，习惯法已不再发挥作用"。② 重要的是，法官要"像一个立法者那样"填补法律漏洞。

《瑞士民法典》是胡贝尔法学思想的结晶，胡贝尔被誉为"《瑞士民法典》之父"。《瑞士民法典》第1条可以说是由胡贝尔创制的。③ 更直接地影响胡贝尔的则是法国法学家惹尼。惹尼在1899年发表的著作中就提出，

① 在瑞士有三种官方的法律语言：德语、法语和意大利语，它们具备同样的效力。《瑞士民法典》的德语和意大利语的版本要求法院"遵循"公认的学理，而法语版本则仅仅要求法院从公认的学理中"得到启发"。瑞士的法院和学术界都认为，法语版本比德语和意大利语版更好、更准确地描述了立法者的目的。参见［瑞士］艾姆尼格：《〈瑞士民法典〉之法官与法律的关系》，姜龙、沈建峰译，载《法律科学》2013年第3期。殷生根译《瑞士民法典》将第1条第2款译为："在本法无相应规定时，法官应依据惯例；如无惯例时，依据自己作为立法人所提出的规则裁判；"将第1条第3款译为："在前款下，法官应依据经过实践确定的学理和惯例。"在法语中，jurisprudence 意为"判例"。结合第2款，本文认为将 jurisprudence 译为"判例"更合适，因为第2款已经肯定了习惯（惯例）的地位，不宜再译为"惯例"。（参见《瑞士民法典》，殷生根译，法律出版社1987年版，第1页。）

② ［瑞士］艾姆尼格：《〈瑞士民法典〉之法官与法律的关系》，姜龙、沈建峰译，载《法律科学》2013年第3期。

③ See Claire M. Germain, Approaches to Statutory Interpretation and Legislative History in France, 3 Duke Journal of Comparative & International Law 199 (2003).

当法典存有漏洞时，法官应按照自己身处立法者处境的标准对法律漏洞进行填补。[①] 瑞士为惹尼的思想提供了一个更合适的环境，但法官不太情愿诉诸于自由客观的规则寻找，虽然《瑞士民法典》第一条实质上就体现了这一方法。[②] 惹尼在写到《瑞士民法典》时这样说道："……1907 年《瑞士民法典》第 1 条中规定的准则是对我的学术思想最准确的概括。"[③]《瑞士民法典》中最能体现惹尼自由科学研究方法精髓的条款当属第 1 条第 2 款。[④]

对于法官如何填补法律漏洞，在《瑞士民法典》颁布近 40 余年之后，迈尔 - 哈尧茨给出了系统的答案。迈尔 - 哈尧茨认为，法官在对法律漏洞进行填补时，首先要全面分析和研究法律漏洞中所涉及的各种利益，之后再批判性地权衡和评价这些利益，最后进行取舍。迈尔 - 哈尧茨至今仍在瑞士占据主流地位。之后的瑞士法学家大多是在迈尔 - 哈尧茨的基础上，研究如何给出一套利益评价的客观标准。

在实践中，瑞士法院的法官在创制法律方面担当了积极主动的角色。例如，《瑞士民法典》并没有规定所有权担保，但在 1960 年的一个判例中，瑞士联邦法院以漏洞填补的方式创设了这一权利。[⑤] 瑞士法院创设规则或权利不仅仅是在私法（民法）领域，在公法领域中亦复如此。例如，瑞士法律中没有规定罢工权，在 1999 年的一个判例中，瑞士联邦法院判决认为，立法者在制定法律时忘记将罢工权以法律形式确定下来，但劳动者

---

① 参见史广龙：《法官作为补充性的立法者——比较法视野下〈瑞士民法典〉的百年历程及其对中国的启示》，载《法律方法》2013 年第 13 卷。

② François-Xavier Licari, François Gény in Louisiana, 6 J. Civ. L. Stud. 482 (2013).

③ Oscar Gauye, François Gény est-il le père de l'article 1er, 2e alinéa, du Code civil suisse?, 92 Revue De Droit Suisse 271 (1973).

④ François-Xavier Licari, François Gény in Louisiana, 6 J. Civ. L. Stud. 495 (2013).

⑤ 瑞士联邦法院 1960 年 5 月 11 日判决。

仍然享有该项权利。[①] 后来，《瑞士联邦宪法》在第 28 条第 3 款中规定了罢工权。此外，瑞士联邦法院还通过漏洞填补的方式逐渐扩大了基本权利的范畴，形成了一些“不成文的基本权利”。[②] 比如，言论自由（1961 年）、[③] 人身自由（1963 年）、[④] 集会自由（1970 年）、[⑤] 生存保障请求权（1995 年）[⑥] 以及选举和投票自由（1995 年）。[⑦] 1999 年《瑞士联邦宪法》修订之时，对这些基本权利进行了规定。

《瑞士民法典》第 1 条第 3 款要求法官创设规则时“应参考公认的学说与判例”。因此，在瑞士，学理并不是法律渊源，而只是一种司法的辅助手段。[⑧] 尽管如此，在法官裁判时，尤其是当法官对新型疑难案件首次作出创设规则的判决时，学理依旧发挥着举足轻重的作用。此外，法官在创设规则时还要参考“公认的判例”。在实践中，瑞士法院在没有特殊情况下，不能背离现有的审判实践；法院如果要背离以往的判例，必须承担论证责任。[⑨]

《瑞士民法典》自 1912 年实施至今已逾百年，在瑞士的司法实践中，法官作为补充立法者的作用已经得到了发挥。这一创举既保证了法律尽可能适应社会生活的发展与变迁，也保障了法律的稳定性，因为法院在不得

---

① BGE 125 III 277 E. 2a und 2e S. 279 und S. 283.

② 参见［瑞士］艾姆尼格：《〈瑞士民法典〉之法官与法律的关系》，姜龙、沈建峰译，载《法律科学》2013 年第 3 期。

③ BGE 87 I 114 E. 2 S. 117.

④ BGE 89 I 92 E. 3 S. 98.

⑤ BGE 96 I 219 E. 4 S. 224.

⑥ BGE 121 I 367 E. 2b und c S. 371ff.

⑦ BGE 121 I 138 E. 3 S. 141f.

⑧ 参见［瑞士］艾姆尼格：《〈瑞士民法典〉之法官与法律的关系》，姜龙、沈建峰译，载《法律科学》2013 年第 3 期。

⑨ ［瑞士］艾姆尼格：《〈瑞士民法典〉之法官与法律的关系》，姜龙、沈建峰译，载《法律科学》2013 年第 3 期。

不将自己置身于立法者角色的同时，必须以宪法和现有法律为导向，以公认的学理和判例为参考，填补式地创设能够融入整个法律体系的规则。这就是三元模式的典型映照。

三、三元模式的理论依据

法律续造的理论依据或三元模式的理论基础是法律实证主义中的实质主义。与形式主义主要追求法律的确定性与安定性相比，实质主义更追求个案的公正。

（一）科学法学派的理论观点

1880年之后，注释法学派才开始衰落。科学法学派在批判注释法学派中开始兴起。科学法学派给法国私法学界带来了一场范式革命，该学派主张运用社会学、政治学和经济学的方法研究法律，从而把人们的视线从法典拉到了社会。

萨莱耶（Raymond Saleilles）是注释法学派与科学法学派的过渡性人物，他既有注释法学派的特点，也有科学法学派的特点。他在法律解释领域引入进化论的观念，主张法官通过"探求立法者的意思"以使法典适应时代的变化。法官必须调和法律进化与安定之间的矛盾，他认为法律的安定性与适应性不分伯仲，同等重要。

惹尼则堪称科学法学派的旗手，曾被誉为"民法皇冠上的一颗明珠"。[①] 惹尼否定了成文法律涵盖一切的设定，并认为注释法学为了推衍出法律没有直接给出的解决方法所使用的逻辑架构是人为的。[②] 惹尼主张抛

---

① Paul R. Baier, 100 Years of LSU Law, 1906－2006: A Centennial Gloss, 67 La. L. Rev. 289, 298 (2007).

② 参见［法］雅克·盖斯旦、吉勒·古博：《法国民法总论》，陈鹏等译，法律出版社2004年版，第110页。

弃19世纪的注释实证主义（exegetic positivism），因为他认为注释实证主义是在三个有害的假设之上建立的：（1）制定法在逻辑上的必然完备性；（2）制定法与立法者权威的分离；（3）立法者意图的存在及其可识别性。①

注释法学派提出法律解释的唯一作用就是通过逻辑和文义解释适用法律文本，惹尼对此表示否定。“填隙法学派”（interstitial school）主张只有当法律存在漏洞时，法官才有权造法。惹尼提出这种说法不准确，所有的法律都有漏洞，没有哪一条规则能够直接适用，解释总是必要的。因此，将有的解释视为填补漏洞、有的解释视为对规则的直接适用，这一区分是错误的。② 根据惹尼的分析，法国人希望把所有的法律都变成文字，认为一部容易理解的成文法会提供全部的规则，涵盖一切答案。这是注释法学派的主张，即通过成文法，发现立法机关的意思，法官仅仅是机械适用法律而已。然而只有当法律规定很清晰的时候这种字面解释方法才可行，而且这种方法是纯演绎式的。惹尼认为这种观点是有问题的，它忽视了法律的真正渊源——习惯。惹尼批评这种笛卡尔式的方法，认为笛卡尔式演绎法排除了外界刺激，“先验”范畴（*a priori* categorization）并不能真实反映世界。③

惹尼攻击“恋物癖似的书面法律编纂”，但并非对立法权能的总体配置提出异议，而是反对法律作为一个完整的最终产品可以自动适用、除了解释什么也不需要这种观点。④ 惹尼并不是要证明对法律文本进行解

---

① François-Xavier Licari，François Gény in Louisiana，6 J. Civ. L. Stud. 477（2013）.

② Jeremy M. Miller，A Comparative Analysis of Codification，12 Western State University Law Review 104（1984）.

③ Jeremy M. Miller，A Comparative Analysis of Codification，12 Western State University Law Review 104 –105（1984）.

④ Marc Jacob，Precedents and Case-Based Reasoning in the European Court of Justice：Unfinished Business，Cambridge University Press，2014，p. 35.

释的必要性，因为这一点法国人都知道，而是要强调法律解释的程度之大。[①]

惹尼还分析了法典编纂的目标和局限性。他承认成文的实在法具有其权威性，但要防止其越界。法典并不像其看似的那样完备，法典编纂也不是要“冻结”法律制度。“法国人编纂法典的愿望是基于虚幻的革命梦。”孟德斯鸠错误地认为法官只需要眼睛就够了，即法律解释总是机械的。对法典编纂精确性的另一个错误认识就是以为“纯粹概念”可以通过抽象逻辑进行演绎推理。在惹尼看来，法律是习惯的、社会的，关乎具体细节。“面对手边的案件，不要误以为立法者、起草者或法律机构受到某种更高级的逻辑的影响。”[②]

惹尼提出法律生命力的本质在于解释，而这一点往往被忽视了，尤其是《法国民法典》，并没有对法律解释给予指导。因此，惹尼提倡“自由的科学研究方法”（free scientific research method）。[③]

惹尼认为，提请立法解释制度之所以失败，是因为本应由法官所行使的解释法律的权力，却给了立法机关。《法国民法典》第 4 条禁止法官以法律没有规定或者规定不清为由而拒绝裁判，意涵着起草者已经认识到法典并非万能，立法者在法典中的规定是有限的，不得不把根据具体生活情势解释法律的权力留给法官，由后者在审理案件时，依据成文法典以外的规则来进行衡平与裁断。他质问道：如此明智的立法者在要求法官在法律没有规定或规定不明时不得拒绝裁判，那么，法官除了穷尽所有可能的解释方法外，还有什么办法可以帮助法官确定法律、进行判决呢？

---

① Jeremy M. Miller，A Comparative Analysis of Codification，12 Western State University Law Review 106（1984）.

② Ibid.

③ Jeremy M. Miller，A Comparative Analysis of Codification，12 Western State University Law Review 107（1984）.

唯一的答案是：除了成文法典，法官还需要将习惯、学说和判例作为法律的渊源。[①]

历史法学派主张法律是人民的良知，惹尼认为该观点也是错误的，法律文本应该从其历史渊源中独立出来，这样就调和了成文制定法与人民意志之间的矛盾。与其将成文法视为唯一的法律渊源，不如将其看作整个法律解释中诸多因素之一。[②]

《法国民法典》中没有哪一条可以纯机械地适用。[③] 维特根斯坦说："规则的最佳作用就是成为指路牌。"[④] 解释者只要洞察法律指引的方向即可，"最终的适用已经不在法律之内，而是取决于解释者。"[⑤] 美达（Mayda）也说："好的法律只能提供一个总体大纲。"[⑥] 波塔利斯也建议，只有一般原则而不是详细细节可以写进法典。[⑦]

"成文法不可能完备。"[⑧] 惹尼的这一认识将法律从任意适用中拯救出来。表面上惹尼似乎主张法律的不确定性、更多的法官自由裁量权、更多的任意性，然而结果恰恰相反。惹尼认为，法官不只是运用形式逻辑适用

---

① 参见朱明哲：《法国民法学说演进中对立法者认识的变迁——以惹尼、莱维、里佩尔为例》，载《苏州大学学报》（法学版）2014 年第 3 期。

② Jeremy M. Miller，A Comparative Analysis of Codification，12 Western State University Law Review 107（1984）.

③ Ibid.

④ L. Wittgenstein，Philosophical Investigations，trans. G. E. M. Anscombe，Basil Blackwell Ltd.，3rd ed.，1976，p. 39.

⑤ Jeremy M. Miller，A Comparative Analysis of Codification，12 Western State University Law Review 108（1984）.

⑥ Jaro Mayda，Francois Gény and Modern Jurisprudence，Louisiana State University Press，1978，p. 16.

⑦ S. Herman，Command versus Purpose：The Scylla and Charybdis of the Code Drafter，52 Tul. L. Rev. 115，127（1977）.

⑧ Jeremy M. Miller，A Comparative Analysis of Codification，12 Western State University Law Review 108（1984）.

法律。[1] 制定法的完备性是虚幻的，维护立法者意图的目标也是空洞的，只要存在漏洞，就意味着漏洞之处没有立法者意图。因此通过类比推理进行解释就体现了充分的司法自由裁量，不受法律文本的约束。在此，创造性不仅不可避免，而且非常常见。[2]

惹尼主张面对法律模糊或漏洞时，法官必须成为立法者，关注社会需求、当下理想、比较法和历史，这样才会洞察制度变迁。法官从解释者出发，最终变成立法者。成文法固然至为重要，但习惯亦不可忽视。当成文法和习惯法不敷使用，不能有效解决社会问题之时，应该允许法官进行"科学的自由探究"，去发现成文法典之外的法律规范，以弥合因社会发展所导致的成文法的不足与漏洞。

对于在法律现实主义或批判法学研究中成长的现代法律学者来说，惹尼的思想似乎稀松平常，然而不要忘记，惹尼的思想是在法律形式主义（legal formalism）至高无上的时代提出的，当时的法国、欧洲和美国都盛行法律形式主义。惹尼是法律现实主义的原型之一，他揭开了形式逻辑的面具，揭露了面具背后隐藏着的法院推理。惹尼的一个主要论点就是法典下的法官并不只是运用三段论和形式逻辑的其他工具适用法律的自动售货机，而是衡量利益、适用政策等的积极决策者。[3]

惹尼针对法官决策过程提出了现实主义的方法和重构，可总结如下：现代宪法原则意味着制定法总要得到充分的贯彻执行。尽管如此，"公正和社会福利"要求法官在裁决案件时必须运用所有合法手段适用法律。如果没有清楚、可适用的规则，法官必须借鉴学理和判例。惹尼认为，判例

---

① Jaro Mayda, Francois Gény and Modern Jurisprudence, Louisiana State University Press, 1978, p. 5.

② Jeremy M. Miller, A Comparative Analysis of Codification, 12 Western State University Law Review 108 (1984).

③ See François-Xavier Licari, François Gény in Louisiana, 6 J. Civ. L. Stud. 476 -477 (2013).

只应具有说服性权威，不能具有拘束力，即不能成为真正的法律渊源。但如果找不到合适的法律渊源，法官必须自由寻找规则。这种寻找的“自由”是指其具有自由裁量的性质，绝不是任意的。惹尼反对可能导致法官主观性统治的任何路径。因此，惹尼猛烈抨击德国自由法运动（German Free Law Movement）的直觉崇拜（hunch cult）以及“Magnaud 好法官（bon juge Magnaud）”的无政府主义实验。换言之，这种对规则的寻找必须是客观的，即基于社会现实、社会需求、社会利益，符合事物本质。因此，这是一个科学的路径，类似于典型立法者采取的路径。但与立法者创制的规则不同，法官创造的规则只限于适用当前的案件。①

惹尼的结论破坏了所谓法律和立法的统一性，恢复了法官和评论家（注释者）作为法律参与者的至关重要作用。萨莱耶在为惹尼的力作写序言时就说过，惹尼和耶林一派的呐喊是：“通过民法典，但超越民法典!”（Par le Code Civil，mais au-delà du Code Civil !）然而他同时恶作剧式地说，还有一些人宁愿颠倒这句口号的顺序——“超越民法典，但通过民法典”，从而弱化其中的大胆思想，体现了坚持稳定性的残余思想。②

在惹尼思想的影响下，《瑞士民法典》规定在法律出现漏洞时法官可按照立法者应当作出的规定处理。③ 但是，惹尼反对不顾立法者在制定法律时的意志和意图，借口变化了的社会关系来“自由”解释成文法，法官必须根据立法者在立法时的意图，根据当时存在的社会需要和社会关系来解释法律。法官的自由裁量权必须以客观的原则为依据，所以是“科学的”“自由寻找”。

---

① François-Xavier Licari，François Gény in Louisiana，6 J. Civ. L. Stud. 477 –478（2013）.

② Marc Jacob，Precedents and Case-Based Reasoning in the European Court of Justice：Unfinished Business，Cambridge University Press，2014，p. 35.

③［意］罗道尔夫·萨科：《比较法导论》，费安玲、刘家安、贾婉婷译，商务印书馆 2014 年版，第 302 页。

（二）利益法学派的理论观点

利益法学派认为，由于立法者事先未能对新的利益纠纷给予充分考虑，凡法律必存漏洞。因此，该学派抨击概念法学体系圆满性的神话。赫克分析了法律漏洞产生的原因：其一，立法者的预见能力不足；其二，立法者的表达工具有限。基于此，最好的法律也有无数漏洞。因此，法官可以进行法律续造，填补法律漏洞。但法官在进行法律续造时，必须遵循两项基本原则："历史的法律解释"以及"受制定法约束"。

按照赫克的观点，"历史的法律解释"是指法官解释法律时，必须首先发现法律规范中蕴含的立法者的利益决断，探究立法者在历史上的意思，并将此种利益决断适用于事实上的利益冲突之中。因此，探究立法者的意思就成了利益法学法律解释的核心。赫克曾形象地将法官对"立法者意思"的探寻比喻为仆人对主人命令的服从：仆人并非毫无识别力，而是"思考着服从"主人；命令也不是逐字逐句地，而应按照历史上所确定下来的命令者的利益加以实施。法官就像是立法者的仆人，他应遵守立法者所顾及的利益和评价。①

"法官受制定法约束"是指法官在法律适用中必须受制定法中价值判断的拘束，赫克将其称为"法律共同体的自治权"。在"法官受制定法约束"的原则下，法官在判断具体个案时，应积极正确地探知制定法内在的价值判断，沿着立法者的内在理路来解决各种利益冲突。② 与自由法学主张的法律解释不必受制定法约束的观点不同，利益法学家特别强调"对法律的忠诚"。

---

① ［德］格尔德·克莱因梅尔、扬·施罗德主编：《九百年来德意志及欧洲法学家》，许兰译，法律出版社2005年版，第189页。

② 顾祝轩：《制造"拉伦茨神话"——德国法学方法论史》，法律出版社2011年版，第46页。

赫克认为，法官应“有思考地服从”于立法者，法官既不能像概念法学那样盲目地服从于立法者，又不能像自由法学那样不顾“立法者的意思”自由裁量，法官在进行解释时，应该超越单纯的文言而进入制定法的概念之中，进而超越制定法的诸概念而进入背后的诸利益状况。①

在赫克等人近30年持续的努力下，到魏玛共和国晚期，利益法学的方法在德国司法实务界终于占据支配地位。但希特勒上台后，纳粹法学粉墨登场，利益法学走向衰落。不过“二战”后，德国法学界对战前的利益法学进行了重新评价。1960年，拉伦茨在其出版的《法学方法论》中首次提出了“从利益法学到价值法学”的命题。此后，价值法学（评价法学）最终占据了德国法学方法论的主流。价值法学为克服法律实证主义带来的弊端，强调法律解释离不开价值判断。与利益法学不同的是，价值法学主张重要的不是立法者的优先利益，而是立法者作出的利益评价。德国法理学家费肯斯赫（Fikentscher）批评利益法学欠缺一套利益评价的优先顺序：“虽然我们可以探知法条背后存在的利益为何，但却无法确定处于冲突状态的不同利益之间，何者优先，何者较为重要，何者应退居次要。”② 拉伦茨也认为利益法学的不足在于，未将评价标准与评价对象作明确区分，缺乏对制定法外的评价基础的强调。拉伦茨强调制定法之外的价值标准才是法官造法的指导因素，也是修正制定法规范的唯一准则。③ 由此，拉伦茨由“法内续造”走向了一定程度的“法外续造”。

（三）价值法学派的理论观点

价值法学是利益法学的发展和延续。从利益法学到价值法学，问题的

---

① 顾祝轩：《制造“拉伦茨神话”——德国法学方法论史》，法律出版社2011年版，第47页。

② 同上书，第102页。

③ 同上书，第102～103页。

讨论已从方法论的层面延伸到了法律哲学的层面。利益法学之所以需要发展到价值法学，是因为前者缺乏利益评价的标准。如今，价值法学已经在德国居于支配地位。

作为价值法学派的开创者，拉伦茨认为，法官在解释或续造时，应考虑实证法所包含的立法者的评价，甚至制定法所提出的层级秩序。以法律本身的基本价值观念以及规定目的为指导的法律续造，是“法律内部的法律发展”，尽管它可能超越单纯的制定法的文本含义。[①] 漏洞填补的法学方法主要有类推、目的性限缩与目的论扩张。这三种方法均应探求法律的内在目的，不仅要考虑立法者的意思，还应当考虑对整体法律秩序均有效的客观的法律目的与原则。[②]

除了拉伦茨之外，埃瑟（Esser）也是价值法学派的代表人物之一。埃瑟认为，制定法只是法律原则的一个充满漏洞的表达而已。法官适用法律的过程，也是法律原则通过司法形塑社会的过程。原则衍生规则。概括条款是法律原则的最佳表现，法律原则是整个制定法的评价标准与评价基准。至于法律原则何以成为评价基准，按照埃瑟的说法，是“先于实证的法律伦理原则与普遍的确信”“超越制定法的传统标准”等。[③] 在法律原则之下，法官通过续造来发展法律。

（四）纯粹法学派的理论观点

纯粹法理论为凯尔森所创。由于其坚持实然与应然、法律与道德的二

---

① 参见［德］卡尔·拉伦茨：《德国民法通论》（上册），王晓晔等译，法律出版社 2003 年版，第 107 页。

② 参见吴从舟：《概念法学、利益法学与价值法学：探索一部民法方法论的演变史》，中国法制出版社 2011 年版，第 426 页。

③ 同上书，第 428 页。

分，人们将其归类为实证法学派或分析实证法学派。① 对此，凯尔森已有认识，但他不同意将自己划归为分析实证法学派。之所以有人将凯尔森归入分析实证法学派，主要是因为凯尔森的纯粹法理论将正义哲学与法社会学排除在认识的范围之外，这一理论只研究实在法。②

凯尔森不同意奥斯丁的法律命令说，而是将法律看成是人的行为的一种秩序。一种“秩序”是许多规则的一个体系。③ 凯尔森在考虑“法律规则为什么具有效力”这一问题时是从法律内部（实在法）寻找依据的。按照这一思路，凯尔森不断将法律规则的效力依据上移，最终形成了独具特色的法律效力链理论，处于最高效力等级的基础规范的效力并不源于任何规则的授权。反过来说，同一个法律体系中，所有规则的效力都将来自于该基础规范的授权。据此，法律适用的过程就是寻找有效法律规则的过程。“一切规范于从高阶到低阶之创制与适用过程中皆须解释。”④ 之所以需要解释，是因为上位法的相对不确定性以及下位法的有意或无意不确定。上位规范不可能事无巨细地对其适用行为加以约束，而总是或多或少地保留裁量空间，就此而言，上位规范仅构成其适用行为之框架。而下位规范的不确定有时是有意为之，有时却是无心之失，甚至是规范之间的相互抵牾。当下位规范存在不确定性时，上位规范也不是必有唯一正解。

凯尔森认为，法官的法律适用行为是一种被授权的行为。法官在司法

① 学界一般将凯尔森归属于分析实证法学派之下，但这种归类也不尽准确。首先，分析实证法学派主要在英国，而凯尔森却是奥地利人，后曾在德国和瑞士任教、从事研究，1940 年移民美国，并未在英国学习或工作过。其母语是德语，英语并不熟练。这就决定了其与英国分析实证法学派的诸多不同。其次，其纯粹法理论的字里行间似乎总是散发出一种与法律实证主义传统格格不入的“形而上学”味道。[参见张书友：《纯粹法理论》（前言），载［奥］凯尔森：《纯粹法理论》，张书友译，中国法制出版社 2008 年版，前言第 16 页。] 最后，即使凯尔森本人勉强承认自己是实证主义者，也是个“有所不同的”实证主义者，其实证并不是分析的（analytical），而是规范的（normative）。

② 参见［奥］凯尔森：《纯粹法理论》，张书友译，中国法制出版社 2008 年版，第 285 页。

③ 参见［奥］凯尔森：《法与国家的一般理论》，沈宗灵译，商务印书馆 2013 年版，第 29 页。

④ ［奥］凯尔森：《纯粹法理论》，张书友译，中国法制出版社 2008 年版，第 97 页。

过程中必须适用具有效力的法律规则，不能适用未被授权的规则或者已经丧失了实效的法律规制。对于相互冲突的法律规则，法官有权选择适用。而所谓的解释方法，自实在法的立场观之，其实是无关紧要的。至于诸多可能的解释中究竟哪个是正确的，这其实已经超出了实在法的认知范围，已经不再是一个法律理论问题了，而其实是一个法律政策问题。①

在《纯粹法理学》中，凯尔森认为，立法者在创制法律方面显然要比法官的自由度更大，但是，法官也能造法，只不过法官是在一般规范的框架内创制个别规范而已。② 在《法与国家的一般理论》中，凯尔森认为，在某些时候，法院起着立法者的作用，因为判决内容不可能由既有的实在法完全决定，因此，“法官也始终是一个立法者”。③ 不过，此种造法是实质上的而非名义上的。这是因为，立法者清楚地知道自己无法预见所有的未来情形，只能针对一般情况来制定一般规范。在此情况下，立法者不得不授予法官以必要的自由裁量权，在法律出现空白时，代为确定法律的含义，不得不容忍法官扮演着“委任立法者”的角色，甚至不得不承受着法官滥用自由裁量权的风险。为了降低这一风险，“立法者不得不采取瞒天过海之术对委任立法条款加以包装，使得法律适用者对此授权条款懵然不觉”。④

（五）新实证主义法学派的理论观点

哈特分析了法律命令说的诸多缺陷，代之以一个为全社会所接受的基本的“承认规则”概念，作为判别有效法律的确定标准。哈特将法律规则分为两类：第一性规则（primary rules，又译为“初级规则”）和第二性规

① 参见［奥］凯尔森：《纯粹法理论》，张书友译，中国法制出版社 2008 年版，第 101 页。

② ［奥］凯尔森：《纯粹法理论》，张书友译，中国法制出版社 2008 年版，第 101 页。

③ ［奥］凯尔森：《法与国家的一般理论》，沈宗灵译，商务印书馆 2013 年版，第 222 页。

④ 参见［奥］凯尔森：《纯粹法理论》，张书友译，中国法制出版社 2008 年版，第 105～106 页。

则（secondary rules，又译为“次级规则”）。第一性规则规定了人们的行为方式，规定社会成员从事或禁止从事某类行为。第二性规则的主要作用是规定人们可以通过做某种事情或表达某种意思而引入新的第一性规则，或者废除、修改旧规则，或者以各种方式决定它们的作用或控制它们的运作。第二性规则包括承认规则、改变规则和审判规则三类。哈特认为，对于原初社会，由于社会结构比较简单，第一性规则已经能够满足社会对规则体系的需求。但是在复杂社会，第一性规则存在内在缺陷，其自身不能形成体系。对第一性规则体制的不确定性最简单的补救方式，就是引进“承认规则”。“承认规则”是辨识第一性规则是否有效的权威性标准。根据哈特的观点，法律并非由主权者的命令构成，而是一种规则体系，规则的效力则来自于承认规则。

在哈特看来，语言都有一个意思核心（core of meaning），还存在一个空缺结构（open texture）。在核心地带法律具有确定性，在边缘地带法律又具有一定的模糊性和不确定性。在规则的边缘地带，法官拥有自由裁量权，以填补规则的空缺结构，这种自由裁量权具有立法的性质，不存在对错的问题。因此，当具体案件中遇到法律不确定性的问题时，法官实际上需要通过自由裁量才能解决案件。“在任何法体系中，一定存在着某些未受法律规范的案件，在这些案件中从法律无法导出特定的决定，也因此法律乃是部分地不确定或不完整。”① 在此情况下，法官不应放弃审判权或将争议丢给立法机关，“他就必须行使他的裁量或为该案件造法，而并非仅仅适用已存在的既定法律。因此，在这种法律所未规范的案件中，法官同时创造新法并适用既存的法律”。②

哈特同时提出，法官的造法权与立法机构的立法权是不同的：法

---

① H. L. A. Hart, The Concept of Law, Clarendon Press, 2nd ed. 1994, p. 273.

② Ibid.

官造法比立法机构的自由创制要受更多限制，既存法律赋予并限制着法官造法的权限，缩小了法官可选择的范围；法官的权力乃是用来处理特定案件的，因而无法使用该权力造成大规模的改造或引进新的法律条款。

哈特从法律的内部视角出发认为即使判例没有法律上的约束力，法官如不遵循先例也不会受到制裁，但法官的行为还会受到约束，因为他的行为模式受到法律共同体无形的约束和压力。考虑到自己的声誉以及在法律共同体中的认可度，法官要持一种批判性反思态度（critical reflective attitude）。[①] 如果法官背离先前的权威的话，他们会认为这种行为方式有失标准，而遵循先例在他们看来则是一种正确的实践，是一种规范，是一种（法官）“行为的法律标准”（legal standards of behavior），而背离则可能产生负面的影响。如果从判例中抽象出一个规则，那么，就会导致法院扩大或缩小适用该类案件的范围，也就是说，通过遵循判例原则（the doctrine of precedent），法官能够从事立法性活动，发挥的是规则创造功能，相当于行政机关被授权从事立法活动。哈特说："法官必须像一位虔诚的立法者般，按照他认为什么是最好的，来就这些不同的方式做出选择，而非依照任何现存法律所规定的优先顺序来做出选择。"[②]

拉兹也认为，审判活动可以分为两种：适用法律与法官造法。拉兹通过“法律有规定的案件”（regulated case）和“法律没有规定的案件”（unregulated case）之间的核心区别来表达这种二元概念。“法律有规定的案件”是指制定法或普通法已经有明确规定的案件，在这类案件中，法官无须行使自由裁量权即可作出判决、解决争议。“法律没有规定的案件”

---

① H. L. A. Hart, The Concept of Law, Clarendon Press, 2nd ed. 1994, p. 57.

② Ibid., p. 276.

是指制定法或普通法没有提供明确答案的案件。在“法律有规定的案件”中，法官的典型形象是辨识法律、确定案件事实、将法律适用于事实。在“法律没有规定的案件”中，法官既要适用法律又要创制新法。[①]“法律没有规定的案件”的争议来源于语言和意图有意或无意的不明确。在“法律没有规定的案件”争议中，存在法律空白，法院依靠道德技能弥补法律空白并创制新法以判决案件。在创制新法时，法院有完全的自由裁量权，根据自己的是非观来判决案件。但拉兹也认识到，法官造法的权力是在非常有限的范围内进行的，在此范围内，法官应该像立法者一样选择最佳规则。[②]

综上所述，以哈特和拉兹为代表的新实证主义法学派都认为法官具有造法的权力，以弥补规则或法律的空白。同时，他们也主张，法官的造法权力与立法机关的造法权力是不同的，法官的造法权力只能在非常有限的范围内进行，且应受到严格的限制。鉴于英国浓厚的形式法治背景，可以说，新实证主义法学派主张的法官造法的权力相当于德语中的“法律续造”，即造法要在法律的精神和目的之内进行。这其实就是主张三元模式。

四、三元模式的意义与局限

三元模式不仅允许法律解释，还允许符合法规精神和目的的法律续造，法官是临时立法者、补充立法者。由于法律的漏洞不可避免，这无疑具有积极意义。当然，由于法官的裁量权较大，这一模式也有其局限性。

---

① 参见［英］约瑟夫·拉兹：《法律的权威：法律与道德论文集》，朱峰译，法律出版社 2005 年版，第 158 ~159 页。

② 同上书，第 171 页。

（一）三元模式的意义

三元模式允许法律续造的意义是深远的，主要可以总结为以下几个方面：

第一，三元模式承认了法律的不完满性或不完备性。关于法律的不完满性或不完备性，不同的学派对此有不同的原因分析。科学法学派、利益法学派、纯粹法学派是从立法者的角度来分析的，新分析法学派则是从语言学的角度来分析的。尽管角度不同，分析得出的原因不同，但承认法典或成文法的不完备性，则是一种较为现实的正确认识法律的态度。这一认知前提，对于克服法律的不完备性具有重要意义，它让法律走出了立法者或学者所构建的象牙塔，从而更现实地面对现实，直面社会生活中所出现的新的法律问题对既存法律秩序的挑战，而不再是“鸵鸟政策”。

第二，三元模式重视而不是忽视个案的公正。一元模式和二元模式都侧重于法律的稳定性和安定性，宁可牺牲个案公正，也要维持法律的形式正义。但三元模式与此不同，它认为个案的公正也很重要，不愿意轻易牺牲个案公正，而是力图通过法官的法内续造，实现个案公正。这是一种实质正义观。它与习近平总书记所提出的“努力让人民群众在每一个司法案件中都感受到公平正义”[①] 不谋而合。

第三，三元模式强调经由个案公正以实现普遍公正。机械地适用法律或者穷尽所有解释技术后，对个案的处理如果仍让法官感到不够公平，这往往是因为法律的滞后或漏洞。在此情况下，法官通过续造法律，不但能实现个案公正，还能通过判例制度对今后的类似案件提供裁判的准

---

① 《习近平：努力让人民群众在每一个司法案件中都感受到公平正义》，载《老同志之友》2013 年第 6 期。

则，从而实现普遍公正。而一元模式或二元模式对法律形式主义的坚守，则可能导致在今后的一系列此类案件中都不够公正，这是一种普遍的不公正。

第四，三元模式通过法官在法律内的造法调和了法律进化与安定、法律稳定性与适应性之间的矛盾。这是任何模式（法系）的法律制度都面临的共同问题。普通法法系通过法官造法和判例法来解决这一矛盾。民法法系则通过不断的立法、修法来解决这一矛盾，但这是一个“死循环”。因为立法和修法总是滞后的，因此，不得不默认、承认或授予法官的法律解释权甚至是法律续造权。与此同时，通过法律上的或事实上的判例制度，让法官“作茧自缚”，遵从自己创立的判例的约束，从而解决或调和法律进化与安定、法律稳定性与适应性之间的矛盾。法官造法和立法是互补的。立法可能是粗糙的，而在现实生活中必须可操作，这就需要司法的创造性。在普通法法系的法律秩序中，法官造法也不等于立法。斯卡利亚大法官就说过：“我不至于幼稚到意识不到法官实际上就在‘造’法（我想我们的前辈法官也是如此），但大家都以法官的方式造法，仿佛是‘发现’法律。”①

第五，三元模式之下法律是发展的而不是静止的。在三元模式之下，法律通过法官的造法渐进地、有序地、稳定地、有论证地缓慢发展，静水流深。表面上，法律（成文法）没有变化，但实际上，法律正在发生变化。经由相当长一段时间的积累，法律会由量变发生质变，产生较大变化。这对于发挥司法能动性具有重要意义，尤其是在新的权利领域，或者一些需要司法来推动社会变革的领域或法域。因此，拉兹赞扬普通法通过

---

① James M Beam Distilling Co v. Georgia，501 US 529，549（1991）（Scalia J，concurring；original emphasis）.

法官造法来实现有机增长（organic growth）的特征。[①] 如果说以制定法的形式所完成的法律升级、更新是一个台阶、一个台阶地阶段性前进的话，那么通过三元模式的法官造法，法律的升级、更新就是没有明显台阶的一个斜坡。[②]

第六，三元模式下的法官造法是一种有约束、有限度的造法。三元模式允许法内续造而不是法外续造，法官的造法是受到严格约束的，不能专断妄为。三元模式下的法官造法也不同于立法者的造法，对此哈特已有洞见。此外，法官造法还有以下的限度或限制：(1) 法官造法受制定法的约束，其权力无法与立法者相提并论。(2) 法官并不能主动造法，只能被动等待合适的案件出现才能通过判例造法。(3) 当案件呈交给法院时，由于受具体的事实问题和法律问题以及诉讼方式的限制，法官造法的范围非常有限。(4) 作为特定法律问题的决定者和特定纠纷的解决者，法官一般不会探讨更深入的法律问题。即使法官的作用有时并不止于此，但通常只解决具体争议。(5) 即使在普通法法系，法官可以通过区别和推翻技术不遵从先例，但要改变既有规则，法官通常也会慎之又慎。(6) 法官造法注重特定语境中的规则创制，这种造法不具有系统性，只能依托特定案件创制具体规则，无法创制一般法律原则。总之，这种受到严格约束的、有限度、有限制的造法能够通过技术化的发展，弥补立法政治化的不足，同时又不至于偏离立法者的意志太远。

综上所述，三元模式走的是自由包容的中间路线，在肯定法官创造性的同时又限制其任意发展，在很多方面弥补了二元模式的不足。三元模式

---

① 参见［英］约瑟夫·拉兹：《法律的权威：法律与道德论文集》，朱峰译，法律出版社 2005 年版，第 170 页。

② 这是借用鲍禄的比喻。鲍禄认为："如果说民法法系以制定法的形式所完成的法律升级、更新是一个台阶、一个台阶地阶段性前进的话，那么普通法法系就是没有明显台阶的一个斜坡。"参见鲍禄：《法理学与比较法》（第 2 版），对外经济贸易大学出版社 2011 年版，第 246 页。

下的法官应该是优秀的，甚至是英雄式的，但不应该是哲学王。正因为如此，三元模式对一些法院非常有吸引力，如欧盟法院①。一方面，与其他国际性司法机构或仲裁机构相比，欧盟法院更具有机构性保障和强制性权威。另一方面，欧盟条约风格简洁。只要欧盟法院在一定的界限内行事，其创造性就是合法的。②

（二）三元模式的局限

三元模式主要存在以下两点局限：

第一，法律解释、法律续造和（四元模式下）法律创造之间的界限问题。在一般情况下，它们之间的区分是清楚的，但在极端情况下，它们之间的区分又是模糊的。例如，法律解释中的扩张解释和法律续造中的类推，其区别的度有时难以把握。法律解释和法律续造之间的区别涉及法律文本意义的终点在何处。尽管有争议，但相对的区别还是存在的。例如，刑法因罪刑法定原则不允许类推，只允许扩张解释。在是否处于刑法条文用语可能的含义之中、是否具有一般公民的预测可能性、是否采用了符合形式逻辑的推论和是否从罪刑法定主义的理念出发这四个方面，扩张解释

---

① 2009年12月1日《里斯本条约》生效后，欧洲联盟的整个法院系统由原先的“欧洲法院”（the European Court of Justice）更名为“欧洲联盟法院”（Court of Justice of the European Union），简称“欧盟法院”（CJEU），主要负责审查欧盟法案（European measures）的合法性，确保欧盟法律的统一解释和适用。欧盟法院由两级法院组成：综合法院（the General Court）和欧洲法院（the Court of Justice）。综合法院基本上属于初审法院；欧洲法院（the Court of Justice）属于最高法院，对综合法院的判决不服的，可以在两个月内向欧洲法院上诉，但欧洲法院只进行法律审。当然，欧洲法院的审理事项不仅仅是上诉审，还包括初步裁决等特别审。另外，还有临时设立的公务员法庭（the Civil Service Tribunal），审级上属于初审法院，主要负责特别事项。对公务员法庭的判决不服的，可以上诉至综合法院，综合法院也只进行法律审。本文中所指“欧洲法院”和“欧盟法院”都以更名之后的指称为准。See http://curia. europa. eu/jcms/jcms/Jo2_7024/en/, and http://curia. europa. eu/jcms/jcms/Jo2_7033/en/, December 5, 2016.

② Marc Jacob, Precedents and Case-Based Reasoning in the European Court of Justice: Unfinished Business, Cambridge University Press, 2014, p. 35.

都与类推适用存在构造上的差异。①

第二，法律续造的地位问题。法律续造在司法实践中在践行、被默认，但在很多国家（地区），都得不到正式的承认。作为法律续造的载体——判例，在判例法之外的地区也往往得不到正式的承认。究竟是它不该存在，还是存在即合理？如果是前者，提交到法院的纠纷如何解决？如果是后者，这说明之前的理论错了。但修正之前的理论却并不容易。理论与实践之间的抵牾如何消除？这是该模式遇到的最大挑战。

① 冯军：《论刑法解释的边界和路径——以扩张解释与类推适用的区分为中心》，载《法学家》2012年第1期。

第五章　法律解释权的四元模式

一、四元模式的界定与判例的地位

四元模式在三元模式的基础上更进一步，赋予法官更大的权力，法官的形象俨然是一个造法者。

（一）四元模式的界定

四元模式不仅允许法官的法律解释与法律续造，而且允许法官超越具体法律文本精神与目的的法律创造（造法）。也就是说，法律是开放的、非自足的，它允许政治、经济、社会甚至个人因素入法。由于这一模式是在“三元模式”的基础上发展而来的，除允许法律解释、法律续造之外，还允许法律创造，因此，笔者称之为“四元模式”，它也可以称为“开放模式”或“法律创造模式”。四元模式如图 4 所示。

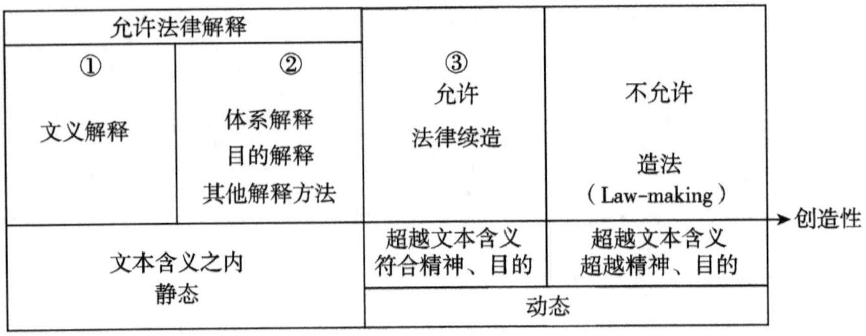

图 4　四元模式

卡多佐认为，司法过程的最高境界就是创制法律。[①]“实际上，每个法官都在他自己的能力限度内立法。”[②] 这是对四元模式的经典表述。阿蒂亚的描述也体现了四元模式的特点：普通法是一个开放的规则系统，“普通法几乎总是对法官保持开放状态，以便法官们能够从限制或例外的角度来理解那些明显确定的规则，因为总会存在其他目的和目标，以帮助法官针对特殊情形适用某种特殊规则。”[③]

此外，拉伦茨不但主张法官有权进行法内续造（法律续造），还有权进行法外续造。这一观点也与四元模式相契合。一般将法律内的续造简称为法律续造，将超越法律的法的续造简称为法外续造（法律创造）。法外续造又分为：鉴于法律交易上的需要从事之法的续造；鉴于“事物的本质”从事之法的续造和鉴于法伦理性原则从事之法的续造。法内续造与法外续造（法律创造）的界分在于：从事法律内续造的前提是法律漏洞的存在；从事法外续造的前提在于法律问题的存在。雅各布将法律续造比喻为在“甜甜圈”内弥补法律漏洞，将法外续造比喻为在“甜甜圈”外进行规范创制。[④] 拉伦茨也认为，只有“因立法者长期不能发挥作用，以致已经产生一种真正的法律紧急状态”[⑤] 的情况下，才能认可法院超越法律的续造。超越法律的法的续造不能抵触法秩序的一般原则及宪法的“价值秩序”，它仍在“法秩序之内”，仍须坚守于由整体法秩序及其根本的法律原则所划定的界限之内。[⑥]

① 参见［美］本杰明·卡多佐：《司法过程的性质》，苏力译，商务印书馆1998年版，第105页。

② 同上书，第70页。

③ ［英］P.S. 阿蒂亚：《英国法中的实用主义与理论》，刘承韪、刘毅译，清华大学出版社2008年版，第42页。

④ Marc Jacob，Precedents and Case-Based Reasoning in the European Court of Justice：Unfinished Business，Cambridge University Press，2014，p. 39.

⑤ ［德］卡尔·拉伦茨：《法学方法论》，陈爱娥译，商务印书馆2003年版，第299页。

⑥ 参见［德］卡尔·拉伦茨：《法学方法论》，陈爱娥译，商务印书馆2003年版，第287页。

四元模式奉为至上的原则不是追求法律的确定性，而是结果至上。卡多佐认为，有一定比例的案件，数量不多，但却很重要，它们的决定对法律的未来发展起到了推进或延缓的作用，这些案件可以这样判，也可以那样判，因此，法官在这些判决中的平衡，对各种因素的考量，决定着裁判的结果。在此，法官实际上承担着立法的职能。① 在做法官伊始，卡多佐的确在寻求法律的确定性，但是，随着司法经验的积累，他不断地反思司法过程的性质。最后，他已经甘心于法律的不确定性了，因为他终于明白，法律的不确定性是难以避免的。②

（二）四元模式下判例的地位

四元模式承认司法裁判中造法的属性，这种承认源自事后观察，因为发现法官所做的远不止根据证据和证明规则解决纠纷或适用法律。传统观点将司法功能限制在决定事实、解释法律、填补漏洞、甚至逐渐发展法律范围内，而四元模式与之相去甚远。四元模式最终依赖对法律实践的描述或官方行为的预测。在四元模式之下，判例的运行并不是非人格化的，法官的个人偏好甚至会影响司法判决。法律文本的含义最终由法官作出权威解释。四元模式的终极权威是解释者，而不是法律文本或立法者。③

卡多佐提出，遵循先例应当成为规则，而不是一种例外。……尽管不应放弃遵循先例规则，在某种程度上却应当放松这一规则。④ 波斯纳也说：

---

① 参见［美］本杰明·卡多佐：《司法过程的性质》，苏力译，商务印书馆1998年版，第104页。

② 同上书，第74页。

③ Marc Jacob，Precedents and Case-Based Reasoning in the European Court of Justice：Unfinished Business，Cambridge University Press，2014，p. 42.

④ 参见［美］本杰明·卡多佐：《司法过程的性质》，苏力译，商务印书馆1998年版，第94页。

"法官通常遵循却并非总是遵循先例。"[①] 简言之，实用主义认为，只有把先例看作是一种资源而不是必须遵守的原则才能弱化先例中的权威色彩，从而使遵循先例看起来更科学一些。实用主义把遵循先例当作一个政策，而不是一种义务。[②]

总体而言，在四元模式下，判例的地位有所下降，但无论是在民法法系还是普通法法系，判例仍具有约束力。

二、四元模式的现实映照

与其他模式不同，四元模式允许法律创造的现实映照并不普遍，只有美国的实践才与四元模式最为接近。此外，纳粹德国的司法实践因纳粹法学深受自由法运动的影响而与四元模式也有些接近。

美国是判例法国家，美国法官可以合法地漠视有约束力的先例。其理由可以是某一判例不是"良法"，即在内容上存在根本缺陷，没有通过关于法律有效性的初始检验标准；也可以是某一判例明显带有制度缺陷的痕迹，如一个判例不能达成一致意见或多数意见；还可以是对某一先例有可能在上诉时被上级法院推翻的预测，基于该预测，下级法院的法官可以漠视本具有约束力的先例，这种模式被称为"预先推翻"(anticipatory overruling)。同时，美国法官可以利用解释法律的权力，抛弃"遵循先例"原则。美国法院在尽可能遵循先例的前提下，时常以一些具有高度实质性的理由来推翻先例，进行法外造法。

在美国历史上，1954 年由美国联邦最高法院作出最终判决、具有重要标志性意义的布朗诉教育部案[③]（以下简称"布朗案"）就是一个典型的

---

① Richard A. Posner, How Judges Think, Harvard University Press, 2008, p. 45.

② 参见张芝梅:《美国的法律实用主义》，法律出版社 2008 年版，第 75 页。

③ See Brown v. Board of Education of Topeka, 347 U. S. 483 (1954).

例证。在该案中，原告与被告的争点在于“黑人与白人学童不得进入同一所学校就读”的种族隔离法律是否违反美国《宪法》第 14 条修正案。原告认为该种族隔离法律违反了第 14 条修正案的平等保护条款[①]，而被告则援引先例，主张适用美国联邦最高法院于 1896 年在普莱西诉弗格森案[②]（以下简称“普莱西案”）中早就确立的“隔离但平等（separate but equal）”原则。由于美国《宪法》第 14 条修正案平等保护条款的规定比较原则，从文义解释的角度难以确定其涵摄范围，联邦最高法院首先必须通过其他方法厘清美国《宪法》第 14 条修正案同等保护权的适用范围究竟是否涵盖公立教育。联邦最高法院认为不能对美国《宪法》第 14 条修正案进行历史解释，即探究美国《宪法》第 14 条修正案形成时制宪者的原意，因为讨论制宪当时的背景并不足以解决本案的问题，而且也根本无法确定或得知制宪者的原意究竟为何；由于本案与先前的案例有很大差异，本案的争点在于“隔离但平等”原则是否应该适用于本案；本案中所考虑的是种族隔离在公立学校教育上产生的影响。在 1868 年通过美国《宪法》第 14 条修正案时或 1896 年“隔离但平等”原则形成时，美国的公立学校教育还没有普及，“普莱西案”与本案的背景完全不同，不能与本案相提并论。所以，法院必须综合考量种族隔离对公立学校教育造成的影响、美国公立教育的发展历程、学校教育在现代社会中的地位等因素。通过对这些因素的综合考量，联邦最高法院最终排除了先前判例中“隔离但平等”原则在公共教育领域的适用，认为隔离的教育设施本身就是一种不平等，公共教育领域的种族隔离违反了美国《宪法》第 14 条修正案的平等保护条款。该案判决的里程碑式意义在于宣布美国长久以来白人和黑人必须分

---

① 该条款规定：“凡在美国出生或加入美国国籍并受其管辖的人，都是美国及其居住州的公民。任何州都不得制定或实施剥夺美国公民特权或豁免权的法律；未经正当法律程序，不得剥夺任何人的生命、自由或财产；也不得拒绝给予其管辖范围内公民平等的法律保护权。”

② See Plessy v. Ferguson，163 U. S. 537（1896）.

别就读不同公立学校的种族隔离法律违宪。此后美国联邦最高法院又通过一系列判决，实质上否认了“隔离但平等”原则的合法性。美国联邦最高法院之所以在该案中力排众议、排除“隔离但平等”原则的适用，其实是顺应了美国当时民权运动的历史潮流。美国从1781年开国之初，种族隔离问题就存在重大争议。尽管在经历了4年的南北战争之后美国新增了《宪法》第13、14、15条修正案以废止奴隶制度并赋予黑人一定的基本权利，然而在重建期结束后至“布朗案”最终判决期间，南方各州虽然不能再蓄奴，但却通过制定许多不利于黑人的法律继续实施种族歧视。“普莱西案”创立的“隔离但平等”法律原则又强化了种族隔离政策的合法性。由于“隔离但平等”原则的创立，美国南方各州在此后长达半个世纪（1896～1954年）的时间里，采取了一系列的种族隔离措施，它们在法律上一直都具有合法地位，难以撼动。然而，“隔离但平等”原则并非没有遭到挑战。创设于1909年的全国有色人种促进协会是美国最早成立的民间民权团体之一，该协会致力于促进美国黑人生活条件的改善，为黑人争取法律权利。其实，早在1935年，该协会就已经开始向法院提起诉讼，挑战种族隔离政策的合法性，还赢得了部分诉讼。该协会的策略便是利用先前的胜诉，通过胜诉案例的积累，逐步形成一套理论体系，以便在未来的诉讼中说服联邦最高法院完全、彻底废除（而不是仅在部分领域废除）种族隔离政策。“布朗案”是该协会的重大胜利。由此可见，美国联邦最高法院在“布朗案”中作出的判决并非一蹴而就的，而是经过了长期的诉讼历程。如前所述，在该案中美国联邦最高法院力排先例判决中确立的法律原则的“破冰”判决不无对美国当时民权运动愈演愈烈之势的深思熟虑，也不乏对美国公共教育领域种族隔离带来的实际影响的综合考量，而这恰恰是实用主义的特点。基于此，当时联邦最高法院首席大法官沃伦考虑到该案对整个美国社会可能带来的重大变动，积极协调各大法官的意见，在其不懈努力下，最终促成9位大法官达成一致意见，全票通过本案判决，使联邦最高法院的判决在该案（及其牵涉的法律原则）上具有绝对的拘束力，表达了联邦最高法院在种族隔离方面持坚决反对的立场，也因此在之后所有上诉到联邦最高法院的种族隔离争议的法律都被判违宪。

如果说上面的案例反映了美国联邦最高法院在政治和种族政策方面的实用主义风格，那么下面的案例则从经济政策的角度说明美国联邦最高法院的实用主义色彩。在美国反垄断法上，1890 年制定的《谢尔曼法》第 1 条规定："任何以托拉斯或其他形式的合同、联合或共谋，只要其限制了各州之间或与外国之间的贸易或商业，均被宣告为非法……" 1897 年泛密苏里货运联盟案[①]就是以文义解释的方式适用《谢尔曼法》第 1 条并判决被告违法。在该案中，18 家铁路公司通过成立协会的方式固定运输价格，被美国司法部指控违反了《谢尔曼法》第 1 条。但被告辩称，他们所固定的价格是合理的，动机是避免彼此之间的恶性竞争，不应判定违法。但美国联邦最高法院对《谢尔曼法》第 1 条只作文义解释，对"任何"二字作机械理解，即认为该法禁止一切限制贸易的行为，而不管其固定的价格是否合理。在此后的诸多反垄断案件中，法院都坚持这样的解释方法。在 1940 年的美孚真空石油公司案中，[②] 法院正式采用了"本身违法"（illegal per se）原则，即根据《谢尔曼法》，任何以抬高、压低、固定或维持各州之间或与外国之间的贸易或商业中的价格为目的的联合，都是本身违法的。由此，在美国判例法上，形成了判断限制竞争行为的"本身违法原则"。根据这一原则，某类限制竞争的协议，无须考察其对竞争产生的实际影响，仅仅根据协议或行为的性质即可判定其违法。但本身违法原则过于僵硬、机械，故而在之后的判例中，法院放松了对于"任何"二字的严

① United States v. Trans-Missouri Freight Association, 166 U. S. 290 (1897).

② United States v. Socony-Vacuum Oil Co., Inc., 310 U. S. 150 (1940).

格文义解释，并认为《谢尔曼法》只禁止那些“直接的”和“立即的”限制竞争协议，但如果协议的主要目的还有其他合法目的，即使其中附有固定价格的条款，它也是合法的。本身违法原则只适用于价格固定协议、联合抵制协议、搭售协议和划分市场协议。对于这四种协议之外的限制竞争协议，其是否违反《谢尔曼法》第1条，则视情况而定。这样，美国判例法就建构了判别限制竞争协议合法性的另一个标准即“合理原则”。[①] 根据该原则，法官在判断限制竞争协议时，会对该协议造成的正面效果和负面效果进行比较，如果正面效果大于负面效果，限制竞争协议的好处能够弥补它对竞争造成的损害，则这一限制就是合理的，就是《谢尔曼法》所允许的；反之，就是不合理的限制，则是《谢尔曼法》所禁止的。这就是说，判断某项限制竞争协议的合法性，并不是只看其名称或性质，而是其对竞争造成的实际影响。[②] “合理原则”其实背离了《谢尔曼法》第1条清晰的文义，也限缩了“本身违法原则”的适用范围，亦即背离了判例法，属于法官造法。

不仅如此，在2007年“丽锦案”[③] 中，“本身违法原则”的适用范围在控制转售价格（Resale Price Maintenance，RPM）协议领域也被推翻。RPM协议是价格固定协议中的一种。首次认定RPM协议应当按照“本身违法原则”处理的是1911年的“迈尔斯案”[④]，美国联邦最高法院认为RPM协议应适用本身违法原则，并裁决被告违反了《谢尔曼法》第1条。但在“丽锦案”中，美国联邦最高法院一举推翻了“迈尔斯案”中确立的“本身违法原则”，转而采用“合理原则”来“一事一议”，根据具体问题

---

① 合理原则通过以下两个判例而形成：（1）Standard Oil Company of N . J . v . Uni ted States；（2）Board of Trade of the City of Chicago v . United States。

② 参见许光耀：《“合理原则”及其立法模式比较》，载《法学评论》2005年第2期。

③ Leegin Creative Leather Products，Inc. v. PSKS，Inc.，127 S. Ct. 2705（2007）.

④ Dr. Miles Med. Co. v. John D. Park & Sons Co.，220 U. S. 373（1911）.

具体判定RPM协议是否违反了《谢尔曼法》第1条，这“标志着反垄断法上一个时代的结束”。[①] 这一推翻先例既超越了此前确立的判例，又超越了制定法《谢尔曼法》，进行了法外造法。而美国联邦最高法院之所以推翻此前判例中确立的“本身违法原则”，转而采用“合理原则”来判定RPM协议是否违法，其背后的一个重要原因在于当时美国经济下行压力较大，需要放松规制，这完全是一种实用主义的考量。这样的例子在美国并不少见。1997年，美国波音公司兼并麦道公司的交易按道理是违反美国《反垄断法》的，因为二者合并后市场占有率超过40%，但是美国联邦贸易委员会还是批准了这项合并，其目的是对付欧洲空客公司。这虽不是一起司法案例，但其背后的法律哲学却是一致的。此外，1998年，美国司法部等起诉微软，认为其违反了《谢尔曼法》，并要求拆分微软。2000年，法官宣布微软违反《谢尔曼法》，并判决将微软拆分为两部分。微软不服，提出了上诉。2001年，哥伦比亚特区联邦上诉法院撤销了拆分微软的判决。后来，司法部宣布不再要求拆分微软，并撤销了部分指控。美国的司法部和法院系统之所以180度大拐弯，其实也是基于实用主义的考量：起诉微软和法院一审判决时是克林顿总统执政时代，美国经济一路高歌，国库充盈，此时拆分微软对美国经济发展不会构成威胁。但是，自2000年3月开始，起始于1995年的互联网泡沫开始破灭，经济形势急转直下。2001年1月20日小布什正式就任总统后，经济政策也发生了转向，开始采取对企业友好的保守主义政策，因此不再拆分微软。由此可见实用主义思想对美国司法判决的影响。

---

① Thomas A. Lambert, Dr. Miles is Dead. Now What? Structuring a Rule of Reason for Evaluating Minimum Resale Price Maintenance, 6 William & Mary Law Review 1940 (2009).

三、四元模式的理论依据

法律创造的理论依据或四元模式的理论基础是“实用主义自然法”。[①]实用主义意味着，它所追求的主要是“解决问题”。当然，在不同的时代，社会面临的主要矛盾和问题是不尽相同的，因此，问题的解决方案也不尽相同。自然法意味着，法官的造法不是漫无边际的，而是受自然法界限所制约的。

实用主义是美国本土生发出来的哲学思想，美国的法学思想深受实用主义的影响，形成了美国的实用主义法学。霍姆斯大法官是美国实用主义法学的奠基人，而卡多佐又受霍姆斯思想的影响，继承了霍姆斯的基本观点，同时又有新的理论建树。波斯纳则将经济分析工具大幅度地引入法学领域，作为“法律经济学”的“集大成者”，他在法律的经济分析的基础上发展了实用主义法学。

在美国的实用主义法学系统化之前，美国流行的是庞德的社会学法学。在现代西方法理学中，社会学法学（Sociological Jurisprudence）[②]和法律社会学（Sociology of Law）两个词的含义是相当混乱的，两者的关系也是含混不清的。[③]本书暂且使用“社会学法学”这一概念统称两者。能归

---

① “实用主义自然法”的说法由於兴中提出，他认为，实用主义过于强调法律的工具性，应当由新自然法来予以平衡。新自然法作为一种道德理论时刻提醒法律工具主义者注意平衡。最有可能成为普遍法理学理论基础的有两种：一种是法律实用主义，另一种是自然法。或许，两者会在某一点上巧妙结合，形成一种新的理论基础：实用主义的自然法。参见於兴中：《法理学前沿》，中国民主法制出版社 2015 年版，第 129～130 页。

② Sociological Jurisprudence 又译为“社会学法理学”。

③ 参见沈宗灵：《现代西方法理学》，北京大学出版社 1992 年版，第 248 页。也有学者认为，社会学法学是指与自然法学、分析法学两大法学流派并驾齐驱的一个法学流派。而法律社会学主要是指社会学中的一个分支学科，在社会学的范围内使用。（参见孙文恺：《社会学法学》，法律出版社 2005 年版，第 3 页。）但是，事实上，可以归入社会学法学的“自由法运动”以及实用主义法学都包含了自然法的思想。

入社会学法学派阵容的学者非常多，但20世纪的社会学法学大致可以划分为欧洲的社会学法学和美国的社会学法学。欧洲社会学法学派的主要代表人物有韦伯、埃利希、康特洛维茨等人。美国社会学法学派由庞德创立，其实，卡多佐、霍姆斯等也可以归入这一学派。美国社会学法学在形成过程中深受欧洲社会学法学的影响，如前所述，卡多佐深受自由法学派的影响。此后，这两个学派又相互影响。不过，美国的社会学法学与欧洲的社会学法学还是有很大区别的，美国的社会学法学是以实用主义哲学为基础，同时又结合了普通法法系的许多特点。[①] 美国的社会学法学派、法律实用主义学派、批判法学派等，有一个共同的特点，就是关注法律的运行，注重法律与社会现实之间的关系，他们都可以归入广义的社会学法学派之中。但是，从严格的意义上讲，庞德的社会学法学思想还是与霍姆斯、卡多佐、波斯纳的法律实用主义思想有一定的区别，与肯尼迪、昂格尔的批判法学思想差别更大。尽管上述学派之间的思想有差异，但共同的思想基础都是实用主义哲学。基于这些思想的差异性，本书对这些学派的法律解释权观点分别予以挖掘和剖析。

由于美国社会学法学在形成过程中深受欧洲社会学法学的影响，尤其是自由法运动的影响，因此，四元模式思想基础的挖掘需要从自由法运动开始。

（一）现代自然法学派的理论观点——欧洲的自由法运动

19世纪末20世纪初，欧洲发生了声势浩大的自由法学运动。它不仅包括埃利希的“活法”理论，还包括奥地利的“自由法”学说、赫克的利益法学、卡尔·施密特的决断主义等。这些法学流派的共同特点是批判概

---

① 参见沈宗灵：《现代西方法理学》，北京大学出版社1992年版，第249页。

念法学，提倡从现实中归纳和创造出法律规范。[①]

“自由法运动”最早由德国法学家康特洛维茨提出，他认为制定法的漏洞并不比文字来得少，法官要运用自由的法律发现，去寻找现实中的“自由法”（freies Retch），用来补充制定法的缺陷。所谓“自由法”，是指一种独立于国家权力、要求具备妥当性的法，属于“20世纪的自然法”。不仅如此，康特洛维茨将自由法分为两种类型：个人法与共同体法。前者建立在个人确信之上，后者是基于共同体的确信所认可的。自由法由法官和法学家创设，它反对概念法学，认为在法律适用中起作用的是意志。[②]

康特洛维茨主张在以下三种情形下，法官可采用“违反制定法”的方法进行裁判，以弥补法律漏洞：（1）从制定法中无法获得不含争议的判决；（2）就某一事例，立法者如果处在当下不可能作出与立法时相同的决定；（3）某些复杂的疑难案件。[③]

依据德国一些学者的研究，导致纳粹法学祸害的直接原因是自由法学，它应该对纳粹法学的出现承担一定责任。在自由法学与纳粹法学之间至少存在以下几项媒介要素：（1）自由法学上的主观主义；（2）基于状况主义的裁判；（3）法官摆脱了传统体系中法律价值和法律概念的拘束性要求；（4）决定法官最终实施判决的标准是社会现实，从而使法官摆脱了既有制定法规范的文言约束；（5）要求法官追求个案正义，对抽象概念持有敌意。[④]

---

① 参见付池斌：《现实主义法学》，法律出版社2005年版，第19～20页。

② 参见［德］赫尔曼·康特洛维茨：《为法学而斗争：法的定义》，雷磊译，中国法制出版社2011年版，第31页。

③ 参见顾祝轩：《制造“拉伦茨神话”——德国法学方法论史》，法律出版社2011年版，第31～32页。

④ 参见顾祝轩：《制造“拉伦茨神话”——德国法学方法论史》，法律出版社2011年版，第34页。

1945年当德国从噩梦中惊醒过来时，德国人认识到了没有合法性的制度将会将人们引向何方，自由法学因此威信扫地。[①] 但这并不意味着自由法学的全部观点从此退出了历史舞台，其合理成分还会在适当的时候以另一种面目重新登场。根据休斯敦大学詹姆斯·E. 哈吉特和史蒂芬·沃伦斯的研究，德国的自由法运动是美国现实主义法学的渊源。[②] 在《司法过程的性质》中，就可以看到自由法学对卡多佐的影响。卡多佐提出，法官是法律的解释者，应当通过自由决定的方法，即“科学的自由寻找”，使审判结果与正义相互和谐。法官不再只是探求立法者原意，而是可以通过科学的自由决定的方法填补法律的空缺。[③]

（二）美国社会学法学派的理论观点

庞德是美国社会学法学的创立者，也是集大成者，由于其后的霍姆斯、卡多佐、波斯纳被归入了实用主义法学的阵容，因此，本部分只介绍庞德社会学法学思想中的法律解释观。

庞德认为，过去法学家主要是从内部研究法律，即试图通过形而上学的、抽象的方法发展一个完美的法典，而今天则应该从外部研究法律，从法律的社会效果的角度来发展法律。[④] 不管法学家限制法官解释法律的纯机械理论是多么的完美无缺，但法官造法在所有法律体系中都是存在的，且将持续存在。[⑤]

在庞德看来，一个发达的法律体系是由两类因素构成的，一类是传统

---

① 参见［意］罗道尔夫·萨科：《比较法导论》，费安玲、刘家安、贾婉婷译，商务印书馆2014年版，第317页。

② 参见付池斌：《现实主义法学》，法律出版社2005年版，第19页。

③ ［美］本杰明·卡多佐：《司法过程的性质》，苏力译，商务印书馆1998年版，第5~7页。

④ 参见［美］罗斯科·庞德：《普通法的精神》，唐前宏、廖湘文、高雪原译，法律出版社2001年版，第150页。

⑤ 同上书，第121页。

因素或习惯因素，另一类是现代因素或制定法因素、强制性因素。形式上，好像现代因素占主导地位，其实二者存在着张力，既相互依赖，又相互制约、相互矫正。无论哪一个因素，如果长期占据法律领域，它就会变得固执、僵硬。此时，要想恢复其灵活性，则必须求助于另一因素。然而，就整体而言，传统因素更为重要。这是因为，立法者的立法所调整的是新的问题，如果立法者的预见能深入到该问题的每一个细节或远远超出现有的认识，那是非常罕见的。如果立法者已经有某个意图，法官依赖传统因素去弥补立法漏洞，阐释和发展立法规定的原则，也是一种简单的司法任务。但问题是，在无数情况下，会出现立法者根本没有想到会出现这样的新问题，根本没有任何意图的情况。法院无论是否愿意，在某种程度上都必须在司法解释的掩饰下创制法律。① 要使法律解释像法律那样可靠而不似武断的东西，则将取决于司法上的和法学家的传统，传统中衍生出司法造法的材料。② 即使是在旺盛的立法年代，法律体系中的传统因素必然常常用于补充、完善、发展制定法的因素。最终，传统因素通常吞并现代因素并把立法结果纳入传统体系之中。再者，大量不适合于制定法律的领域，传统因素则独领风骚。③

庞德还提到了法典的作用，他将法典定位为法律发展的材料和起点。他认为，试图将法律解释与司法实践相互分离的想法是不符合实际的。④“经验很快告诉我们，最好的预见就是规定一个大前提或一个指导原则，而适用细节交由司法实践或司法经验来处理。”⑤ 庞德主张要走法律社会化

---

① 参见［美］罗斯科·庞德：《普通法的精神》，唐前宏、廖湘文、高雪原译，法律出版社 2001 年版，第 121 页。

② 同上。

③ 同上书，第 122 ~123 页。

④ 同上书，第 126 页。

⑤ ［美］罗斯科·庞德：《普通法的精神》，唐前宏、廖湘文、高雪原译，法律出版社 2001 年版，第 126 页。

的道路，给法官非常大的自由裁量权。

结合普通法的特点，庞德认为，普通法融合了进化力与确定性，这是制定法不可比拟的。在遵循先例原则之下，法官根据从既有的司法判例中归纳出来的规则进行裁判，而不是根据主权者武断制定的法律进行裁判。这就是说，普通法的方法是一种基于经验的理性方法，判决的最终基础是理性，而不是武断的意志。①

庞德对司法在法律发展中的作用持积极的能动主义态度。他主张法官在司法活动中不应僵化地适用法律，而可以凭借自己的司法知识的积累，进行法律的“自由发现”。在司法中，立法所起到的作用，只不过是一种附属的作用。在他看来，法律只不过是立法者关于法的一种意见，这种意见在司法活动中并不占据绝对优势，在法官审理案件的过程中，自由裁量是绝对必须的，立法文件则仅仅是一些参考资料而已。

（三）美国实用主义法学派的理论观点

实用主义是美国的本土哲学和民族精神。实用主义不喜欢空谈理论，它摆脱了教条主义和形而上学的束缚，是一种重经验、重行动、重实效的理论。实用主义的发展大致经历了三个阶段：一是民间创造性的酝酿阶段；二是哲学化、系统化的形成阶段；三是在复杂的矛盾中为美国社会的各方面寻求妥协的阶段。实用主义在美国社会的不同时期中，它的表现和作用是不同的。作为美国的民族精神，它在第一时期中主要体现为冒险、开拓、重行动、重实效的品格；它在第二时期中主要体现为自由和公平竞争并重，讲求效益，精明算计；它在第三时期中主要表现为面对各种矛盾

---

① 参见［美］罗斯科·庞德：《普通法的精神》，唐前宏、廖湘文、高雪原译，法律出版社2001年版，第128～129页。

和利益的冲突，寻求折中及妥协的方法。①

美国实用主义法学的奠基人是霍姆斯。霍姆斯面对的时代问题是法律形式主义所带来的机械和僵化的问题。霍姆斯要挑战的就是法律形式主义，他要把美国法律界从法律形式主义中解放出来。

在霍姆斯眼中，法律就是对法院将要如何判决的预测。之所以能够预测法院的判决，是由法律职业者法律思维的特点所决定的。预测必须避免两个陷阱——道德陷阱和逻辑陷阱。前者将法律等同于道德，后者认为法律发展的唯一有效动力是逻辑。在《法律的道路》中，霍姆斯说："这种逻辑的观点认为一套特定的制度能够像数学依据一般公理的指导一样来设计，""这种错误是经院派的天性，但不限于他们。"② 表面上看，法律人的训练是关于逻辑的训练，"司法判决的语言大多是逻辑的语言。逻辑的方法和形式满足了植根于每个人心中对确定与和谐的追求。但是，确定性常常是一个幻想，而和谐也并非人类的命运，在逻辑形式的背后存在着相互竞争的各种立法理由的相关价值和重要性的判断，它常常是含糊不清和无意识的判断，这千真万确。你可以赋予任何结论以逻辑形式。"③

霍姆斯强调经验的重要性，他最经典的名言就是："法律的生命不在于逻辑，而是经验。"④ 时代的需要、盛行的政治和道德理论、法官对公共政策的直觉甚至他们之间共有的偏见，在确定法律规则时都比三段论式演绎推理更重要。法律体现了一个国家数世纪以来的发展历程，而不是一本

① 参见余怀彦：《深层美国：实用主义与美国的300年》，中国友谊出版公司2015年版，第302页。

② Oliver Wendell Holmes, The Path of the Law, 10 Harvard Law Review 457 (1897).

③ Ibid.

④ [美] 小奥利弗·温德尔·霍姆斯：《霍姆斯读本——论文与公共演讲选集》，刘思达译，上海三联书店2009年版，第70页。

由公理和推论构成的数学教科书。[①] 事实上，霍姆斯反对的不是逻辑本身，而是反对将逻辑视为法律发展过程中唯一起作用的力量。[②] 睿智的法官不会为了三段论牺牲解决现实问题的智慧。[③]

对于先例的作用，霍姆斯认为遵循先例是很自然的事，因为模仿是人类的天性，在大多数情况下，要么模仿前人，要么模仿邻人。霍姆斯把法律比喻成植物，法律的发展和植物的生长一样遵循自然的法则。如果我们想知道法律规则为什么会这样，就必须诉诸历史和传统。因此，对于法律的研究在一定程度上也是对历史的研究。“历史必须成为法律研究的一部分，因为没有它我们就无从了解规则的精确范围。”[④] 由于对法律的研究不再仅仅是三段论的推理，而是要从历史与传统甚至社会的角度切入，因此，对法律研究而言，“现在所需要的或许是精通文字的人，而未来所需要的则是精通统计和经济学的人”。[⑤]

卡多佐继承了霍姆斯的基本观点，但卡多佐面临的问题与霍姆斯不同，他面临的问题是如何解除人们对实用主义司法过程确定性和科学性的怀疑。

卡多佐从动态的视角来认识法律，他认为法律是在司法过程中形成的，法律本身是一个试错的过程。卡多佐虽然承认立法也能促进法律的成长，但却仍然坚持通过司法过程来探究法律的成长，因为只有理解法律如

---

① 参见［美］小奥利弗·温德尔·霍姆斯：《霍姆斯读本——论文与公共演讲选集》，刘思达译，上海三联书店2009年版，第70页。

② 同上书，第23页。

③ 参见［美］小奥利弗·温德尔·霍姆斯：《普通法》，冉昊、姚中秋译，中国政法大学出版社2006年版，第32页。

④ ［美］小奥利弗·温德尔·霍姆斯：《普通法》，冉昊、姚中秋译，中国政法大学出版社2006年版，第29页。

⑤ 同上。

何发展，才有希望真正理解法律是什么。① 法律成长的过程是通过判例实现的。判例的背后是一些基本的审判概念，审判概念的背后则是生活习惯和社会制度。生活习惯和社会制度与审判概念之间是一个互动的关系，审判概念是在生活习惯和社会制度之中生长出来的，而生活习惯和社会制度又受到这些概念的影响，被概念所修正。判例是法官审判工作的起点。一个判决宣布了，就成为新的判例，进入了判例大家庭中。每一个判决都有一种生殖力，按照自己的面目进行再生产。② 先例的背后是一些基本的司法审判概念，它们是司法推理的一些先决条件；而更后面的是生活习惯、社会制度，那些概念正是在它们之中才得以生成，通过一个互动过程，这些概念又反过来修改着这些习惯和制度。……先例所涵盖的领域是如此之广，以至于它们确定了法官工作的出发点。③ 一旦判决宣布了，它就成了先例家族中的新成员。④ 但并非某个判决生育出来的所有原则都能长成。在经验的检验标准面前，那些不能证明自身价值和力量的先例会被毫不留情地牺牲掉，抛入废物之列。⑤

卡多佐深得辩证法的精髓，他从变化与稳定的辩证与平衡的论述中消除人们对实用主义司法方法的担忧。卡多佐引用古希腊哲学家赫拉克里特的观点说："没有什么是稳定的，也没有什么是绝对的，一切都是流动的和可变的。"⑥ 在这永恒的流变中，法官首先要从判例中抽象出基本原则，其次要确定这些原则的发展路径与方向。法官从判例中抽象出基本原则才仅仅完成了一半工作，更重要的工作是，法官要让这些原则沿着正确的道

---

① 参见［美］本杰明·卡多佐：《法律的成长·法律科学的悖论》，董炯、彭冰译，中国法制出版社2002年版，第30~31页。

② 参见［美］本杰明·卡多佐：《司法过程的性质》，苏力译，商务印书馆1998年版，第9页。

③ 同上书，第8页。

④ 同上书，第9页。

⑤ 同上书，第10页。

⑥ ［美］本杰明·卡多佐：《司法过程的性质》，苏力译，商务印书馆1998年版，第14页。

路和方向前进。[①]

法律原则增长与发展的路径主要有四种：逻辑发展的路径（类推规则或哲学方法），历史发展的路径（进化的方法），社区习惯的路径（传统的方法），正义、道德、社会福利、社会风气的路径（社会学方法）。[②] 在缺乏其他检验标准时，哲学方法就仍然必须是法院的推理工具。[③] 我们从来也不能全部放逐逻辑或哲学。[④] 但是，总有一些案件，法官会面临先例无法满足社会需要的问题，这时法官是有选择自由的，或者也可以说他有选择的义务。卡多佐承认法官具有造法职能，而且“每个法官都在他自己的能力限度内立法”。[⑤] 不过，他还强调，“法官只是在空白处立法，他填补着法律中的空缺地带”。[⑥] 而法官的造法就不再遵循逻辑了。当需要填补法律空白之际，法官诉诸的不应是逻辑演绎，而应是社会需求。[⑦]

为了消除人们对法官造法的担忧，卡多佐认为，法官的自由绝非完全没有任何限制的绝对自由，而是受到法规、判例、传统、技巧等各种约束，法官不能随意造法。法官应当以传统为裁量依据，从历经考验并得到尊重的原则中汲取思想，以类比推理为方法，要服从于“社会生活中对秩序的基本需要”[⑧]。但他同时认为，“在所有的良知之中，那里还留下来一个相当宽阔的裁量领域”。[⑨] 卡多佐关于“社会生活中对秩序的基本需要”和“良知”的论述蕴含了其自然法的思想成分。卡多佐强调，法官立法只是少数情况，

① 参见［美］本杰明·卡多佐：《司法过程的性质》，苏力译，商务印书馆1998年版，第16页。
② 同上。
③ 同上书，第18页。
④ 同上书，第26页。
⑤ ［美］本杰明·卡多佐：《司法过程的性质》，苏力译，商务印书馆1998年版，第70页。
⑥ 同上。
⑦ 参见［美］本杰明·卡多佐：《司法过程的性质》，苏力译，商务印书馆1998年版，第76页。
⑧ ［美］本杰明·卡多佐：《司法过程的性质》，苏力译，商务印书馆1998年版，第88页。
⑨ 同上。

"在大多数的诉讼中，法律是非常清楚的，法官也没有什么裁量"。[①] 卡多佐还区分了法官造法与立法的不同：立法者的立法几乎不受任何限制，立法的规制方法完全是抽象的；而法官造法则是依托于具体案件，他面对的是实际存在的问题。此外，法官造法也要遵循"现代组织的精神"。[②]

卡多佐显然看穿了司法过程的实质，他明白法律的不确定性并且深谙平衡协调之道："胜利不属于那些坚持不容变更的逻辑的人，也不属于那些让所有规则和所有先例平起平坐的人，胜利将属于那些知道如何将两种趋势融合在一起、运用于一个仍未得到完美测定的目的的人们"。[③]

波斯纳对这种法律实用主义进行了总结，他认为法律实用主义不是一种教条，而是一种态度：法律实用主义不喜欢形而上学，不喜欢发现也不相信所谓的"客观真理"，不想为自己的行动寻找"一个充分的哲学基础"，不信奉教条主义；法律实用主义爱好实验，谨慎小心，尊重传统，从传统中寻找和塑造未来。这种态度的共同点是"一种努力以思想为武器促成更有效行动的、以未来为导向的工具主义。"[④] 法律实用主义反对扩大的法律形式主义，后者认为法律概念之间的关系才是法律和法律思想的精髓。法律实用主义认为，法律规则尽管具有一定的逻辑，但它经常是模糊不清的、不确定的、充满争议的、含义流变的。"从法官的立场看，法律规则更像是指南或做法，而不是命令。"[⑤] 实用主义的法律观甚至把法律当成"人类需要的仆人"。[⑥] 法律实用主义认为，遵循先例是必要的，但也是

---

① ［美］本杰明·卡多佐：《司法过程的性质》，苏力译，商务印书馆1998年版，第80页。

② 同上书，第74页。

③ ［美］本杰明·卡多佐：《法律的生长》，刘培峰、刘骁军译，贵州人民出版社2003年版，第76页。

④ ［美］理查德·A. 波斯纳：《法理学问题》，苏力译，中国政法大学出版社2002年版，第37页。

⑤ 同上书，第568页。

⑥ 同上书，第38页。

有条件的，而不是一种伦理责任。[①]

波斯纳认为，法官不仅是法律发现者或法律解释者，而且还是法律制定者。[②] 他露骨地说："解释"不过是法官自由裁量权的遮羞布，最好抛弃"解释"这个术语。他认为德沃金所谓的"法律是一个解释性的概念"的命题没有什么意义，解释性判决制作的精髓是要考虑不同的判决会有什么不同的后果。并不存在"逻辑上"正确的解释，解释也并非一个逻辑过程。[③]

波斯纳认为，好的实用主义法官会平衡两类后果：个案的和系统的。但法律实用主义并不是一种后果主义（consequentialism）。后果主义认为，最好的行动是后果最佳的行动。功利主义就属于后果主义。法律实用主义判决追求的是"合乎情理"（reasonableness）而不是"最佳后果"。这是因为事实上法院可用的研究工具的力量很有限，因此，当面对一个疑难案件时，法官最高且可行的追求就是作出一个"合乎情理的"（可行的、有道理的）决定。这种决定与可证明正确性的决定是不同的，后者通常是不可能的。

合乎情理的成分包括但又不限于常规的法律材料，例如，先例以及一些运用先例的原则。法官常常别无选择，只能通过非法律的方法从法律的材料中推导出结果，并且有时他还不得不针对法律论证提出说不清楚的直觉。[④] 直觉在大多数司法决定中扮演了主要角色。直觉是一种能力，是由经验、阅历所培养出来的，使法官能够迅速作出决定而无须清醒掂量和比较诸多可能行动进程的有利和不利因素。由于清醒处理信息的费用也许太

① ［美］理查德·A. 波斯纳：《法律、实用主义与民主》，凌斌、李国庆译，中国政法大学出版社 2005 年版，第 74 页。

② ［美］理查德·A. 波斯纳：《法理学问题》，苏力译，中国政法大学出版社 2002 年版，第 39 页。

③ 参见［美］理查德·A. 波斯纳：《法理学问题》，苏力译，中国政法大学出版社 2002 年版，第 574 页。

④ ［美］理查德·A. 波斯纳：《法理学问题》，苏力译，中国政法大学出版社 2002 年版，第 569 页。

高，乃至直觉得出的决定会比分析性推理得出的决定更精确也更迅速。[①] 法律实用主义将法律文本（制定法）视为一个信息源，可以从中了解不同的解释有哪些不同的后果。总之，波斯纳认为，法官相当多地依赖其他非法律的材料和信息，包括个人的政治看法、政治判断乃至个人背景、特性、气质、情感、经验、直觉等。

波斯纳继承了霍姆斯、卡多佐关于法律就是法官作出的决定的定义，并认为最好把法律描述为法律人（尤其是法官）的活动，他们只受到松散的职业礼节和共同道德的约束。[②] 普通法由法官创造，但普通法中的竞争机制也在制约着法官自由裁量权的行使。

波斯纳猛烈抨击了法律形式主义。他认为，由于法官面临双重复杂性——外在复杂性，即科技、金融、社会活动日益复杂；内在复杂性，即司法体制日益复杂，繁文缛节越来越多，日益官僚主义——法官在许多时候正在失去分析和有效应对真实世界之问题的能力，变得日益形式主义，日益"管理主义"。当需要解释时，法官们想用语义学来应对科学，当需要事实认定时，则委托他人来应对科学。让陪审团成员来解决那些法官应对的技术争点，法官就解脱了，将自己不理解的争点拱手交给了外行人。基于此，波斯纳主张，这需要回到法律现实主义——有深度的、以现代分析和经验方法为根基的、超越预感的现实主义。[③] 苏力认为，这个法律现实主义包括了波斯纳之前所强调的司法实用主义，但又不限于司法实用主义。[④] 法官需要与时俱进、具备现代技术知识基础的实用主义。

---

① Richard A. Posner, How Judges Think, Harvard University Press, 2008, p. 109.

② 参见［美］理查德·A. 波斯纳：《法理学问题》，苏力译，中国政法大学出版社2002年版，第570页。

③ 参见［美］理查德·A. 波斯纳：《波斯纳法官司法反思录》，苏力译，北京大学出版社2014年版，第400页。

④ 参见苏力：《代译序：司法如何穿过错综复杂》，载［美］理查德·A. 波斯纳：《波斯纳法官司法反思录》，苏力译，北京大学出版社2014年版，第3页。

虽然很难将波斯纳归为自然法主义者，但这并不意味着波斯纳的思想中没有自然法的成分。波斯纳曾说，法律经济学分析的目标是形塑法律，并使之符合经济学的规范，“在这个程度内，法律经济学分析又具有某种自然法的风味”。[①] 他抵制将实证法和自然法相分离的企图。[②] 波斯纳将“自然法”与“财富最大化”相提并论，但反对将它们视为绝对的东西。可见，波斯纳本质上是不反对自然法的，而是反对将自然法绝对化，就像他反对将“财富最大化”绝对化一样。波斯纳还赞同在法治美德与具体个案的衡平性及裁量性之间保持平衡。波斯纳的法律实用主义既是实证的又是规范的，既是描述性的又是评价性的。

一言以蔽之，实用主义法学可以分为激进派和温和派。激进派对法律理想主义毫无耐心，认为司法裁判体现的就是权力关系、个人利益和理性选择。[③] 由于激进派攻击法院的机构合法性，所以这一派主要为学者独揽，而不是法官。波斯纳就属于激进派。温和派相对更加乐观，符合普通法法系法官的浪漫理想，即法官具有“合法的造法职能”，并致力于让法律与时俱进，“适应当前社会状况和社会预期”。同时，温和派反对任何非人格化的法律宣告说，认为其与事实不符。[④] 霍姆斯和卡多佐就可以归为这一派。

（四）美国批判法学派的理论观点

批判法学（Critical Legal Studies）是以批判的态度来研究现代社会的，

---

① 参见［美］理查德·A. 波斯纳：《法理学问题》，苏力译，中国政法大学出版社 2002 年版，第 32 页。

② ［美］理查德·A. 波斯纳：《法理学问题》，苏力译，中国政法大学出版社 2002 年版，第 43 页。

③ See e. g. H. Rasmussen，On Law and Policy in the European Court of Justice，Nijhoff，Dordrecht，1986；E. A. Posner and J. Yoo，Judicial Independence in International Tribunals，1 California Law Review 72（2005）.

④ Marc Jacob，Precedents and Case-Based Reasoning in the European Court of Justice：Unfinished Business，Cambridge University Press，2014，pp. 42 –43.

它的靶子是所谓的“自由主义法学”。批判法学的思想渊源是西方马克思主义，批判法学采取反面排除的策略对“自由主义法学”进行界定，亦即在美国此前同时期的法学思想中凡不属于马克思主义法学的其他流派，包括美国法律现实主义和社会学法学派以及当时流行的德沃金、哈特和波斯纳等人的理论，这些流派一概被划入自由主义法学阵营，因为它们捍卫的都是自由主义的法律制度，都是在充当资本主义制度的卫道士，都是为资本主义制度服务。①

批判法学反对“自由主义法学”所认为的法律是人类理性的反映、法律是自主的、法律制度具有客观的逻辑、法的内容具有确定性等观点。批判法学认为法律乃是不同利益团体间利益的妥协和人为因素的结果，并非客观的逻辑系统，也不是封闭的体系，它无时无刻不受政治、社会、经济、宗教以及其他各种因素的影响，法律不是独立自主的，法的内容也不是确定的，而从根本上说是不确定的。“自由主义法学”主张法律渊源的一元论，把法律看成是一个“金字塔式”的结构，从下往上溯源到一个赋予了某一法律制度合法性以及规则系统有效性的最终权威，因此，法官在作出判决时依赖一种独特的法律推理方法，如三段论的演绎推理、形式推理、实质性推理、归纳推理、遵循先例等。无论哪一种推理方式，司法判决的形成过程都是一个相对严密的推理过程，司法判决是这一过程的必然产物。但批判法学则主张法律渊源的多元论，强调非西方的传统和多元传统的选择，不认为司法判决是一个严密的逻辑推理过程的产物，而是充满了法官个人意志的非必然性的结果。亦即，一项已经作出的司法判决并不是对某一案件所作的唯一正确的判决，而很可能只是几种选择中的一种选择。不同的法官很可能会作出不同的选择。② 批判法学声称，“从来都不存

① 参见徐爱国等：《肯尼迪：批判法学的教皇》，黑龙江大学出版社2009年版，第18页。

② 参见於兴中：《法理学前沿》，中国民主法制出版社2015年版，第76~78页。

在一种‘正确的法律答案’，只存在着解决法律问题的伦理和政治方案”。[①] 批判法学研究的经典口号是“法律就是政治”。法律的不确定性表面上看起来如法律现实主义分析的那样取决于事实的不确定性和规则的不确定性，但深层次的原因是政治上的因素在作怪。法律推理中三段论的大、小前提都是法官根据政治斗争的趋势而精心取舍的。

批判法学的阵营是庞杂的，很多后现代法学流派都受到了批判法学的影响或含有批判法学的因子。在庞杂的批判法学内部，观点也不统一。但是，它们的共同点是将视角由法律之内转移到法律之外，跳出法律本身试图从社会历史背景之中揭示出法律及司法活动的决定性。他们似乎都认同，应当从法律之外的社会、政治因素来思考法律的根源，以及司法判决形成的真正缘由。隶属于批判法学阵营的一些学者认为，不是别的，正是法律之外的社会、政治、道德和宗教考虑决定了判决的结果。[②]

“批判法学的教皇”肯尼迪批判了“自由主义法学”关于立法与司法二元论的理论预设。这种理论预设认为立法是具有意识形态的，而司法则是中立的、没有意识形态的。肯尼迪说：“政策是意识形态的一个潜在木马”，“不管承认与否，法官就是个意识形态执行者。”[③] 精英阶层们在“法律下的正义”之假面具下追求他们自己的意识形态方案。由于意识形态因素的存在，判决中的“法律必然性”或完全根据材料所做的演绎论证就成了一种公开的谎言，肯尼迪引用萨特的话，称这是“背信的”。换言之，法律判断实际上是政治性选择，所谓的法律解释、遵循先例、法律论证只是掩人耳目。[④] 依肯尼迪之见，法律不能自治，它只能在其他的社会

---

① 徐爱国等：《肯尼迪：批判法学的教皇》，黑龙江大学出版社2009年版，第6~7页。

② 参见秦策、张镭：《司法方法与法学流派》，人民出版社2011年版，第196页。

③ Duncan Kennedy, A Critique of Adjudication: fin de siècle, Harvard University Press, 1997, p. 155.

④ 参见季卫东：《法治秩序的建构》(增补本)，商务印书馆2014年版，第93页。

现象、特别是政治现象中得到解释。

弗兰克则揭露和批判了美国司法中关于法律具有可预测性和确定性的“基本神话”，并认为人们对于法律可预测性与确定性的渴望与迷恋来源于儿童时期，是人们在儿童时期对安全的需要与渴望在成年后的延续。弗兰克认为，不确定性是法律的内在属性，根本原因在于判决所依据的事实是捉摸不定的。关于司法判决的不可预测性，除了制度和文化传统等复杂因素的影响外，法官和陪审员的个性与心理等非理性因素对裁判事实也有影响。弗兰克的批判是为了重建和完善。弗兰克认为，在民主政体下，包括法院在内的一切国家机关的任何活动都不应该是神秘的。把司法过程神秘化，通过愚民政策来建立和维持公众对法院的尊重，是对司法进行实质性改革的主要障碍之一。弗兰克主张让法官尽量认识到司法判决过程中可能起作用的各种因素，尽管某些因素可能无法避免或克服，但案件的公正性也会得到提升。弗兰克提出的改革建议包括：让司法机构承担更多的责任，采用中立的“专家证人”；改革法学教育，广泛采用学徒制；让法官脱下法袍，不拘一格地指导审判活动，放弃“法袍主义”；除了重罪之外，放弃陪审团审理；鼓励公开初审法官诉讼案件个别化的结果，而不是像现在这样，大量偷偷摸摸地进行案件的个别化；主张初审法院的法官参与到上诉案件的审理过程中。①

昂格尔把法律分为三种类型——习惯性法律、官僚性法律和严格意义上的法律。他认为法律的一般发展变化过程可以概括为：从部落社会的习惯性法律发展为贵族社会的官僚性法律，后者再继续发展为自由主义社会的严格意义上的法律。在第一种法律类型中，人们依赖于相互作用的习惯，法律没有公共性与实在性。在第二种法律类型中，人们不再依赖于习惯，从而使法律具有了公共性与实在性，甚至在某些情况下具有普遍性。

---

① 参见［美］杰罗姆·弗兰克：《初审法院——美国司法中的神话与现实》，赵承寿译，中国政法大学出版社2007年版，第464~465页。

在第三种法律类型中，法律不仅具备公共性和实在性，而且具备普遍性和自治性。这时的法律属于“自治型法”。但随着西方社会从自由主义社会过渡到后自由主义社会，也即从自由资本主义社会过渡到福利国家，“自治型法”也就发展成“回应型法”。如果说在“自治型法”阶段，法律推理注重形式正义，法官判决是在严格遵循法律规则的情形下作出的话，那么，在“回应型法”阶段，法律推理则既注重形式正义又注重实质正义，法律判断的逻辑变得接近于道德和实用。法律推理的这一从形式化向目的型和政策倾向型的转变，破坏了法的一般性和自主性。目的型法律推理所关心的不是推理过程本身，而是如何选择最有效的方式以实现法律的目的。法律推理从形式化向目的型和政策倾向型的转变，是对自由主义法治理性的深刻否定，其结果是法治理想的幻灭。①

美国天普大学法学院教授戴维·凯尔里斯（David Kairys）在《法律推理》一文中也认为，对于一个案件，常常有两个截然相反的判例。即使只有一个判例，也常常有多种解释。因此，从遵循先例原则看法律推理也是不确定的。②

总之，批判是一种研究态度，但不是对批判对象的彻底否定或全盘抛弃。肯尼迪其实并不否认法律规则或材料的约束力，只是说它并不总是唯一的决定判决结果的因素。③ 肯尼迪自己也承认，批判法学派的成员这么做并不是力图挑战他们制度中的游戏规则或权力平衡。④ 批判法学的分析是描述性的和批判性的，而很少是建构性的。因此，昂格尔提出批判法学必须

---

① 参见范季海：《批判法学》，法律出版社2008年版，第70页。

② David Kairys, Legal Reasoning, in The Politics of Law: A Progressive Critique, David Kairys ed., Pantheon, 1982, pp. 11 -17.

③ 参见王家国：《不确定性、意识形态与法律的政治性——〈判决的批判〉代译序》，载［美］邓肯·肯尼迪：《判决的批判：写在世纪之末》，王家国译，法律出版社2012年版，第3页。

④ 参见［美］邓肯·肯尼迪：《判决的批判：写在世纪之末》，王家国译，法律出版社2012年版，第9页。

从批判转向建设。[①] 简言之，这一学派的司法观其实是肯定法官造法的。

四、四元模式的意义与局限

四元模式不仅允许法官进行法律解释和法律续造，而且还允许法律创造，允许法外因素入法，保持了法律的开放性。这是有一定积极意义的。当然，任何硬币都有正反两面，四元模式也存在一定的局限性。

（一）四元模式的意义

四元模式不但承认法官的法内续造，还承认法官的法外续造。这在今日之民法法系，是不能被明文允许的——尽管在纳粹德国的历史上，自由法学的观点曾影响了纳粹法学并在一定程度上得到实施，甚至在某些情况下被默许。不过在普通法法系，尤其是在法官权力巨大的美国，四元模式却是通行的模式。四元模式的主要意义可以概括如下：

首先，四元模式将经验主义、实用主义奉为理论指南，不认可理性主义对人类的统治。

关于“经验”的作用与意义，前已叙及，霍姆斯认为法律的生命不在于逻辑而在于经验，他强调的“经验”是在英美判例法的传统之下，由法官根据经验判断具体法律的适用，即在遵循先例的条件下，依据不断变化的社会生活，更多地考虑现实中有用或者实用的经验进行判决，从而赋予法律新的生命。所谓理性主义的严格逻辑推理虽然使法律具有了理性色彩。但是，另一方面，应该看到，如果过于关注逻辑的严谨，将不可避免地使法律变得封闭，与经验世界相脱离，法律也就因此没有了生命活力，甚至会成为社会发展的枷锁。而关注经验，根据经验进行判决，则会使法

① See Roberto Mangabeira Unger，The Critical Legal Studies Movement，Harvard University Press，1983.

律与时俱进，不断适应社会的变化。

卡多佐也认为，法律的发展经历了数个世纪，它默默无言但会坚定地抹去法官的偏执，纠正法官判决的错误。[①] 芒罗·斯密斯（Munroe Smith）也论述了普通法的法律实验性质：普通法的法官一直都采用实验性的方法，他们从来没有把普通法的原则和规则当作终极真理，只是当作假说。这些原则和规则在法院这个“实验室”里不断接受检验。每一个案件都是一次检验。如果一个原则或规则产生的结果使人感到不公正，那么它最终会得到修正。[②]

其次，四元模式不但承认了法律的不确定性，而且还将法律的不确定性视为法律的优点，甘于法律的不确定性。

不但卡多佐以自己的法官经验为例，描述了从不甘心到最终甘心于法律的不确定性的心路历程，弗兰克也认为不确定性是法律的内在属性。这一认识的积极意义在于：如果法官承认他们在裁决案件事实和适用法律规则的过程中会不可避免地带有偏见，他们就可能会改进他们的办案方式并控制作为人之本性所带有的可能缺陷。“通过抛弃绝对的法律确定性的幼稚想法，我们可以明显增大实际的法律确定性的数量。”[③]

追求法律的确定性，最后竟发现法律是不确定的。承认法律的不确定性，反而能增加法律的确定性。这就是法律的辩证法。

最后，四元模式下法官的法外造法虽然权力很大，但仍然是受约束的。在美国，作为“最小危险的部门”，法官的法外造法并未危及法治，相反，庞德还认为普通法糅合了确定性与进化力之双重功能。[④]

---

① 参见［美］本杰明·卡多佐：《司法过程的性质》，苏力译，商务印书馆1998年版，第113页。

② Munroe Smith，Jurisprudence，Columbia University Press，1909，p. 21. 转引自［美］本杰明·卡多佐：《司法过程的性质》，苏力译，商务印书馆1998年版，第10～11页。

③ Jorome Frank，Law and Modern Mind，Coward-McCann Publishers，1930，p. 159.

④ 参见［美］罗斯科·庞德：《普通法的精神》，唐前宏、廖湘文、高雪原译，法律出版社2001年版，第128页。

（二）四元模式的局限

首先，四元模式下，法官的权力巨大。由于文化和宪法背景的差异，四元模式的现实适用在大多数国家都是非常困难的，或许美国只是一个例外。在其他普通法法系国家，即使法官事实上在法外造法，但也经常伪装在“发现法律”的外衣之下。

其次，四元模式之下判决面临前后不一致的风险①，判例之间甚至会自相矛盾，易损及法律的系统性和可预测性。心理学研究表明，人们通常会受到“可得性启发”（availability heuristic）的影响，即高估最近发生的小概率事件的发生概率，这会使人们的行为呈现出非理性。举例来说，如果一个人的朋友碰巧遭遇了合同陷阱，那么这个人就会倾向于高估自己遭遇合同陷阱的概率；如果一个人亲耳听闻或亲眼看见因机动车缺陷导致事故的事情，那么他就会高估机动车不安全的风险。法律人（包括法官和律师）也会受到可得性启发的影响，他们面对具体争议的时候，也会高估之前发生的显著案件在类似案件中的代表性，即认为之后发生的其他案件与该显著案件类似，而事实上它们并不相似。这些显著案件要么是在时间上于近期发生，要么是在地域上比较邻近，要么是法官与该案心理距离较近。在此情况下，法官在作总体决策时，会过于依赖显著案件，低估其他案件。即使法官自己意识到可得性启发的影响，也难以克服，这种先入为主的锚定效应仍挥之不去。②

再次，四元模式意味着在更大程度上依赖判例。判例是不断自我强化的。案例越多，交叉援引的就越多，“真正的法律”便在此退出舞台。法

---

① See Marc Jacob, Precedents and Case-Based Reasoning in the European Court of Justice: Unfinished Business, Cambridge University Press, 2014, p. 45.

② Frederick Schauer, Do Cases Make Bad Law?, 3 The University of Chicago Law Review, pp. 894 - 897 (2006).

官怎么解释法律，或者法官认为之前的法官怎么解释法律，法律就是什么。[①] 这无疑是法律人的专制。

最后，四元模式只是简单承认法官造法，过于强调结果至上，忽视了法律的规范性。卡多佐认为随着时间的推移，不合适的判例会自动消亡，这其实是过于乐观，且忽略了不合适判例所忽视的应当保护的权利。肖尔则认为："随着时间的流逝，除了成文法和法规外，普通法教义也会变得更加牢固和僵化。它们的范围广为熟悉，它们的内容变得越来越缺乏柔韧性。"[②]

综上所述，四元模式可以对法律的系统性漠不关心，允许法官在最小约束下像"智慧的长者"一样自由驰骋。[③] 这一担心不无道理，给四元模式敲响了警钟。

---

① See Marc Jacob, Precedents and Case-Based Reasoning in the European Court of Justice: Unfinished Business, Cambridge University Press, 2014, p. 45.

② [美] 弗里德里克·肖尔：《像法律人那样思考——法律推理新论》，雷磊译，中国法制出版社 2016 年版，第 116 页。

③ See Marc Jacob, Precedents and Case-Based Reasoning in the European Court of Justice: Unfinished Business, Cambridge University Press, 2014, p. 46.

第六章　法律解释权的多元模式

一、多元模式的界定与判例的地位

多元模式较为特殊，它既是对前四种模式的肯定，又是对前四种模式的否定。多元模式之所以是对前四种模式的肯定，是因为多元模式并不排斥前四种模式所涉及的法律解释方法；多元模式之所以又是对前四种模式的否定，是因为多元模式并不拘泥于前四种模式中的任何一种模式。

（一）多元模式的界定

在多元模式中，立法者、法律文本和法官在司法裁判中共同发挥重要作用。多元模式认为制定法是法律信息的重要传输工具，法官裁判过程就是造法过程，判例产生法律信息，判例与判例之间是平等的。[①] 由于这一模式是对前四种模式的超越，这一模式强调立法者、法律文本或法官等多方共同参与，这是多元认识论的重要组成部分，因此，笔者称之为“多元模式”，它又可称为“法律信息模式”。

在多元模式中，法律由形式独立的各种法律信息组成，法律不完全是静态的或整齐的，可以将其比喻为互联网超链接或者“推特”（Twitter

---

① Marc Jacob, Precedents and Case-Based Reasoning in the European Court of Justice: Unfinished Business, Cambridge University Press, 2014, pp. 48 -49.

Tweets)。在多元模式下，可以画出这样一幅图（如图 5 所示），10 多个判例的起源可追溯到之前至少 5 个判例，而这 5 个判例并没有援引其他更早的判例，而是将其判决理由完全基于法律文本。在这个连锁网络中，每个判例处理的都是不同事情，但从其各自包含的、分立的法律信息来看，各判例之间都是平等的。虽然很多案例倾向于援引时间上最近的判例，也有一些更乐于进行跳跃式援引，但无论哪一种都强调超越个案的法律推理的普遍性。通过对判例的网络分析，可以从数量上识别出“权威”（被广泛援引的判例）。[①]

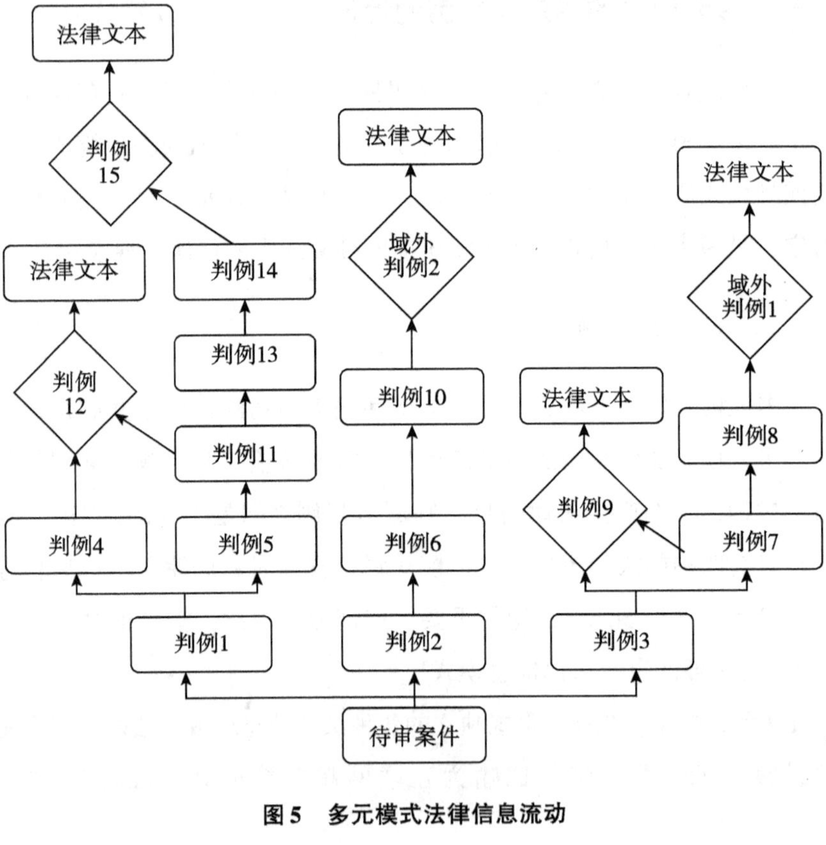

图 5　多元模式法律信息流动

① Marc Jacob，Precedents and Case-Based Reasoning in the European Court of Justice：Unfinished Business，Cambridge University Press，2014，pp. 49 –52.

在多元模式下，司法裁判的结果既不是预先注定的，也不能免于后来裁判的挑战，而是需要法律论证的创造性过程。法律论证只要充分即可，无须全面。多元模式不拘一格，认为只存在选择方案，不存在“万全之策”。[①] 该模式允许观点的多元化，认为司法判决并非寻求现成的抽象界限，而是探索检验一系列可能的解决方案，不排除任何可能的答案，不追求唯一正解，只追求合理的答案。

当然，并不是说在多元模式下法律实践就变得自由放任、没有层级和秩序。法律实践在很多重要方面仍保持技术性。例如，“具有法律约束力”或“具有规范性质”的概念还是很重要，因为这个概念在很多法律话语中都流行。正式的法律渊源可以继续发挥重要作用，不仅是法律信息的重要（虽不是唯一的）传输工具，而且是让民主辩论反馈到专业法律话语的必要手段。三段论推理仍是法律决策的一大特色。三段论推理随着“形式主义”命运的变化历经盛衰，形式主义有时被妖魔化、备受奚落，有时又重新复兴、备受赞誉，在政府间语境中尤其如此。三段论推理之所以一直得到尊重，是因为它在给出一样东西时，接下来的东西是合乎逻辑的。即使三段论推理可能和其他形式主义工具一样不足以解决法律难题，但至少能协助排除一些答案，如排除逻辑上的跳跃，而且三段论推理除了检测逻辑错误之外，别无他求。[②]

多元模式与四元模式的区别主要在于：四元模式是法律人的专制（一元与二元模式是法律文本的专制），而多元模式则避免了法律文本和法律人的专制，它强调法律文本、法律解释者和立法者原意之间的融合互动。四元模式体现了制度权威——尽管以前的判例可以通过区别技术和推翻技

---

① Marc Jacob, Precedents and Case-Based Reasoning In the European Court of Justice: Unfinished Business, Cambridge University Press, 2014, pp. 59 -61.

② Ibid., p. 54.

术排除适用，而多元模式则崇尚理性权威，不是制度权威，法官判案时，先前的判例（无论是上级法院还是下级法院的判例、域内判例还是域外判例）都是平等的，援引哪个判例取决于理性分析，而不是制度压力。当然，法官在作出理性选择时，必须进行充分的法律论证，证明其正当性和合理性。多元模式下法律文本、法律解释者和立法者原意三者之间的互动融合通过法律论证来体现。

（二）多元模式下判例的地位

如前所述，在多元模式下，制定法是重要的法律信息，判例也包含和产生法律信息。在多元模式之下，判例之间是平等的，解除了从上至下层级式的法律信息灌输权力。既然判例就是法律信息的一种类型，那么是否将判例看作正式的法律渊源就无足轻重了。

对于多元模式而言，司法裁判是一个创造性的过程，既非预先安排好的，也不能免于挑战。以欧盟法院为例，严格的法源理论或法律有效性理论并不能充分描述欧洲法院的判例。先前判例是法律的"说明"这一说法既对又错：说它对是因为判例是过去法律适用的例示，说它错是因为实质上判例就是法律，只有知道法律是什么才能理解法律，[①] 没有解释就没有意义。[②] 在这方面判例与其他法律渊源没有区别，都是法律信息。在欧盟法院，封闭的创造语境并不能束缚意义和解释。抛开对当前案件本身的影响，欧盟法院的判决也会产生新的法律信息。[③] 这是一个需要论证的创造过程。就像意义不是文本的固定属性一样，意义也不是解释者的专有领域，不能免于后来的改变。

---

① See A. Somek，Rechtliches Wissen，Suhrkamp，Frankfurt am Main，2006，pp. 32 –36.

② 并不是说只有解释者才重要，文本和作者也是多元认识论中的重要组成部分。

③ See Marc Jacob，Precedents and Case-Based Reasoning in the European Court of Justice: Unfinished Business，Cambridge University Press，2014，p. 59.

格雷认为，一部制定法只有在其含义被司法部门确定之后才会变成“硬法律”，建议不要将制定法看成是法律，而将它们仅仅看成是法律的渊源。这里面蕴含着制定法是法律信息的思想。波斯纳则认为，先例只是据以作出决定的一种信息来源。[①] 后来的法院在面对先前的法院判例时，究竟赋予这个判例多大分量，法院需要比较两种风险：一方面，对昔日的决定漫不经心会导致法律的不确定，并且会给法院带来额外的工作量，法院对每个案件都要花费更多的时间，而更大的不确定性也会引出更多的案件；另一方面，对昔日的决定毫无批判地继受也会造成更大的错误风险。[②] 在这个意义上，波斯纳的思想也包含了多元模式的成分。[③] 总之，多元模式下制定法和判例都是法律信息。

二、多元模式的现实映照

多元模式的现实映照多体现在当代欧盟、美国以及英联邦的有关实践中，尽管它未必是其主流模式。欧盟、美国以及英联邦的有关国家均比较重视判例的作用，法院的地位也很高。

（一）欧盟的相关实践

在多元模式下，欧洲法院愿意考虑其他法院的判例。这并非对“外国”法的服从或错误适用，而是因为其他法院的判例也包含具有潜在价值的

---

① 参见［美］理查德·A. 波斯纳：《法理学问题》，苏力译，中国政法大学出版社 2002 年版，第 119 页。

② 同上书，第 124 页。

③ 对于法律解释，波斯纳认为，解释这个概念也许变化太多、太不严密以至于不能用它来指导制定法和宪法的适用。解释可以是对交流的解码，也可以是理解、翻译、扩展、补充、变形甚至转换。可见，总体来看，波斯纳还是个实用主义者，在他的语境中法官的权力是非常大的。参见［美］理查德·A. 波斯纳：《法理学问题》，苏力译，中国政法大学出版社 2002 年版，第 375 页。

法律信息。[①] 例如，欧洲法院在涉及基本权利事宜时就经常援引欧洲人权法院（ECtHR）的判决。[②] 欧洲法院在涉及国际法的案件中还援引过国际法院（ICJ）的判例。[③]

举例而言，在德国雷根斯堡地区法院（Landgericht Regensburg）受理的 G v. Cornelius de Visser 案中，被告将原告身体部分裸露的照片上传至网站，原告要求被告承担侵权责任。然而由于不知道被告在欧盟成员国的具体住所或居所，法律文书只能以公告送达的方式传达。因此，雷根斯堡地区法院请求欧洲法院就相关事宜进行初步裁决。在欧洲法院，在对该案 Case C – 292/10 G v. Cornelius de Visser（First Chamber）［2012］ECR I – 000 给予初步裁决时，就援引了欧洲人权法院（European Court of Human Rights）的判例，认为 1950 年 11 月 4 日签署于罗马的《欧洲保障人权和基本自由公约》第 6 条第 1 款所保障的公平审判的权利与《欧盟基本权利宪章》第 47 条第 2 款的规定是相符的，只要被告的权利能够得到适当的保护，并未排除"公告送达传票"的可能性。[④]

再如，德国税务法院（Bundesfinanzhof）（Federal Finance Court）因为不能确定欧盟理事会已经中止条例的有效性，请求欧洲法院进行初步裁决。欧洲经济共同体和南斯拉夫之间曾经签署了合作协议，欧盟理事会在前南斯拉夫战争期间中止了该协议规定的贸易减让政策。原告和上诉方 A. Racke GmbH & Co.（Racke）是红酒进口商，从塞尔维亚进口红酒，在

---

① Marc Jacob，Precedents and Case-Based Reasoning in the European Court of Justice：Unfinished Business，Cambridge University Press，2014，p. 53.

② See Case C –292/10 G v. Cornelius de Visser（First Chamber）［2012］ECR I –000（para. 58）.

③ See Case C – 162/96 A Racke GmbH ? Co. v. Hauptzollamt Mainz［1998］ECR I – 3655（para. 24）；Case C –37/00 Herbert Weber v. Universal Ogden Services Ltd（Sixth Chamber）［2002］ECR I –2013（para. 34）.

④ 参见欧洲人权法院在 Nunes Dias v. Portugal 案中的判决，Reports of Judgments and Decisions 2003 –IV.

欧盟理事会中止该争议条例之前，一直得益于南斯拉夫红酒进口的贸易优惠政策。Racke 认为欧盟与南斯拉夫的合作协议不允许欧盟理事会中止合作，欧盟理事会的决定不符合国际法的普遍规则。因此，欧盟理事会中止贸易减让政策的条例是无效的。争议的焦点在于国际法的惯例规则，包括有约必守原则和情势变更原则，《维也纳条约法公约》也体现了该规则。欧洲法院在初步裁决中认为，根据初步观察，虽然《维也纳条约法公约》对欧洲共同体或其成员国没有法律约束力，但该公约的一系列条款，包括第 62 条，都反映了在特定情形下承认情势变更原则的国际法规则，而这一原则可能会引起条约的失效或中止。欧洲法院同时援引了国际法院（ICJ）的判例，其中国际法院认为《维也纳条约法公约》第 62 条体现了情势变更原则及该原则的适用情形和例外情形，是因情势变更而终止条约关系的现有国际惯例法汇编。[①] 在此基础上，欧洲法院经过一系列论证最终裁定欧盟理事会中止欧共体与南斯拉夫合作协议中贸易减让政策的条例有效。

这种跨法院式的援引并不一定是因为没有法律可适用待判纠纷或变相将司法裁判权转交“外国”法官。原因其实很简单，与获取知识的基本思维模式有关。人类思维天生好奇、散漫。环顾四周是形成和检测看法的本能做法。在司法界限、准据法、法律渊源的类型上亦如此。实际上根本没有人规定应该向哪里看。[②] 在认识的过程中，内部判例和外部判例、判例和法律评论文章，这些都没有绝对的区别，都是潜在的法律信息，“帮助法官更好地完成工作而已”。[③] 人们习惯通过排除其他事物的相关性来强调某事物的意义。但关于判例援引的“激进排外主义或地方主义”非常空

---

① Fisheries Jurisdiction（United Kingdom v. Iceland），ICJ，Reports，para. 36（1973）.

② Marc Jacob，Precedents and Case-Based Reasoning in the European Court of Justice：Unfinished Business，Cambridge University Press，2014，p. 53.

③ A. – M. Slaughter，A Global Community of Courts，1 Harvard International Law Journal 201（2003）.

洞。排外主义高估了法律信息的作用（认为法律信息是“自在之物”），却忽视了权威（authoritative）与专制（authoritarian）的不同。[①]

在多元模式下，欧洲法院并不像普通法中形式主义理论派所主张的那样在援引判例时只能参考先前判例中的判决理由（ratio decidendi），而是很乐于或含蓄、或明确地援引判例中的附带意见（obiter dicta）。[②] AG Roemer 早在 50 年前就直言道：“对于我来说，判决中决定性理由和附带意见的界限并非最重要的，判决书中的每一句话都表达了法院的意志。”[③]

（二）美国的相关实践

美国的判决就经常引用域外法。卡多佐曾坦言，在（英美法）的法学中，全部的权利资格都是从罗马法中搬来的。一些最伟大的法官，英格兰的曼斯菲尔德，美国的肯特和斯托里，从来都是不厌其烦地引证《学说汇纂》来支持他们的判决。……罗马法继受的伟大历史运动也没有触及英伦三岛，但是，它们却提供了一些类比，提出了一些思路，为一些难以解决的问题提供了一些明智的解决办法。[④] 在最近的一些案件中，美国联邦最高法院的大法官也引用了域外判例法。[⑤] 尽管如此，外国法系的功能一直都是建议性的，而不是命令性的。[⑥] 它们没有提供新的方法，只

---

① Marc Jacob，Precedents and Case-Based Reasoning in the European Court of Justice：Unfinished Business，Cambridge University Press，2014，p. 54.

② See Case C－235/09 DHL Express France SAS v. Chronopost SA［2011］ECR I－2801，Opinion of AG Cruz Villalón（para. 57）.

③ Case 9/61 Kingdom of the Netherlands v. High Authority of the European Coal and Steel Community［1962］ECR 213，Opinion of AG Roemer（p. 242）.

④ 参见［美］本杰明·卡多佐：《司法过程的性质》，苏力译，商务印书馆 1998 年版，第 76 页。

⑤ See，e. g.，Lawrence v. Texas，123 S. Ct. 2472（2003）. 在 2003 年的这起美国著名案件中，美国联邦最高法院就援引了欧洲法院 1981 年“道金诉英国案”（Dudgeon v. United Kingdom）的判决。

⑥ 参见［美］本杰明·卡多佐：《司法过程的性质》，苏力译，商务印书馆 1998 年版，第 76 ~77 页。

是提供了一些新的材料……它们仅仅是社会经验、真理和智慧这个伟大宝藏中的一个库房，普通法的法官们必须从中汲取他们的启示和他们的知识。①

在美国各州，外州的判决是法律信息，英格兰的判决在独立革命之后也成了法律信息。按照普通法的原则，在美国的任何一个州，外州的判决都被认为是对该外州法律的确认。按照本州的法律，外州判决的权威性似乎并不比一位博学的非法律人士的意见更有分量——若这位人士同样具有能获得正当判决的优势和判决的话。② 但例外的是，美国的一些州原本与某些外州是同一州，如缅因州于1820年脱离马萨诸塞州，西弗吉尼亚州则于美国内战时脱离弗吉尼亚州。在这种情况下，母州法院在该州分裂之前所作出的判决将在新成立的州具有与原州相同的约束力。

在美国独立革命之前，英格兰的判决在北美殖民地是司法判例。但在美国独立革命之后，情况发生了变化，英格兰法院的判决严格来说在美国没有先例般的分量，虽说在此意义上这些判决仍然具有价值：它们可以展现某些博学之人有关法律是什么与应该是什么的意见。③ 但是，“因赞赏英格兰法官的博学和才智而产生的敬重感是如此之大，他们对法律事务意见的价值又是如此之高，以至于在美国独立革命之后，这些意见好像仍然是先例那样，其分量不可小觑”。④ 但尽管如此，英格兰的判例仍然不是先例，只是“好像是先例”。

但到了19世纪初，这种情况逐渐终止了。美国法院对英格兰法院判决

---

① 参见［美］本杰明·卡多佐：《司法过程的性质》，苏力译，商务印书馆1998年版，第77页。

② 参见［美］约翰·奇普曼·格雷：《法律的性质与渊源》，马驰译，中国政法大学出版社2012年版，第210页。

③ 同上书，第211页。

④ ［美］约翰·奇普曼·格雷：《法律的性质与渊源》，马驰译，中国政法大学出版社2012年版，第212页。

的敬畏已经少了很多，这正如在卡斯卡特诉罗宾逊案中马歇尔法官在附带意见中所说的："即便我们尊重（英格兰）后来的判决，这些判决也值得大家尊重，我们也不能承认它们的权威性。"①

（三）其他部分国家的相关实践

在英联邦国家，每个国家都会参考英国的判例法。英国的法官则会参考英联邦的判例法，而英联邦的法官反过来参考彼此的判例法。加拿大最高法院因为不断地、富有成效地运用比较法，尤其值得注意。② 就此而言，加拿大的法律是世界上许多国家的灵感源泉。③

在以色列，当法院遇到重大的法律问题时，他们经常会参考外国的法律。以色列法院参考美国的法律、英国的法律、加拿大的法律、澳大利亚的法律司空见惯，甚至还会参考大陆法。④

在南非，宪法明确规定，在解释权利法案时，法院、裁判机构或法庭：（1）必须促进以人类尊严、平等和自由作为基础的开放民主社会的价值；（2）必须考虑国际法；（3）可以考虑外国法。⑤

总而言之，法官在裁判案件时对域外相关案例的援引，或是因为域内法律规范出现法律漏洞或法律空白，且域内尚无类似案例可引，抑或通过援引域外案例增强法律论证。无论出于何种考量，在多元模式下的司法实践中，理性权威是重要标准，从问题出发，重在合理解决问题。

---

① Cathcart v. Robinson, 5 Pet. 263, 279 et seq.

② See Anne Bayefsky, International Human Rights Law in Canadian Courts, in Enforcing International Human Rights In Domestic Courts, Benedetto Confroti and Francesco Francioni eds., 1997, p. 295, 310.

③ 参见［以］巴拉克：《民主国家的法官》，毕洪海译，法律出版社 2011 年版，第 186 页。

④ 同上。

⑤ See Afr. Const. art. 39 (1).

三、多元模式的理论基础

多元模式的理论基础可以概括为现代诠释学。借助后现代的背景，现代诠释学已经演变成对语言、世界、科学、存在等形而上学在场的批判。现代诠释学对法学方法论也产生了重大影响，从而在实践中对某些法院的做法提供了理论基础。

（一）伽达默尔现代诠释学的理论观点

现代诠释学的创立者为伽达默尔。伽达默尔认为，正确的“解释学循环”是指解释者与文本之间“内在相互作用”，通过循环往复的互动和整合，对文本内容的意义达成一致意见。①

伽达默尔认为，任何解释都具有历史性。由于文本是历史流传下来的产物，所以任何理解实质上都是历史理解。因为时过境迁，在每一次的理解中，文本都在被人们重新理解。解释者会受“前见”的影响。前见是指解释者的预先判断，它为历史情景所形塑。人们不仅受到传统的影响，也受到其所在时代的局限。前见中既包括合理的成分，也包括不合理的成分（即偏见），人们无法将后者从前见中抹去。人们身在某种处境中，要想超越历史关系理解这种处境绝无可能。这种处境决定了理解者的视域。对于历史流传下来的文本，人们不应该从目前的立场去理解，而应该“在过去自身的历史视域中观看过去”，即进入文本的历史视域，站在文本的历史处境，去理解文本内容之意义。

解释者的当下处境决定了他的前见，从而限定了他的视域。但是，在解释者接触文本之前，他无法知晓他的前见，甚至无法理解自己。当解释

① 参见［德］汉斯－格奥尔格·伽达默尔：《真理与方法：哲学诠释学的基本特征》（上卷），洪汉鼎译，上海译文出版社2004年版，第376页。

者接触被理解的文本时，他的视域与前见才能显现出来。此时，理解者的前见与文本的意义，理解者的历史视域与当前视域所发现的文本的意义，就会产生一种紧张关系。解释的任务不是掩盖这种紧张关系，而是有意识地揭露它。人们的视域是运动的、变动的，当这种紧张关系被揭露之后，也会发生变化。一方面，解释者接触文本之后，会反思和调整自己的视域，放弃自己的某些前见；另一方面，解释者进入文本的历史视域之后，理解了文本的历史意义，他虽不一定赞同该历史意义，但经常会重新理解它。这两种视域在互动中彼此进行调适和整合，即为视域融合的过程。在这一过程中，解释者和文本就内容的意义，“向一个更高的普遍性提升”。[①]通过这一视域融合的过程，理解者超越了前见和文本的意义，最终会形成一个一致的行动意见。

根据伽达默尔的解释学理论，解释活动既非“六经注我”，也非“我注六经”，而是解释者与文本的互动过程。视域融合的过程和境界，不能一蹴而就，而是一个循环往复的艰辛过程。由于任何解释都处在历史之中，所以在任何解释活动中得到的“真理”都不是“终极真理”。一切被解释的文本及人们当下对文本的解释，后来都会被重新解释。随着解释者的变化以及解释者处境的改变，任何理解与解释都会发生变化，因此，真理也会随之变化、发展。[②]

根据伽达默尔的理论，通过法律解释，使法律文本的内容意义动态适应变化的社会情景和具体事态，便是法律发展的重要方式。在法律解释活动中，解释者与文本的关系，类似于游戏中参与者、表演者与观众的关系，或类似于对话中对话者之间的关系，他们之间不是主客观的关系，而

① ［德］汉斯－格奥尔格·伽达默尔：《真理与方法：哲学诠释学的基本特征》（上卷），洪汉鼎译，上海译文出版社2004年版，第394页。

② 参见高鸿钧、赵晓力主编：《新编西方法律思想史》（现代、当代部分），清华大学出版社2015年版，第268～270页。

是一种辩证、互动关系。在互动过程中，视域融合所产生的结果，既不是解释者完全服从于文本的内容意义，也不是文本的内容意义完全服从于解释者的前见，而是解释者前见与文本内容意义的互动整合，在这种互动中会产生新的意义。

以伽达默尔现代诠释学的理论为视角来看法律解释，我们可以说，在法律解释的过程中，解释者既会考虑自己的前见、自己在当下的处境、案例的基本情况、自己内心的真实意见，也会考虑立法者的原意、法律文本的内容意义，以及法律共同体的基本共识。由是，立法者、法律文本和解释者之间不再是决定和被决定、反映和被反映的关系，而是一种互动的三角关系。立法者原意、法律语义和解释者的前见，构成三种不同的“视域”。在确定法律文本的意思时，它们之间的关系是相互制约、互动互助的融合关系，解释的最终结果是法律文本、解释者与立法者之间的“视域融合”，我中有你，你中有我，融为一体，而不可能是由其中一方来决定。①

（二）雅各布的理论观点

雅各布认为，世界是无限的，而人类的认知却是有限的。法律作为人类社会和文化的产物，背负着“以有限描述无限”② 的重任。作为专业学科和社交互动方式，法律是公式化的，具有递归性。人类对事物的认知的有限性，部分源于人类语言的有限性。法律文本和判例中的语言也是有限的。并且，语言永远是不确定的。语言与事物之间的关系总是离不开人类思维。绝对的确定性遥不可及。在这方面，法律人对“法

---

① 参见张志铭：《法律解释学》，中国人民大学出版社2015年版，第37页。

② See Roberto Mangabeira Unger, The Self Awakened: Pragmatism Unbound, Harvard University Press, Cambridge, MA, 2007, pp. 239 -243.

律”的掌握犹如科学家对“真相”（reality）的掌握，如果固执地追求自然主义法律思想，“探究事物的根源”，则注定要陷入无限递归。人类最多能够实现对事物的最佳可能理解。一旦认识到人类自身理性的有限性，对人类理性持谦卑的态度，法律作为“自在之物”就融入关于法律的信息之中。法律实践也以微妙的方式反映了这种谦卑。法院会就待审案件仔细斟酌、辩论，在“充分”证明的基础上权衡各种可能的判决，而不是进行（伪）客观的证明。正如欧盟法院大律师（Advocate General）所说的，法官要么被说服，要么未被说服。所有这些都避免了绝对主义真理观。①

尽管人类认知有限，但承认认知的有限性具有巨大的解放潜力。实践中多半采纳的是康德对认识局限性的解决方案。一旦宣布放弃绝对的法律知识，接受法律信息作为“自在之物”的杂乱无序和多样异质性，问题就不是法律关于 X 的“真正本质”是什么，而是变成在 X 情形下该怎么做。对于很多参与者而言，问题的焦点从理论理性或纯粹理性转向实践理性。于是，行动成为中心，而不是对真理的信仰。欧盟法院的诉讼也反映了这一点。欧洲法院在初步裁决程序中只关注潜在的实际问题，拒绝对假设问题进行裁决。判例推理也体现出实践理性的倾向，而不是纯粹理性。当一个判例的可适用性、时代性、原则合适性或效果遭到质疑时，法官可不遵循先例。同样，近来法学界也越来越关注问题导向的法律决策、法律管制、法律前提、法律原因、法律后果和法律实践，而不再痴迷于法律渊源及其法律意义这样高深莫测的领域。②

在具体的法律情形中该怎么做属于法律论证的任务。法律论证依靠

---

① Marc Jacob，Precedents and Case-Based Reasoning in the European Court of Justice：Unfinished Business，Cambridge University Press，2014，p. 48.

② Marc Jacob，Precedents and Case-Based Reasoning in the European Court of Justice：Unfinished Business，Cambridge University Press，2014，pp. 57 –58.

理性，本身就是规范性活动。[①] 具体的主张和请求会引起争辩，每一次争辩又会引起反驳。法律话语中的参与者经常强调法院应该做什么或不应该做什么，有的出于公平或义务，有的则出于对具体后果的考虑（政策、经验发现和功利主义）。这些都是在思考法律和法律实践时常见的考量因素。从这一角度看，法律和裁判既不是纯实践智慧也不是纯科学。判例亦是如此。[②]

雅各布认为，和法律方法的所有问题一样，判例归根结底还是实质性论述，不过判例也有自身的术语和技术。在整个过程中，法律推理仍然高深莫测。法律推理中没有明确的分野或逻辑证明，这并不是缺点，而是由于语言的丰富性、主题的复杂性和社会偏好的变化性产生的内在限制。[③] 人类其他活动领域也是如此。哲学、语言学、甚至自然科学领域都难以做到百分之百的“检验证明”。这并不是致命的缺点。相反，它赋予社会和政治生活以创新的空间，法律也能适应新的挑战和需求。在此，抛弃掉对认知完善的虚幻想象之后，反而更能明确努力的方向。法律方法论规则只是通过排除与当前不太相关的论证将规范性的内容形成条理化。关键不是找到“正确”答案，而是赋予判决以意义，从而总结推广、批评甚至修改判决。[④]

总之，雅各布的观点受伽达默尔解释学的影响，以人类的有限理性为基础，认为法律解释不具有终极性，仅具有相对性。

---

① See J. Raz，Interpretation Without Retrieval，in Law and Interpretation（A. Marmor ed.，Oxford University Press，1995），pp. 155，162，174.

② Marc Jacob，Precedents and Case-Based Reasoning in the European Court of Justice：Unfinished Business，Cambridge University Press，2014，pp. 57 –58.

③ See F. Müller And R. Christensen，Juristische Methodik：Grundlagen，Duncker & Humblot，Berlin，9th ed. 2004，p. 32.

④ See T. Sampaio Ferraz Junior，On Sense and Sensibility in Legal Interpretation，2 Rechtstheorie 139（2011）.

四、多元模式的意义与局限

多元模式视制定法和判例为法律信息，既克服了法律文本的专制，也避免了法律人的专制，强调立法者、法律文本和法律人之间的视域融合与互动，推崇理性权威。多元模式的先锋派意义是不言而喻的，不过其现实局限性也是明显的。

（一）多元模式的意义

多元模式的主要意义体现在以下四个方面：

第一，参与民主。在多元模式下，司法判决不是立法者、法律文本或法官等某一方的“专制”，而是强调多方共同参与。“自在之物”永远是单一的，而信息却允许观点的多元化。在这一模式下，法院在措辞和语境胶着的泥沼中寻找答案，并且给予每一个人尝试参与的机会。① 法院在关键（法律）话语中允许更广泛的公众参与，是社会交互的润滑剂，促进了和睦共处，体现了参与民主。

第二，法律自主。这种参与民主并非意味着法律方法或法律内容要淹没在无尽的政治话语、历史话语或哲学话语中。法律仍保持其独立的术语，容许现实主义但具有解放性的法律话语。可以运用法律论证在法官造法和对法官造法的不信任之间进行调解，而不是一味假装不存在法官造法或只承认法官造法是预先注定的。

第三，实践理性。多元模式关注的不是法律这个“物自体”，而是在某种情况下该怎么做，不是纯粹理性，而是实践理性。法律和司法裁判不是纯科学，也不是纯实践智慧，而是两者的结合。这一模式没有概念上的

---

① See Marc Jacob，Precedents and Case-Based Reasoning in the European Court of Justice：Unfinished Business，Cambridge University Press，2014，p. 34.

哗众取宠，法官可以远离妄自尊大的总体规划。纯实用主义路径（四元模式）虽然承认法官造法，但仅限于对造法现状的吹捧，判例之间经常自相矛盾，不能自圆其说，从而陷入了困境。要克服四元模式的缺陷，必须抵制历史宿命论，结合事实和规范的智慧，不预先排除任何可能的答案。这就是多元模式。概念主义、历史主义、实用主义等的解决方案都有可能成为答案，但哪一种都不是万能钥匙。[①] 以欧盟法院为例，法官必须对可诉的法律纠纷给出一个合乎逻辑的权威答案，不能以事实不明为由拒绝裁判。但这并非要求法院要将法律当作确定的或形而上的“自在之物”。鉴于“逻辑的简单明了”和“语言的丰富多彩”,[②] 不是法官“可能”在裁判中作出选择，而是“必须”作出选择。所谓的疑难案件和普通案件原则上并没有区别，无须采取根本不同的路径判案。当然，有人可能会说欧洲法院在Mickelsson 案[③]中对货物自由流动基本原则的阐述远不及Dassonville 案[④]中的首次论述富有创造性。但法律论证的关键是要充分，并非全面。如果一个理由就足以得出结论，那么则无须赘以十个理由加以论述。这就是判例的一大吸引力，降低复杂性，省略先前关于法律信息的艰难争论。[⑤]

第四，拓宽视界。在全球化的时代，不同的法律制度往往会遇到类似的问题，有很多案件面临的问题是相同的，他国的处理经验对本国有重大的参考价值。尽管不少案件的处理，背后有其意识形态，但也有很多案件的处理，与意识形态无涉。“有了比较法，法官就会扩展眼界与解释的视野，

---

① Marc Jacob, Precedents and Case-Based Reasoning in the European Court of Justice: Unfinished Business, Cambridge University Press, 2014, pp. 60 –61.

② See J. Stone, Precedent and Law, Butterworths, Sydney, 1985, p. 227.

③ Case C –142/05 Aklagaren v. Percy Mickelsson and Joakim Roos (Second Chamber) [2009] ECR I –4273.

④ Case 8 –74 Procureur du Rio v. Benoit and Gustave Dassonville [1974] ECR 837.

⑤ Marc Jacob, Precedents and Case-Based Reasoning in the European Court of Justice, Unfinished Business, Cambridge University Press, 2014, p. 55.

比较法会丰富法官的选项。”[1] 考察外国的判决，有助于法官选择最佳的本土解决方案。比较法会让法官认识到他们自己的法律制度的潜能，让法官知晓采取特定的法律方案可能会带来的成功与失败。比较法让法官考察待决问题的法律方案与其他法律问题之间的关系。因此，“比较法可以作为一位经验丰富的朋友”。[2] 以色列最高法院前院长巴拉克曾预言：“比较法会成为一种解释与发展法律的常规手段。”[3]

以我国宜兴冷冻胚胎案为例，该案虽然不是严格意义上的多元模式，但在一定程度上类似于多元模式。[4] 在本案中，2012 年 8 月，沈某、刘某要求在某医院施行体外受精—胚胎移植助孕手术。该医院在治疗过程中冷冻保存了 4 枚受精胚胎。9 月，沈某、刘某与该医院签订知情同意书，该同意书中明确，胚胎不能无限期保存，保存期满后如继续保存，需补交费用，否则不予保存，将丢弃胚胎。2013 年 3 月，沈某、刘某不幸同时死于车祸。4 枚受精胚胎仍在该医院冷冻保存。因对上述 4 枚受精胚胎的权属发生争议，沈某的父母起诉刘某的父母，认为其子沈某与儿媳刘某死亡后，根据法律规定和风俗习惯，胚胎应由其继承。一审法院判决驳回了沈某父母的诉讼请求。二审法院撤销了一审法院的原审判决，判决 4 枚冷冻胚胎由上诉人沈某的父母和被上诉人刘某的父母共同监管和处置。对于冷冻胚胎的法律属性及其是否可以继承，在现有法律中找不到具体条款，也就是说，这里存在法律空白或法律漏洞。如果难以界定冷冻胚胎的法律属性，也就难以确定冷冻胚胎是否适用继承条款。因此，冷冻胚胎的法律属性问题属于基础性问题，学术界对此问题有三种观点：一种观点认为胚胎属于物，可以继承；另一种观点认为胚胎是人，不存在继承问题；还有一

---

① ［以色列］巴拉克：《民主国家的法官》，毕洪海译，法律出版社 2011 年版，第 181 页。

② 同上书，第 186 页。

③ 同上书，第 282 页。

④ 该案之所以不是完全意义上的多元模式，是因为该案的判决没有直接引用国外的判例。

种折中观点认为，胚胎是介于人与物之间、具有潜在生命特质的“过渡存在”。二审法院受理该案后，多方搜集国内外相关资料，立刻翻译了国外的最新资料作为参考，[①] 如 2014 年年初美国得克萨斯州的类似案件。[②] 通过这些国外判例，开阔了法官的视野，有利于法官作出更为妥当的判决。

（二）多元模式的局限

多元模式以现代诠释学为哲学基础，颠覆了传统的主观决定论或客观决定论，而是将解释的过程视为一个主客体互动的过程。但是，正如现代诠释学的局限一样，多元模式也是有局限性的，主要包括：

第一，对不合理的传统过于保守。多元模式将所有的判例（无论多么古老的判例）都视为法律信息，却没有提供鉴别法律信息的标准。哈贝马斯就曾经批判伽达默尔太过于重视传统。现代诠释学过于注重传统，却没有给出如何走出不合理传统的路径。

第二，多元模式对于制度权威的过度解构，这其实是一种司法积极主义。如果把握不好，如同司法积极主义在当前各国的命运一样，多元模式有可能成为一个人人忌惮的负面词汇。

第三，在多元模式下，如果没有充分的法律论证，就难以保证判决结果的确定性和法律的可预见性。这种对确定性的消解需要充分的法律论证理论来弥补。

---

① 蓝天彬：《首例冷冻胚胎继承案主审法官谈“十年鲜见的好判决”怎样出炉》，载《上海法治报》2014 年 9 月 20 日。

② 在本案中，一对美国夫妇遇害身亡，生前并未就如何处置其在医院储存的 11 枚冷冻胚胎留下任何指示或遗嘱。这对夫妇的唯一法定继承人是一名两岁的男孩。负责审理该案的法官认为，在这名男孩年满 18 周岁之前，应由医院负责保管胚胎，待男孩 18 周岁之后，他将拥有胚胎的全部处分权利。See John A. Robertson, Two Year Old Boy to Inherit 11 Frozen Embryos, http://blogs.law.harvard.edu/billofhealth/2014/02/23/two-year-old-boy-to-inherit-11-frozen-embryos/, August 7, 2016.

第四，多元模式的现实运用具有相当大的难度。张志铭认为，迄今为止对法律解释的认识上，“视域融合说”还主要是一种智识领域的“先锋派”观点，一种借鉴其他学科的成果和术语分析法律解释问题的粗糙理论形态，难以成为一种可用于指导法律解释规范性操作的理论。[①] 多元模式以此为理论基础，当然也存在难以在现实中适用的问题。

① 参见张志铭：《法律解释学》，中国人民大学出版社 2015 年版，第 38 页。

第七章　法律解释权模式的演变规律及其对我国的启示

一、法律解释权模式的演变规律

法官法律解释的各种权限模式，关涉“纸面上的法”与“行动中的法”之间的关系：一般而言，当法官法律解释权较小、较弱时，当强调理性主义时，当追求立法至上和法律的确定性时，当注重形式正义时，“纸面上的法”大于、强于“行动中的法”，法律解释的方法和范围受到较大的拘束；反之，当法官法律解释权较大、较强时，当怀疑理性主义时，当强调司法的职能和法律的适用性、变动性时，当注重实质正义时，“行动中的法”大于、强于“纸面上的法”，法律解释的方法和范围受到较小的拘束。

从“大历史”（macro-history）① 的角度看，法律解释权模式还具有以下演变规律：（1）判例地位的变化规律；（2）法律解释权的现实映照规律；（3）法律解释权模式的理论基础变迁规律；（4）法律论证强度变化规律。

---

① “大历史”是黄仁宇所使用的一种研究视角。黄仁宇认为，“历史的规律性，有时在短时间尚不能看清，而需要在长时间内大开眼界，才看得出来。”参见［美］黄仁宇：《万历十五年》，生活·读书·新知三联书店2008年版，第362页。

（一）法律解释权模式与判例地位变化规律

宏观上，随着法官法律解释权限的变化，判例的地位也是不尽相同的。在一元模式下，认为法典万能、成文法完美无缺，无须诉诸判例或其他法源，仅允许法官机械司法或严格按照法律的字面含义进行解释。判决就是法律条文的誊写，应恰如其分地反映法律。“判决就是判决”，无所谓“判例”存在。因此，没有判例的地位，可以将判例地位赋值为0。在二元模式下，允许法官进行除文义解释之外的其他法律解释方法，判决是法律解释的载体，但判决本身不是法律，至多是典范，不过典范具有重要的参考价值。判例体现了法官对法律的看法，但司法判例的效力不能延伸到相应案件之外，后来的法官不能依照前任法官的判决作为定案的根据。因此，有判例的存在，但没有法律效力。不妨将二元模式下判例地位赋值为0.2。在三元模式下，法官的法律解释和法律续造都是合法的，判例作为法律解释和法律续造的载体，具有最强的约束力，下级法官必须遵守。法官可以进行法律续造，即“法官造法”，但它是依托于具体案例的“判例法”进行的。在普通法法系，这种判例本身就是法律。在民法法系，这些“判例法”虽然不是正式的法源，但却具有“事实上的拘束力”。在此情况下，“判例法”具有精确法律规则、统一裁判尺度、拘束自由裁量的三重功能。“判例法”就是让法官“作茧自缚”，约束后来的法官。因此，判例的地位是相当高的，可以将该模式下判例的地位赋值为1。在四元模式下，法律文本的含义取决于法官，即终极权威是解释者而不是法律文本或立法者。法官的权力非常大，判例的约束力反而减弱。法官作为解释者弱化先例中的权威色彩，把遵循先例当作一个政策，而不是一种义务，较之于三元模式，判例的地位有所下降，但仍具有约束力，比二元模式下判例的地位高，不妨将这种模式下判例的地位赋值为0.8。在多元模式下，制定法是重要的法律信息，判例也包含和产生法律信息，只不过判例与判例之间是平等的。判例是法律信息，这意味着判例没有正式的约束力，只有说服力。可见，较之于四元模式，判例的地位有所下降，但仍比二元模式下判例的地位高，不妨将这一模式下判例的地位赋值为0.5。由此，法律解释权模式与判例地位变化之规律可以画出如图6所示的一条变化的曲线。

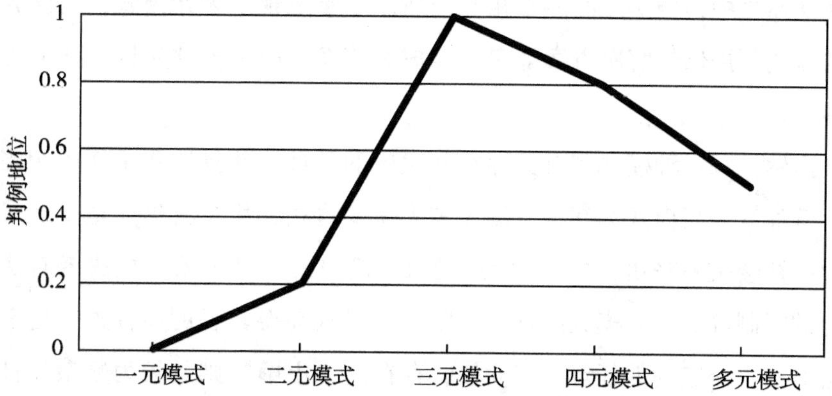

图6　法律解释权模式与判例地位变化规律

（二）法律解释权模式现实映照规律

从宏观的角度看，从一元模式到多元模式，这五种模式在现实中的映照，大体上呈现一定的规律①。这一规律就是：一元模式到多元模式的现实映照呈现出时间上的先后递进规律。根据出现时间的先后，一元模式的现实映照出现得最早，多元模式的现实映照出现得最晚。

之所以如此，是因为人们的认识有一个历史发展和逐步深化的过程。在一元模式盛行之时，人们认为人的理性可以设计出完美的法典。但是，实践证明，这一观念太过于理想化，于是就允许法律解释，出现了二元模式，但仍不允许法官在法典之外另觅法源。社会的分化和发展超出了人们的

① 这一规律也可能有个别例外。

预料，实践证明，法典仍有缺漏，于是就不得不允许法官在法律之内的续造，随之出现了三元模式。但在美国，由于特殊的文化和宪法背景，在实用主义的指导下，更重视经验而不是逻辑，法官获得了“法外造法”的权力，这就是四元模式。但四元模式的问题在于，陷入了对法官造法现状的盲目吹捧之中，判例之间经常相互矛盾。于是出现了多元模式，它认为前面的模式所提供的解决方案都有可能成为答案，而不再预先排除任何可能的答案。

当然，每一种模式都有其存在和生效的条件，并且这些条件也相当复杂。例如，一元模式的存在，需要较为完备的立法甚至法典（至少是对于当时的社会关系来讲，立法较为完备）、简单的社会关系、立法者对法官权力的限制等。二元模式的存在，除一元模式需要具备的条件外，还需要社会对法官一定的信任等。三元模式存在的“土壤”则是较为复杂的社会关系、立法者对自己立法能力有限性和人类理性不足的认知、社会对法官的信任、较高素质和能力的法官等。四元模式存在的“土壤”，除了与三元模式相同的“土壤”外，还要有实证主义自然法的哲学传统。多元模式存在的“土壤”，除了与三元模式相同的“土壤”外，还要具备现代诠释学的哲学背景。

诚然，人们的认识也不是整齐划一的，各国的具体国情、宪法理念、司法传统、主流哲学思想等差异甚大。因此，现代各国所采用的模式也并非都是后面的模式（四元模式、多元模式），但大多数国家实际上都在采用三元模式。这是因为，一元模式和二元模式的理想已经破灭，而四元模式、多元模式又过于激进，三元模式则是一个折中。

（三）法律解释权模式理论基础变迁规律

从一元模式到多元模式，这五种模式的理论基础大体上也是向前进化的：一元模式的理论基础在早期是古典自然法学派的理性主义。但是，随着实践的发展，古典自然法学派的基础——理性受到质疑，自然法的不确切性受到批判，实证主义在批判自然法学派中兴起了，自然法学派衰落了。实证主义将法律与道德相分离，在法律内部寻找法律的效力来源。早期的实证主义，即实证主义中的形式主义（分析法学、注释法学、历史法学、概念法学等）是二元模式的理论基础，它追求法律的确定性与安定性，却忽略了某些个案的公正。于是法律实证主义中的实质主义（科学法学、利益法学、价值法学等）登上历史舞台，此即三元模式的理论基础。但无论是欧洲法律实证主义中的形式主义，还是法律实证主义中的实质主义，都是以三段论逻辑推理为基础的，这遭到了美国法律实用主义的批判。法律实用主义追求的主要是“解决问题”，更重视“经验”，法官的权力极大，可以“法外造法”，但法官的造法不是漫无边际的，是受自然法的界限制约的。因此，四元模式的理论基础是“实用主义自然法”。一元模式和二元模式是“法律决定论的思维模式”，四元模式是“法官主观论的思维模式”，三元模式则在这两者之间，且偏向“法律决定论的思维模式”一端。在批判“法律决定论的思维模式”与“法官主观论的思维模式”的同时，现代诠释学崛起了，它追求的是立法者、法律文本和解释者三者的“视域融合”和共同决定。这是多元模式的理论基础。对此，前面第一章至第五章的“理论基础”部分已有详细论述。总之，五种法律解释权模式理论基础的进化与变迁深刻反映了人类对自身理性和认知的不断批判与反思，在这个不断探索和修正的过程中，人类的终极目标是对法治的美好追求。

（四）法律解释权模式与法律论证关系规律

法官在解释法律的过程中，经常要在相互冲突的解释方案中作出选择，为了使最后的判决结果能够为人们所接受，他们就需要对其解释进行说理、辩护，即法律论证。法律论证是法律人的武器。法律论证的过程是由说理来组织和推进的。法官作为法律人，必须举出经得起批判和推敲、具有法律论证逻辑、令人信服的理由。法理论证的含义就是法官通过说理，使人们确信他的法律解释甚至续造、法律评价、判决结果是合理的。①法律论证要以佩雷尔曼所说的假想的、理想的“普泛听众”为说服对象，这就意味着，法官在判决书中对法律疑难问题的解释与处理，要接受开放的法律共同体乃至历史的检验。

尽管所有的法律解释都需要论证，但解释者的论证义务并非都是相同的，它随着解释的对象、解释的方法以及解释过程的推进而负有不同程度的论证义务。这种情况又称为“论证程度上的分化”。随着法律解释权限的扩张，法律论证义务随之增强。这是因为，法官的权力越大，越能脱离法律文本进行裁判，则越要通过法律论证来证明其判决的正当性、合理性。简言之，在一元模式下，法律论证的义务最低；在二元模式下，法律论证的义务增强；在三元模式下，法律论证的义务进一步增强；在四元模式下，法律论证的义务再进一步增强；而在多元模式下，法律论证的义务最重。如图 7 所示：

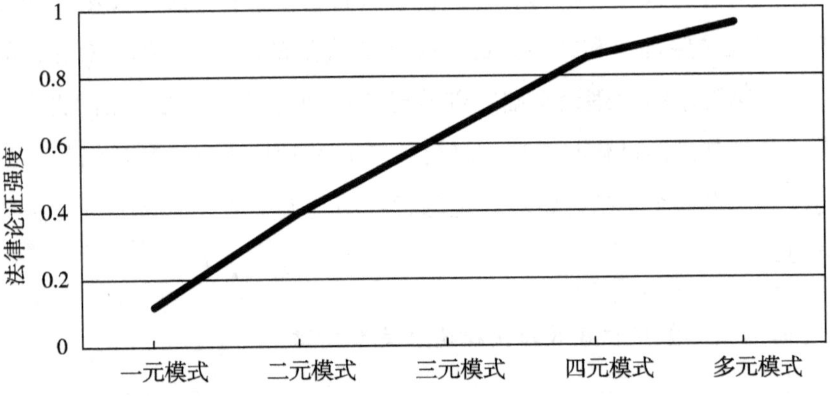

图 7　法律解释权模式与法律论证强度之间的关系

① 参见郑成良主编：《法理学》，清华大学出版社 2008 年版，第 282 ~283 页。

为什么会出现以上论证义务逐渐增强的趋势呢？这是因为，法律解释权模式就是法官法律解释权限的模式，从一元模式到多元模式，这五种模式的排列就是根据法官法律解释权限的大小，从小到大进行排列的。法官法律解释权限越大，司法权的功能越强，越需要对其加以限制，法律论证义务就是对法官施加限制的一个重要方式。

二、五种法律解释权模式之间的关系

这五种法律解释权模式之间是何关系？是递进关系？跨越关系？还是平行关系？以及是否存在一定程度的回归（倒退）？厘清这五种法律解释权模式之间的关系，有助于深化我们对每一种模式的认知。

（一）各法律解释权模式在历史进程上的递进关系

从跨越国别的历史的角度看，从一元模式到多元模式，这五种模式具有一定的递进关系。

首先，如前所述，这五种模式的现实映照规律大致是，根据其发生的时间，排在前面的模式在现实中的映照出现较早，排在后面的模式在现实中的映照出现较晚。因此，这五种模式在时间上呈现出一种递进关系。

其次，从这五种模式的理论基础看，人类的认识也是向前发展的。从相信和崇拜人类的绝对理性，到怀疑和质疑人类的理性；从立法万能，到认识到立法者的局限；从追求形式正义，到追求实质正义；从不信任法官，到信任法官；从立法中心主义，到司法中心主义……人们对于法与法治的认识愈加深刻，因而呈现一定的递进关系。

再次，从司法解释权限大小的角度看，这五种模式也呈现一定的递进关系。一元模式下法官的解释权最小，之后逐渐增大，直至多元模式，法官的解释权最大。

最后，从法律论证义务的角度看，从一元模式到多元模式，法官的法律论证义务也是递增的。一元模式下法官的法律论证义务负担最小，之后逐渐增大，直到多元模式，法官的法律论证义务负担最大。

不过，从判例地位的角度看，从一元模式到三元模式，判例的地位递增，但之后却又出现了下降的趋势。可见，这五种模式的递进关系并不是绝对的。

此外，从某一国家或地区的角度看，这五种模式未必呈现出一种递进关系，而可能出现跨越关系、回归（倒退）关系或者其他。换言之，从某一个国家（地区）司法解释权的角度看，并不都是从一元模式到多元模式逐渐自然演进的，其既有可能出现跨越，也有可能演进到某一点（模式）后戛然而止，[①] 更有可能出现倒退或回归。

（二）少数国家法律解释权模式的跨越关系

从某一个国家或地区司法解释权的角度看，则有可能出现跨越式发展。例如，在法国，就没有出现一元模式，而是鉴于普鲁士《腓特烈大帝法典》的教训，直接采用了二元模式。但法国也并非终止于二元模式，在特定情况下，也有可能采用三元模式。在前文中笔者介绍了二元模式在法国民法典时代的现实映照，旨在表明法国主要采用的是二元模式。但现实毕竟是复杂的，这并不意味着，在所有情况下，法国都是二元模式。

有资料表明法国在某些情况下也采用三元模式。法国学者的传统就是致力于法律概念的系统化，运用了不同的分类方法来描述各种制定法解释方法。例如，吉恩·卡博尼尔（Jean Carbonnier）将制定法的解释方法分为注释解释方法、社会目的解释方法和自由科学研究方法。[②] 勒内·达维

---

① 如德国，其在普鲁士时代是一元模式，在《德国民法典》早期采用的是二元模式，现在则是三元模式，此后，尚未向后面的模式演进。

② Claire M. Germain, Approaches to Statutory Interpretation and Legislative History in France, 3 Duke Journal of Comparative & International Law 201 (2003).

德（René David）则将制定法的解释方法分为语法解释、逻辑解释、历史（包括立法史）解释和目的解释。阿尔弗雷德·瑞格（Alfred Rieg）区分探求立法机关意图的解释方法和探求法律的社会目的解释方法，认为前者特别适合新法，后者尤其适合旧法。[①] 如今，法国法官运用上述各种方法解释制定法。法官有时大胆解释法律文本，甚至解释的结果与原法律条款的文义相反。有时法官又按字面文义解释法律条款。法官总是努力在他们适用的法律与变化的时代和需求之间寻求平衡与和谐。法官习惯于解释法律并将其适用于每一个案件。他们更多考虑的不是解释方法，而是合理的、衡平的、道德的和社会的需求。[②]

跨越式发展肯定了法律移植的可能性。这对某些法治后发国家的启示是，他们有可能吸取他国的教训，直接采用某种模式，而不是必须从一元模式起步，然后二元模式，再三元模式……这既不现实，也不必要。

（三）个别国家法律解释权模式的回归（倒退）关系

正如历史有时会出现倒退一样，[③] 这五种模式也有可能出现“倒退”，由于这种“倒退”具有正面意义，因此，不妨称之为“回归”。

例如，在德国纳粹时期，法官扮演着“准立法者”的角色，具有立法审查权，即对纳粹执政前既存的法律，只承认那些符合纳粹价值观的法律，反之，则不予承认。[④] 纳粹司法的一个显著特点是并不采用拘束于制

---

① Claire M. Germain, Approaches to Statutory Interpretation and Legislative History in France, 3 Duke Journal of Comparative & International Law 201 (2003).

② Claire M. Germain, Approaches to Statutory Interpretation and Legislative History in France, 3 Duke Journal of Comparative & International Law 201 (2003).

③ 例如，在资产阶级革命过程中，经常出现封建王朝的复辟，如波旁王朝的复辟、斯图亚特王朝的复辟，以及中国袁世凯的“洪宪帝国”。

④ 参见顾祝轩：《制造“拉伦茨神话”——德国法学方法论史》，法律出版社2011年版，第70页。

定法的自动涵摄模式，将自己限定在严格的逻辑方法之中，而是在法律适用中通过大胆使用一般条款，通过类推适用、法律更正等手法，频繁地实施反实证主义的司法操作。[①] 这超出了三元模式，类似于四元模式。纳粹倒台后，德国司法操作有所收缩，向二元、三元模式回归。

又如，美国自斯卡利亚大法官入主联邦最高法院后，“新文本主义”的制定法解释方法逐渐成为法院经常使用的解释方法，[②] 这就是一种回归。

如果过早地采用了某种模式，并被实践证明其不可行，则可能会出现法律解释权模式的倒退或回归，这是一种明智之举。

（四）各法律解释权模式在现实中的平行关系

从当今世界各法院体系的实践看，从一元模式到多元模式，这五种模式中的某几种在现实中都有其映照，因此，可以说它们也是一种平行式。

尽管很难说某个国家还在采用一元模式，但一元模式在现实中还是有其应用的。此外，也有一些国家在采用二元模式，更多的国家采用三元模式，美国则盛行四元模式，欧盟法院在一些案例中则采用多元模式。

（五）五种法律解释权模式关系的复杂性与规律性

由上可见，五种法律解释权模式的关系是复杂的，而这源于世界的复杂性。尽管这五种模式的关系很复杂，但还是具有一定的规律性，尤其是呈现明显的递进性。同时应该看到，这五种模式还具有跨越关系、回归关系和平行关系。总之，这个世界充满了矛盾，充满了矛盾的辩证法。具体到某一个国家，究竟采取何种模式为宜，不能一概而论，应该具体问题具体分析。

---

① 同上书，第82页。

② See Jonathan T. Molot，The Rise and Fall of Textualism，1 Columbia Law Review（2006）.

三、法律解释权模式的演变规律对我国的启示

在哲学意义上，规律反映了事物之间的内在必然联系，体现了事物从“原初状态”到“最终状态”的基本路线图。规律具有重复性、普遍性、客观性等特征，因而具有指导性。人类活动要想取得成功，达到预期目的，就必须认识规律，尊重规律，按规律办事。分析、论证这五种法律解释权模式以及它们之间的关系和规律，最终的现实目的还是为我国司法解释权模式的完善提供智识支持。

（一）我国司法解释权的现实路径

我国当前的司法解释权的表现形式是最高人民法院制定的抽象司法解释，我国是不承认法官在个案中的具体司法解释的。最高人民法院的抽象司法解释具有历史必然性，也具有合理性。

中华人民共和国成立伊始，“六法”已废，新法未立，法院又不得不处理纠纷，在立法缺位的情况下，最高人民法院通过发布一系列规范性文件指导各级人民法院的工作。加之当时“革命法制”的特点，法院的工作具有极强的政策性。在大量的实体法规范缺失的情况下，当时主要依靠原则性规定、政策、习惯和习俗来处理纠纷。这一时期最高人民法院发布的规范性文件，大多是依据当时的政策作出，既在解释政策，其实也在创设法律。1954 年，全国人民代表大会成立后，新中国的法律体系不可能在短期内建成，当时的法律缺位极为严重。为此，《全国人民代表大会常务委员会关于解释法律问题的决议》（1955 年 6 月 23 日通过，目前已失效）明确授予最高人民法院审判委员会以抽象司法解释的制定权。

改革开放后，我国立法步伐加快，但在“宜粗不宜细”的思想指导下，立法较为原则和粗放，最高人民法院仍不得不继续通过抽象司法解释细化法律的规定，以指导各级法院的审判工作。因此，《全国人民代表大

会常务委员会关于加强法律解释工作的决议》（1981 年 6 月 10 日通过）将抽象司法解释权授予了最高人民法院（不再是最高人民法院审判委员会）。1979 年的《人民法院组织法》第 33 条也为最高人民法院的抽象司法解释的制定权提供了法律依据。

2006 年全国人大常委会通过的《各级人民代表大会常务委员会监督法》第 31 条规定，最高人民法院作出的属于审判工作中具体应用法律的解释，应当自公布之日起三十日内报全国人民代表大会常务委员会备案。显然，立法机关仍然承认最高人民法院的抽象司法解释的制定权，而其背后的基础则是立法的空洞、粗放和原则化。

最高人民法院的抽象司法解释在当时的历史背景下履行着细化法律、创制法律、发展法律的功能。最高人民法院的抽象司法解释，大部分都是基于审判实务中的“具体应用法律问题”而产生的。它们往往既源于实际个案，又超越实际个案。最高人民法院通过抽象司法解释，细化、丰富和扩大了法律的意义空间，甚至在无法可依的时候创设法律规则。在中国的经济、社会转型以及法治化的进程中，抽象司法解释起到不可或缺的、甚至是举足轻重的作用，有利于司法裁判尺度的统一。①

但是，还应该认识到，尽管这些抽象司法解释具有一定的历史合理性和法律合法性，但这并不意味着在任何条件和境况下，这些抽象司法解释都是合理的。事实上，最高人民法院的抽象司法解释存在一些不可忽视的问题，概言之，它们主要有：②

第一，抽象司法解释行使的其实不是司法权，而是立法权。抽象司法解释有侵犯、僭越立法权之嫌。我国大部分抽象法律解释（主要是“解释”和“规定”）都是按照“总则—分则—附则”的逻辑结构进行排列，

---

① 沈岿：《司法解释的“民主化”和最高法院的政治功能》，载《中国社会科学》2008 年第 1 期。

② 参见徐凤：《我国法院司法解释制度的反思与完善》，载《法学杂志》2016 年第 5 期。

它们并不是在重述法律的规定，而是在法无具体规定的情况下，根据法律的原则和精神，创设规则，并且是脱离个案的、系统化和体系化的规则创制。这种抽象司法解释，俨然是在行使立法权。

第二，抽象司法解释存在制定者的信息不足与知识缺陷问题。一方面，法官不是民意的代表，无法吸收和代表选民的意愿；另一方面，法官的工作方式和场所，决定了其无法切实而深入地全面了解社会现实问题。因此，“法官不是一个合适的造法者”。[①] 法官只能在个案中释法造法，发展法律，却并不擅长系统化、体系化的立法。系统化、体系化的立法只能通过民主科学的立法程序予以完成，不能由抽象司法解释越俎代庖。

第三，抽象司法解释存在过度贬损或消解立法权威与智慧，过度张扬抽象司法解释制定者的制度建构能力的问题。立法经常使用不确定性之法律概念，从而使法律存在一定的模糊性。恩迪科特认为，模糊性是法律的一个基本特征。尽管并非每一项法律都必定是模糊的，但是法律制度必定存在模糊的法律。[②] 法律语言是精确性语言和模糊性语言的集合。在法律语言中，精确词语的使用无疑保证了法律语言的准确性，但在特定情况下，模糊词语的使用则会使法律具有更强的适用性和生命力。[③] 因此，法律中存在的空白与模糊，并非全部都是立法者的视野疏漏或能力欠缺造成的。对于一些立法时难以取舍的制度安排，法律保持一定的弹性以适应社会变动，有时是一种具有远见的立法智慧。[④] 那种迫不及待要用统

① 苏力：《司法解释、公共政策和最高法院——从最高法院有关“奸淫幼女”的司法解释切入》，载《法学》2003 年第 8 期。

② ［英］蒂莫西·A. O. 恩迪科特：《法律中的模糊性》，程朝阳译，北京大学出版社 2010 年版，第 239 页。

③ 徐凤：《法律语言的模糊性及其克制》，载《首都师范大学学报》（社会科学版）2013 年第 1 期。

④ 陈甦：《司法解释的建构理念分析——以商事司法解释为例》，载《法学研究》2012 年第 2 期。

一的抽象司法解释去填补立法留下的模糊空间的行为，恰恰违反了立法者的原意。[①] 根据立法学原理，立法者在对我国社会实际生活中尚未发生的行为进行规范时，可以借助域外经验预设“情形假定”，然后对假定的情形设定行为规范。在抽象司法解释体系化建构过程中，难免会利用此种“情形假定”，但当引入社会生活中尚未发生的情形假定越多时，其偏离立法本意的可能性就越大。[②]

第四，抽象司法解释弱化甚至侵犯了下级法院的自主性，变相侵犯甚至剥夺了当事人的上诉权利。由于最高人民法院过于积极地以“解释”“规定”“批复”“决定”等形式进行抽象司法解释，下级法院法官在审理案件的过程中，一旦遇到疑难法律问题，他们常常不是积极地解释法律，用法律解释和漏洞填补的法律方法消除法律之间的冲突甚至填补法律的漏洞，而是动辄就向上级法院进行请示，甚至层报至最高人民法院，以便按上级法院甚至最高人民法院的“意思”进行判决，以避免自己的判决被上级法院改判。长此以往，一审法院的主审法官就丧失了自己的独立判断，丧失了审判的独立性，并在实质上改变了上下级法院之间的关系。[③] 最高人民法院常常对许多本来十分明确的法律条文进行重复性的“解释”，“几乎把我国的法官的理解能力假定为小学生水平，简直令人诧异”。[④] 抽象司法解释的存在，一方面怂恿和培养了下级法院法官的惰性和依赖性，无助于法官素质的提高，甚至有侵犯下级法院独立审判权之嫌；另一方面也变相地侵犯了（甚至可以说是剥夺了）当事人的上诉权利，使上诉制度流于形式，形同虚设。

第五，在某种意义上，抽象司法解释间接导致了下级法院的法官对权

---

① 参见蒋集跃、杨永华：《司法解释的缺陷及其补救——兼谈中国式判例制度的建构》，载《法学》2003 年第 10 期。

② 陈甦：《司法解释的建构理念分析——以商事司法解释为例》，载《法学研究》2012 年第 2 期。

③ 参见吴秋萍：《立法解释与司法解释的运行及反思》，载《学理论》2014 年第 1 期。

④ 陈兴良：《司法解释功过之议》，载《法学》2003 年第 8 期。

利保护的漠视。由于抽象司法解释泛滥，下级法院的法官经常奉行司法消极主义，他们怠于思考和运用法律解释和漏洞填补的法律方法解决审判过程中遇到的实际问题，而是往往被动地坐等抽象司法解释的颁布和出台。在一些复杂的社会关系（如证券纠纷领域）和新兴权利领域，有的法院在司法解释没有颁布时，甚至会以“没有司法解释”为由，通过各种方式，直接或变相地拒绝受理和审理案件，漠视公民权利保护的诉求。

第六，抽象司法解释导致了它与立法空洞化、立法不作为之间的恶性循环。根据博弈论的理论，正因为立法者在立法时预测到最高人民法院会出台相关的抽象司法解释进行补充立法和细化，因此，会在立法时倾向于原则性立法和宣示性立法。例如，我国《反垄断法》第50条规定：“经营者实施垄断行为，给他人造成损失的，依法承担民事责任”。这种立法技术将法律仅仅视为是一种姿态，一种原则，而不是一种规则。规则是有待最高人民法院的抽象司法解释予以实现的。如果没有相应的司法解释，受害者的权利往往是没办法获得保护的。因此，才有了最高人民法院的第一个反垄断司法解释——《最高人民法院关于审理因垄断行为引发的民事纠纷案件应用法律若干问题的规定》（2012年5月8日发布）的出台。而在美国，其早在1914年制定的《克莱顿法》第15条就对反垄断诉讼详细规定了起诉的地点（管辖）、赔偿请求权人、赔偿范围、法官裁判时的考虑因素、损失的计算、各州检察长提起的公益诉讼、诉讼时效等，可操作性强。当事人起诉有法可依，有法能依。鉴于此，《中共中央关于全面推进依法治国若干重大问题的决定》提出要“推进立法精细化”，这为我国未来的立法工作指明了方向。“抽掉了抽象司法解释这根拐杖，反而更能促进我国未来的立法精细化。”①

抽象司法解释不能取代立法对包括法律规则、原则与政策在内的综合

① 徐凤：《我国法院司法解释制度的反思与完善》，载《法学杂志》2016年第5期。

的理性建构。依德沃金之见，法律具有整全性，它包括规则、原则和政策。[①] 遗憾的是，抽象司法解释作为对具体适用法律问题的体系化，是无法提供抽象化的基本法律原则的，而这只能是立法的任务。例如，2015 年 8 月 6 日，最高人民法院发布的《最高人民法院关于审理民间借贷案件适用法律若干问题的规定》，勇于突破陈规、大胆创新，在民间借贷的利息以及企业拆借合同效力方面具有重大突破，这对于在新形势下缓解中小微企业融资难、发展民间金融具有积极意义。但是，该司法解释却无法提炼、抽象和提供引导民间借贷与民间金融发展的基本法律原则，它不能取代对民间借贷的立法。遇有疑难复杂案件时，法官还得求助于基本法律原则，然而，由于抽象司法解释的扩张和立法的不作为，法官无处寻觅该基本法律原则。基本法律原则具有克服成文法局限性的功能，缺失基本法律原则的抽象司法解释，不能构成一个完整的法律。过于泛滥的抽象司法解释及其导致的立法不作为，可能会使法官在遇有疑难案件时，找不到基本法律原则。在这种情形下，如果法官机械地适用抽象司法解释的具体规定，有时可能得出违反公平正义的判决结果。

（二）我国司法解释权的反思与完善

2008 年以来，最高人民法院"解释"形式的抽象司法解释的数量在 15 至 30 件，在 2016 年甚至达到了峰值（30 件），参见表 3。最高人民法院并没有减少抽象司法解释的迹象和意识。

表 3　最高人民法院"解释"形式的抽象司法解释的数量（2008 ~ 2018 年）

年度	2008	2009	2010	2011	2012	2013	2014	2015	2016	2017	2018
司法解释数量/件	18	21	15	23	24	28	15	24	30	23	22

① Ronald Dworkin, The Model of Rules, 14 The University of Chicago Law Review 29 (1967).

在此背景下，笔者主张，我国应抑制和逐步减少最高人民法院的抽象司法解释。司法解释之所以不能脱离个案，概言之，其理由在于：(1) 脱离个案的司法解释，有侵犯和僭越立法权之嫌，其制定程序不如立法程序严谨、科学和民主。(2) 抽象司法解释的制定主体虽具有熟悉审判业务的优势，但其信息来源与知识构成决定了其只能基于个案进行司法解释，而不能脱离个案进行规范性文件的创制。(3) 抽象司法解释过于限缩了下级法院法官的自由裁量权和法律解释权，抑制了法官的主观能动性和创造性。(4) 抽象性司法解释与立法机关的“宜粗不宜细”原则性立法形成恶性循环，不利于立法精细化。(5) 很多司法解释的法理性缺失。很多司法解释在相当程度上只不过是一种司法政策而已，其中更被强调的不是法理上的融通无碍以及借助原则和逻辑的和谐演绎，而是实践的绩效以及“目的—手段”式的政策性思考。[①] 司法随政治起舞，失去了其中立性。(6) 抽象司法解释尽管是对粗放的立法进行细化，但它毕竟是抽象的，精确性依然不及具体司法解释。有时还需要法官在具体裁判中进行再解释。

法院作为社会合法性的提供者，不宜通过抽象司法解释来提供，而应通过具体个案中的司法解释来提供。但是，鉴于我国法官队伍整体素质不高，以及立法空洞化较为普遍，规范与事实之间的矛盾较为突出的现状，我们还不宜立即“叫停”最高人民法院的抽象司法解释，不过应该抑制和逐渐减少最高人民法院的抽象司法解释，尤其是“解释”形式的抽象司法解释。在抑制和减少抽象司法解释后所留下的空白，一方面应该由精细化的立法来填补，另一方面应该由具体司法解释来弥补，即应允许法官在个案审判中的具体司法解释。

之所以提倡法官基于个案的司法解释，主要原因包括：

---

① 参见季卫东：《法治构图》，法律出版社 2012 年版，第 390 页。

第一，司法裁判权隐含了法律解释权。“在司法裁判过程中，对于任何一个裁判者来说，法律解释都是实现其裁判的一种基本需要。”[①] 实践已经证明，法官不是孟德斯鸠所说的立法者的嘴巴，在不添加自己的意思的情况下，仅说出法律中的语句就可以完成裁判的任务。[②] 法律经常是模糊的，只有具体到个案中才能最终确定其精确的含义。如果法官没有司法解释权，就无法完成司法裁判的任务，因此，赋予法官司法裁判权的同时，就赋予了法官法律解释的权力——只是法官的法律解释不能超越必要的界限。因此，法律解释权是法官司法裁判权的应有之义，司法裁判权隐含了法律解释权。换言之，法律解释权是司法裁判权隐含的、不言自明的一种权力。

第二，法官从事基于个案的司法解释具有知识与信息优势。审判法官了解手头上案件的具体情况，能将各种法源和理论资源具体运用于手头的案件，以寻求最佳的解释和解决方案。而最高人民法院推行的司法裁判文书的公开和上网以及“智慧法院”的建设，则在互联网和人工智能的背景下，为法官搜索和了解相同或相似案件提供了有利的技术条件。

第三，有利于发挥法官裁判的主观能动性、提高法官的职业素养。遇有疑难案件，由于不能动辄请示上级各种形式的“司法解释”，法官不得不上下求索，求诸各种理论解说和司法判例中的说理，并基于手头案件的具体情况进行反思、比较，以寻求最佳解释答案和处理结果。由于担心其解释会被上级法院推翻，因此，下级法院的法官不得不进行认真的研究和充分的说理论证以证明其正确性。长此以来，我国司法判决书的说理会被加强，我国法官的整体素质会得以提升。进一步而言，法官基于个案的司法解释能够使法官获得成就感和荣誉感，有利于提高法

① 张志铭：《法律解释学》，中国人民大学出版社 2015 年版，第 168 页。

② 参见［法］孟德斯鸠：《论法的精神》（上卷），许明龙译，商务印书馆 2012 年版，第 188 页。

官的能动性。

第四，法官基于个案的司法解释能够充分展开论证。由于抽象司法解释具有规范性文件的性质，不可能展开充分的说理、论证，即使是制定者通过新闻发布会或者编写相关司法适用丛书的形式进行一定程度的说理，也经常陷入泛泛而论，针对性不强，难以对各种可能的解释进行充分的比较。更何况，以“司法适用丛书”的形式进行说理，并无相应的法律依据。而基于个案的司法解释，主要是针对具体个案，法官可以在判决书中展开充分的说理，对各种可能的解释进行充分的比较，论证其为何选择这样的解释而不是那样的解释。这样经过充分论证说理的判决书也更加具有说服力，以理服人，更能起到定分止争、息讼的效果。

第五，法官基于个案的司法解释更具象、形象和精确。事实上，判例的重要价值就在于对法律文本的精确映射。“从本质上说，由普通法先例中获得的规则甚至比从制定法或法典中发现的最具体的法律概念还要细致。”①

法官在个案审判中的具体司法解释有广义和狭义之分，广义的司法解释还包括法官造法。那么，在允许法官在个案审判中的具体司法解释之后，我国属于哪一模式呢？借鉴哈特的方法，可以从法律解释权模式的内部视角（an internal point of view）和外部视角（an external point of view）两个方面对此进行分析。②

1. 从内部视角看

从内部视角看，一元、二元、四元和多元模式都不是我国司法解释权的理想模式，三元模式才是我国司法解释权的理想模式。原因如下：

---

① Richard B. Cappalli, At the Point of Decision: the Common Law's Advantage over the Civil Law, 12 Temple International and Comparative Law Journal 87 (1998).

② 在哈特之前，法律实证主义由于受到科学主义思潮的影响，都是从“外部视角”观察法律。自哈特以来，法律实证主义开始从“内部视角”研究法律。

第一，一元模式视法官的判决为法律严格之复印，不允许法官添加任何个人意见，这在当下经济与科技发展日新月异、社会关系日益复杂、新类型案件不断涌现的中国，是不现实的。但一元模式坚持的“对明确的法律条文必须无条件遵守”，反对法官过度解释，要求法官必须严格适法的精神还是有积极价值的。

第二，二元模式肯定法官在不逾越法律条文文义的范围内进行法律解释，这对既维护法律的安定性，又使法律适应不断变化的社会而得以发展是有积极意义的，应予以肯定。但这种模式过于坚守法律的安定性，当穷尽所有的法律解释方法仍不能使案件的解决合乎法律人心中的公平正义时，二元模式面临不得不牺牲个案的公正为代价以维护法律的安定性的尴尬境地。而如果在二元模式的掩饰下实质性地行使造法职能，那么这实际上就是三元模式甚至是四元模式。此外，二元模式不利于新型权利的保护，不利于能动司法。如果一切权利保护都坐等立法机关立法的话，会造成正义的迟到。法官不可避免地既为解释者又为造法者。因此，二元模式也不是我国应有的法律解释权模式。

第三，四元模式以判例法为基础，不利于提高法律的系统性，它适合于奉行实用主义的普通法法系国家（美国），而我国则更倾向于民法法系的系统化传统。四元模式之下，法官权力过大。而在我国，由于各方面条件的限制（待后详述），目前还不能赋予法官太大的权力。因此，四元模式不适用于当下的我国。

第四，多元模式一方面过于激进，法律解释的结果变动性强，法律的稳定性弱，不利于形成稳定的预期，它仅是一种智识领域的“先锋派”观点，只是一种有助于我们反思的理想类型模式，它在各国的践行都存在困难，当下的中国也不例外；另一方面，它对不合理的传统又过于保守，这与正处于社会转型期的我国对法律变革的诉求不相适应。

第五，我国司法解释权的理想模式是三元模式。三元模式允许法官超越法规的字面文义、但符合法规的精神和目的的法律续造，这种法官造法是受约束、受限制的造法，而且要承担法律论证义务，法官是辅助立法者或紧急立法者。此外，通过判例（法）制度，法官要受其所造之法的约束，因而能兼顾法律的安定性与变动性，是一种较好的法律解释权模式，也是当今世界上主要国家或地区的主流法律解释权模式。由于三元模式能兼顾法律的安定性与变动性，笔者认为我国司法解释权的理想模式是三元模式。同时，需要指出的是，三元模式同时还囊括了一元模式和二元模式的合理因素，当法律条文明确无误时法官要坚守法律的字面含义、严格适用法律；当法律条文存在不确定时，法官要利用法律解释学的方法进行法律解释；当法律存在漏洞时，法官应利用法学方法论填补漏洞。

当然，以上仅是从内部视角论证了三元模式宜为我国的目标模式，这是在应然的层面进行必要性分析。而我国能否实施三元模式，还需要从外部视角展开论证，进行更深入的可行性分析。

2. 从外部视角看

影响司法解释权模式选择的因素很多，主要包括但不限于以下方面：

第一，意识形态、指导思想与宪法框架因素。根据我国现行《宪法》，我国国家机构的权力分配是基于人民代表大会制度。我国的人民代表大会制度是毛泽东根据马克思列宁主义的国家学说和民主理论，借鉴苏联的苏维埃制度所创立的，并在“五四宪法”中得到确认。人民代表大会制度在1982年《宪法》中再次得到确认。人民代表大会制度的核心内容是一切权力属于人民，人民行使国家权力的机关是全国和地方各级人民代表大会。[①] 不允许任何个人权威高于人民代表大会。行政机关、审判机关和检察机关

① 参见《中华人民共和国宪法》第2条。

都由人民代表大会产生，并对人民代表大会负责，受人民代表大会监督。[①]在人民代表大会制度之下，全国人民代表大会常务委员会行使法律解释权。[②]尽管最高人民法院“具体应用法律的解释权”得到《立法法》第104条的确认，但法官在审判案件时的法律解释（狭义）权还未得到法律的正式明确确认。不过，除了瑞士外，大多数国家的法律都没有明文规定法官的法律解释和续造权。

笔者认为，法官在审判案件时解释法律，甚至在必要的时候填补漏洞、续造法律，是法官审判权的应有权力、默示权力。遇有疑难案件，遇有法无明文规定的案件，法官既不能拒绝审判，也不便请求立法机关进行解释或立法，法官应该运用法学方法论[③]积极进行法律解释和续造。法官在此情况下的法律解释和续造是受权力机关（人民代表大会）的监督和制约的，在当前的上诉和审判监督体制下，下级法院法官的法律解释和续造则受上级法院法官的监督和制约。甚至，在当前我国的检察监督体制下，法官的法律解释和续造是受检察院的监督和制约的。[④]当然，法官的法律解释和续造还受到媒体、公众以及法律共同体的监督和制约，法官不能恣意妄为，并应承担法律论证义务。而我国的意识形态、指导思想与宪法框架因素并不构成三元模式实施的障碍。

第二，社会治理模式因素。一个国家或地区的社会治理模式会制约法

---

① 参见《中华人民共和国宪法》第3条。

② 参见《中华人民共和国宪法》第67条。

③ 这里的法学方法论是指关于法官通过法律解释技术和续造技术解释法律甚至发展法律的方法的理论。在德国以及我国台湾地区，就是在这个意义上使用“法学方法论”这一词语的。当然，我国也有学者将法学方法论理解为法学研究的方法论而不是法官释法造法的方法论，并将法官释法造法的方法论称为法律方法论。（如胡玉鸿：《法学方法论导论》，山东人民出版社2002年版；陈金钊：《法律方法论》，北京大学出版社2013年版。）笔者采用了德国和我国台湾地区的用词方法，未区分法学方法与法律方法。

④ 参见《中华人民共和国宪法》第129条、《中华人民共和国人民检察院组织法》第5条、第18条。

律解释权模式的选择。法律解释权模式的选择，其实也是法院能力的选择，反映了一个国家（地区）治理模式的选择，是选择行政主导的社会治理模式，还是社会自治的治理模式？行政主导的社会治理模式在很大程度上意味着很多纠纷是由行政机关解决的，很多法律是由行政机关负责解释的，法院一般奉行的是司法克制主义；社会自治的治理模式则意味着公民诉权的扩大和司法能力的扩张，法律更多的是由法官来负责解释而不是由行政机关负责解释，法院一般奉行的是司法积极主义。这里并不预设价值判断。任何一种治理模式都有其复杂的背景和原因，难以轻易改变。任何一种治理模式也都有其利弊优劣，如果过度发展，都有可能走向极端，带来负面效果。例如，美国属于社会自治的治理模式，司法机构和立法机构篡夺了很多行政部门应有的权力，使行政部门的整体运作效率低下。在其他发达民主国家中由行政部门发挥的功能，在美国却成了司法机构的功能，这导致了诉讼爆炸，社会成本增加，决策过程缓慢，执法标准不统一。法院不再是政府的制约，而是政府功能扩张的替代品。[①] 而在我国，长期以来，奉行行政主导的社会治理模式，司法权不能对行政权构成有效的制约和监督。是继续坚持这一社会治理模式，还是改变和纠偏该社会治理模式，都会直接影响我国司法解释权模式的选择。

党的十八届三中全会通过的《中共中央关于全面深化改革若干重大问题的决定》第一次在党的文件中提出“国家治理”的概念，并提出要“推进国家治理体系和治理能力现代化”。“国家治理”是现代国家所特有的一个概念，是在扬弃“国家统治”和“国家管理”的基础上提出的。从“统治”到“管理”，再到“治理”，这一称谓的变迁具有深刻的历史意义：在主体层面上，“治理”强调政权的所有者、管理者和利益相关者

① ［美］弗朗西斯·福山：《政治秩序与政治衰败：从工业革命到民主全球化》，毛俊杰译，广西师范大学出版社2015年版，第428页。

等多种力量的合作治理，更加强调治理主体的多元化。国家治理的现代化的基本意涵是国家治理模式由全能政府的一元化管理转变为政府、市场与社会共同合作的多元化治理，此乃我国国家治理模式的根本性变革。[①]“善治”是国家治理的理想状态，构建了政治国家与市民社会的新颖关系，是两者关系的最佳状态。[②] 这就意味着我国要逐步走出行政主导的社会治理模式，充分发挥社会组织自律功能，发挥“私人执法”[③] 的作用。这就要求我国司法权应具有一定的能动性，而不仅仅是立法机关的喉舌，照本宣科，仅说出法律是什么，并机械地加以适用就够了。因此，我们不能实行一元模式，而应实施肯定法官释法甚至造法权力的其他模式。

第三，历史传统因素。任何一个民族都生活在历史延续的时空之中。一方面，在我国两千年的封建历史上，司法权一直都是皇权的派生。自汉代以降，地方官吏均由中央政府任命，地方官吏依照国家颁布的统一律令行使对所辖区域的统治权，其中最重要的是刑事司法权。中央集权、“法自君出”“大一统”思想，使得中国传统存在“法无二解”的观念。在这样的观念下，法官的法律解释和造法权力的获得，存在一定困难，不过也并非不可能。另一方面，在中国历史上，并不是完全排斥判例法。“虽然在中国古代不存在西方普通法意义上的判例制度，但是却不乏判例法的传统。……判例主义的传统在中国的法律史上也曾占有一席之地。”[④] 这一文化根基有助于在当下建立我国的先例或判例制度。这一“法自君出”的皇

① 参见夏红莉：《从“管理”走向“治理”：政府与社会关系的重构》，载《安徽行政学院学报》2014年第2期。

② 俞可平：《治理和善治：一种新的政治分析框架》，载《南京社会科学》2001年第9期。

③ 在西方法律经济学中，将法律的实施分为公共实施（Public enforcement）和私人实施（Private enforcement）。“Public enforcement”又被译为“公共执法”，“Private enforcement”又被译为“私人执法”。法律的公共实施是指通过公权机关的执法来实施法律，法律的私人实施是指私人主体通过公益诉讼来监督和纠正侵害公共利益的行为，以发挥“私人检察官”的作用。

④ 孟凡哲：《和谐视域下的判例主义司法文化》，中国法制出版社2012年版，第186~187页。

权文化与同时允许判例存在的文化土壤对我国法律解释权的模式产生非常重要的影响：一方面，我国当下可以实施判例制度（二元或三元模式）；另一方面，法官造法的权力又不能走得太远（难以实施四元模式和多元模式）。

第四，国际因素。尽管有传统因素的影响，但当今之中国正处于社会转型的历史巨变之中。全球化、经济一体化的驱动，我国参与国际经济合作以及“一带一路”倡议的实施，建设法治国家的追求，决定了我们不能故步自封，而是要走出传统，与国际接轨，学习和了解法律解释权的主要模式，理解其合理的因素和历史成因，借鉴其合理的成分。

扎根本土，立足传统，面向世界，展望未来，当代中国同时面临着法治建设的三重任务：“法律 1.0 时代”的任务即全面建设和建成民主与法制社会；“法律 2.0 时代”的任务即建设成为法治国家；“法律 3.0 时代”的任务即谋求成为全球法律秩序的参与者甚至是制定者，成为国际或区域法律合作的发起者甚至是主导者。[①] 在“法律 3.0 时代”，法律的创制和运作，包括法律解释权模式的选择，都不能闭门造车。任何一个国家的国内法的制定和实施，无不受到其他国家或国际性机构的法律制度、法律规则和法律运行方式（包括法律解释权模式）的影响。换个角度看，只有站在国际法与全球法律秩序的高度，一个国家的法治建设才能做到目标清晰，动作坚定，行动准确。[②]

完成“法律 1.0 时代”的任务，要求我国实行一元模式，以培养全体公民的守法意识。完成“法律 2.0 时代”的任务，要求我国实行二元模式，以实现各个领域的依法治理和法律主治。完成“法律 3.0 时代”的任务，要求我国实行三元模式甚至四元、多元模式，这是因为全球化时代的法律，面对日益复杂的社会关系和国际关系，已经不再精细和确定，它需要法官造法以

---

① 参见鲍禄：《法理学与比较法》（第 2 版），对外经济贸易大学出版社 2011 年版，第 279 页。

② 参见鲍禄：《法理学与比较法》（第 2 版），对外经济贸易大学出版社 2011 年版，第 278 ~279 页。

完成法律对全球化秩序的塑造。但是鉴于其他各种内外部原因等，笔者认为我国实行三元模式是比较合适的。三元模式涵括了一元模式和二元模式中的积极成分同时又避免了其弊端，因此是一种比较理想的目标模式。

第五，法官素质和职业伦理以及行权保障等条件和背景因素。应该承认，一方面，我国的法官整体素质还不够高，法官的正式待遇比较低，人才流失严重，法官职业伦理还不成熟，社会威望还有进一步提升的空间；另一方面，我国的法学还不够成熟，还不能对法官提供有效的法律方法论素养的训练，法官判决的说理还很不够。

在我国，一些法官该创制规则时因无利益有风险而不敢创制；不该创制时却因有利益而毫无章法、不讲法律方法论地去创制。这里的“利益”含义很广，除了金钱利益、职位升迁之外，还包括上级的压力、社会舆论的压力等。而在德国，如果判决书不充分阐释判决的理由，以表明该裁决的公正性和合理性，则被认为是可耻的。[①] 而在美国，法官是“智慧的长者”，法官的整体素质非常高，而且法官职业的荣誉性极高。人们要想成为法官，必须具有相应的司法实践经验。因此，美国法官大多出身于律师、检察官和法学教授，他们人生阅历丰富，且很多已过“知天命”之年，[②] 薪资待遇很高，[③] 因此，他们从事法官是为了荣誉，这样的背景也有

① 最高人民法院研究室案例指导制度专题考察团：《最高人民法院研究室案例指导制度专题考察团赴德国、葡萄牙考察报告》，载胡云腾主编：《中国案例指导》（总第1辑），法律出版社2015年版，第359页。

② 美国联邦地区法官在初次任命时的平均年龄是50岁，巡回法官则是53岁。参见全亮：《美国法官任用制度及其借鉴》，载《求索》2013年第8期。

③ 美国联邦法院法官的薪金大致与国会议员的薪金相当。美国联邦最高法院首席大法官的年薪超过16万美元，联邦上诉法院法官的年薪大约为14万美元，联邦初审法院法官的年薪大约为13万美元。州法官的年薪虽然稍微低于联邦法院法官的年薪，但他们依然属于高收入群体。（参见李晓波：《美国法官制度》，载《人民法院报》2002年8月29日。）根据2002年的一项调查，收入最低的州的上诉法院法官平均年薪近12万美元，收入最高的联邦最高法院首席大法官的年薪超过19万美元。（参见陈开琦：《美国法官遴选制的机理及启示》，载《社会科学研究》2006年第6期。）

利于提高法官的公正性。因此，美国可以实施法官权力极大的四元模式。而我国的法官素质、背景、资历、年龄、收入等，都存在较大差距。因此，我国目前还不能赋予法官太大的权力。这就意味着，我国不能实施四元模式和多元模式。

第六，立法条件。法律解释和续造的前提是具备较为完善的、系统的立法，尤其是法典。如果立法很粗糙，仅是一些原则和授权性规范，[①] 法律的系统性不强，漏洞很多，立法过程材料不予公布，立法说明言简意赅，将会给法官的法律解释带来极大的困扰。在此情况下，为了满足社会发展对规范的需求，法官与其说是释法，不如说是造法。不过，这一立法条件在我国正在逐渐得以改变，全国人大已经将立法的精细化作为指导思想。

综上所述，从外部视角来看，意识形态、宪法框架、历史传统、法官素质与职业伦理等制约因素决定了我国不应选择四元模式和多元模式，社会转型和社会治理模式的变迁决定了我国不应选择一元模式，而社会转型、国际因素、立法条件等则要求我国在某些领域和特定情况下允许三元模式，而不仅仅是二元模式。

总之，我国司法解释权的理想模式应该是三元模式，在少数且必要的情况下应该允许法官进行法内续造。

事实上，在我国当前的司法实践中，也正在践行三元模式。在案例指导制度建立之前，由于我国在民法理论上没有禁止类推适用，这实际上得益于民法学界对民法理论的整理，我国法官经常采纳理论上的通说，作为裁判的理由。这在《民法通则》中是没有对应条款的。但这样的判决多数时候是能够为社会所接受的。此外，我国法院经常在法律适用的名义下，

① 这里的授权性规范不是赋予公民权利的“赋权性规范”，而是授予行政机关制定相应规则的规范。这样的规范有时还会层层往下授予，给公民“找法”带来极大不便。

行使未受限制的解释与续造权。① 在案例指导制度建立之后，则转化为通过案例指导制度来实施三元模式。

案例指导制度是对法官创造性的肯定。指导性案例或先例制度是国家或社会授予法官的一个工具，以便激励法官发挥出其改进和发展法律的宝贵能量。通过指导性案例或先例制度，可以丰富制定法内涵、使制定法更加确定、纠正制定法的失误，填补制定法的漏洞，并使制定法不断发展与完善。②

法官的创造性，体现为法律解释、法律续造和法律创造。不过，不同的法律解释权模式允许的法官创造性的范围和边界不同。根据《最高人民法院关于案例指导工作的规定》（法发〔2010〕51 号）第 2 条的规定，指导性案例是指裁判已经发生法律效力，并且符合以下条件（之一）的案例：社会广泛关注的、法律规定比较原则的、具有典型性的、疑难复杂或者新类型的以及其他具有指导作用的案例。根据《〈最高人民法院关于案例指导工作的规定〉实施细则》（2015 年 6 月发布）第 2 条的规定，指导性案例应当是裁判已经发生法律效力，认定事实清楚，适用法律正确，裁判说理充分，法律效果和社会效果良好，对审理类似案件具有普遍指导意义的案例。从这两个条文可以看出指导性案例的标准：在“法律规定比较原则的”的情形下，意味着指导性案例的法律解释比较到位；在“疑难复杂或者新类型的”的情形下，指导性案例的法律解释或续造工作做得好。

---

① 王源渊：《法官在法律适用中的地位——法律思维与司法权限》，载葛洪义主编：《法律方法与法律思维》（第四辑），法律出版社 2007 年版，第 187 页。彭诚信则总结了我国民法领域中“有规则可以适用，但规则因与既有原则相冲突而被排除适用，从而适用某一个既有原则”以及“无具体规则可以适用而适用原则”的法律续造案例，如张学英与蒋伦芳遗赠纠纷案、张正青与张秀方合同纠纷案、李骞与刘少文买卖凶宅纠纷案、顾锡炎与哈哈大酒店等房屋迁让纠纷案、严桂英与史传宝一般人格权纠纷案、史广青与史广文财产损害纠纷案等。在这些案例中，法官实际上在造法。参见彭诚信：《从法律原则到个案规范——阿列克西原则理论的民法应用》，载《法学研究》2014 年第 4 期。

② 参见张骐等：《中国司法先例与案例指导制度研究》，北京大学出版社 2016 年版，第 15 页。

在指导性案例中，法官充分展示了其法律智慧。这种法律智慧不仅体现在事实认定方面，而且更体现在运用法律解释、漏洞填补等法律方法，努力消除法律之间的冲突以及法律与现实之间的冲突，填补法律漏洞等方面。① 例如，指导性案例 15 号“徐工集团工程机械股份有限公司诉成都川交工贸有限责任公司等买卖合同纠纷案”就是一个法律续造的典型。② 并且，在以上两种情况下，法律文书说理的质量高（“裁判说理充分”），效果好（“适用法律正确”“法律效果和社会效果良好”）。如果是法官照本宣科、机械适用法律，一般是不会成为指导性案例的。因此，在指导性案例中，既有法律解释，也可能有法律续造。③

《最高人民法院关于案例指导工作的规定》（法发〔2010〕51 号）第 7 条规定：“最高人民法院发布的指导性案例，各级人民法院审判类似案例时应当参照。”这实际上指出了指导性案例的约束力。如果有指导性案例应该参照而法官不予参照的，则需要承担一定的责任。尽管“各级人民法院审理类似案件参照指导性案例的，应当将指导性案例作为裁判理由引述，但不作为裁判依据引用”，④ 这恰恰说明了指导性案例的事实约束力，这与德国、法国等民法法系对判例的态度是基本一致的。换言之，案例指导制度实质上就是我国当前的判例制度。

---

① 参见王利明：《我国案例指导制度若干问题研究》，载《法学》2012 年第 1 期。

② 该案涉及关联公司人格混同、严重损害债权人利益的民事责任承担问题，我国《公司法》对此没有明确的规定。对于这一法律问题，该指导性案例的判决指出：关联公司人格混同、严重损害债权人利益的行为“违背了法人制度设立的宗旨，违背了诚实信用原则，其行为本质和危害结果与《公司法》第 20 条第 3 款规定的情形相当”，因此，“参照《公司法》第 20 条第 3 款的规定”，该法院判决关联公司之间对外部债务承担连带责任。这实际是一种类推适用。

③ 这里的法律解释是狭义的法律解释，即法官在适用法律于具体案例时所作的具体司法解释。但该具体司法解释又是通过一定的遴选和公布程序后由最高人民法院审判委员会讨论通过并由最高人民法院予以公布的，因此，它又不完全等同于具体的司法解释，而是一种受到最高审判机关肯定的具体司法解释。这种具体司法解释与最高人民法院的抽象司法解释是相互补充的关系。

④ 《〈最高人民法院关于案例指导工作的规定〉实施细则》第 10 条。

案例指导制度的积极价值不但需要肯定，还需要大力发展。立法不能涵盖一切，必须承认法官的自由裁量权，包括法律解释权和特定情况下的法律续造权。但为了防止司法专横，这一权力需要受到约束，通过裁判文书的说理制度，对法官课加法律论证义务，以及裁判文书公开，实现法律共同体、公众甚至历史对司法的监督；通过指导性案例的拘束力，使法官“作茧自缚”，自己受自己创造的规则的约束，从而抑制法官的盲目造法、胡乱造法。

大力发展指导性案例，要求在供给主体方面，有权确认和公布指导性案例的主体，不应限于最高人民法院，而应至少扩展至地方高级、中级人民法院。对此，笔者将在下一章予以阐述。

当然，大力发展指导性案例，还需要完善指导性案例的配套制度和法律技术，包括背离指导性案例的区别技术及汇报制度、适用指导性案例的激励制度、指导性案例的汇编制度和检索技术，以及过时指导性案例的废止制度等。为了提高指导性案例的指导性，我们还需要在确定指导性案例时形成一种能够吸收法律共同体意见的稳定、可靠的机制与渠道。①

总而言之，我国司法解释权目前必要且可行的模式与路径是通过案例指导制度践行三元模式。

---

① 参见张骐等：《中国司法先例与案例指导制度研究》，北京大学出版社 2016 年版，第 189 页。

第八章　我国应通过指导性案例践行三元模式

我国应通过指导性案例践行三元模式，而要通过指导性案例践行三元模式则必须扩大指导性案例的供给。目前，最高人民法院指导性案例供不应求，不能满足实际审判工作的需要，扩大指导性案例的产生主体范围是必要的，但这受制于现有《立法法》和立法理论的制约，需要相应的理论创新及其指导之下的制度创新。笔者所提出的内生性法官权力理论则为扩大指导性案例的供给提供了理论依据。该理论认为，立法机关在赋予法官司法裁判的权力和义务的同时，也就赋予了法官解释法律和在法律出现漏洞时续造法律、填补法律漏洞的权力和义务，即法官的法律解释与续造权具有内生性，司法裁判权隐含和默许了法律解释与续造权。基于此，包括高级人民法院和中级人民法院在内的地方法院也应有权遴选和公布其指导性案例，该指导性案例不应是裁剪后的文本，而应是判决的原始文本。

除了扩大指导性案例的产生主体范围之外，还应该提升法官释法说理的论证技术，尤其是对指导性案例的适用技术。因此，本章着重论述扩大指导性案例产生主体范围的问题和对指导性案例的适用技术问题。

一、扩大指导性案例的产生主体范围

（一）我国法官法律解释权应有地位与现实之差距

2010 年 11 月发布的《最高人民法院关于案例指导工作的规定》正式确立了我国法院的案例指导制度。9 年来，案例指导制度的生产和应用取得了一定的成效，发挥了一定的作用，但也存在一些影响案例指导制度良性运行的问题，尤其是，指导性案例的数量供给严重不足。截至 2019 年年底，最高人民法院共发布了 21 批 112 个指导性案例。如果说一个指导性案例解决了一个法律适用问题的话，112 个指导性案例仅解决了 112 个法律适用问题。而我国法院系统每年受理大约 15,000 件案件，需要处理的法律问题复杂多样，指导性案例的供应可谓“杯水车薪”。

指导性案例的供应不足，也会带来指导性案例的总体参照率或援引率较低的问题。据统计：截至 2017 年 12 月 31 日，援引指导性案例的案例即应用案例共有 1571 例，① 这仅占全国法院系统 2013 ~2017 年这 5 年来共审结的 8600 万件案例的五万分之一。② 这是因为，指导性案例的数量少，下级法院遇有疑难法律问题时，就有可能在为数不多的指导性案例中找不到答案，自然无法援引。因此，提高指导性案例的供给成了当务之急。而提高指导性案例的供给在目前的制度框架下是无法得到解决的，它需要理论创新及其指导下的制度创新。

法官的法律解释权（而不仅仅是最高人民法院的法律解释权）应予承

① 参见郭叶、孙妹：《最高人民法院指导性案例司法应用情况 2017 年度报告》，载《中国应用法学》2018 年第 3 期。

② 2013 ~2017 年，最高人民法院受理案件 82, 383 件，审结 79, 692 件；地方各级人民法院受理案件 8896. 7 万件，审结、执结 8598. 4 万件。参见周强：《最高人民法院工作报告——2018 年 3 月 9 日在第十三届全国人民代表大会第一次会议上》，载最高人民法院网：http：//www. court. gov. cn/zixun-xiangqing –87832. html，最后访问日期：2018 年 10 月 4 日。

认和肯定，我国的司法实践也默许了法官的法律解释权。但我国《立法法》及立法理论在一定程度上却否定法官的法律解释权，导致我国法官法律解释权的应有地位与现实之间存在差距。

1. 法官法律解释权的应有地位

现代各国的司法实践均已表明，法官司法是一项具有创造性的活动，而不仅仅是法律的“自动售货机”。法律的“自动售货机”假定或理想认为：只要输入具体案件的相关材料，法官就会自动吐出相应的判决。① 这一假定或理想即使在今天的大数据和人工智能时代，还未真正实现。

法官的创造性，可以进一步细分为法律解释、法律续造和法律创造。法律解释有广义和狭义之分。狭义上，法律解释仅指法官在不逾越法律文本含义范围的情况下对法律文本所作的解释；广义上，除了狭义的法律解释外，还包括法官在逾越“法律文本含义”范围的情况下所作的法律续造以及法律创造。本书所谓的法官的法律解释权，即采取广义的视角，它包括法律解释、法律续造和法律创造。区分法律解释与法律续造为拉伦茨所首创。他将超越法律解释界限的法律解释称为“超越法律的法的续造”。②不过，我们一般将法律内的续造简称为“法律续造”，将“超越法律的法的续造”简称为“法外续造”或“法律创造”。三者的差异在于：法律解释坚守法律的字面文义；法律续造超越法律的字面文义，但符合法律的精神和目的；法律创造则既超越法律的字面文义，又超越法律的精神和目的。③

我国法院的指导性案例就是对法官创造性的肯定。根据《最高人民法

① 参见［德］马克斯·韦伯：《论经济与社会中的法律》，张乃根译，中国大百科全书出版社 1998 年版，第 309 页。

② ［德］卡尔·拉伦茨：《法学方法论》，陈爱娥译，商务印书馆 2003 年版，第 246 页。

③ See Marc Jacob, Precedents and Case-Based Reasoning in the European Court of Justice: Unfinished Business, Cambridge University Press, 2014, pp. 33 -34 .

院关于案例指导工作的规定》（法发〔2010〕51号）第2条以及《〈最高人民法院关于案例指导工作的规定〉实施细则》（2015年6月发布）第2条，可以看出指导性案例的标准是：在“法律规定比较原则”的情形下，指导性案例的法律解释是比较到位的；在“疑难复杂或者新类型”的情形下，指导性案例的法律解释或续造工作是做得比较好的。有实证研究表明：我国目前的一些指导性案例属于释法型案例，而另一些指导性案例则属于造法型案例。①

我国的指导性案例为法官充分展示其法律智慧提供了广阔的舞台。这种法律智慧不仅体现在事实认定方面，更体现在运用法律解释、漏洞填补等法律方法，努力消除法律之间的冲突以及法律与现实之间的冲突，填补法律漏洞等方面。② 总之，指导性案例的价值值得肯定，法官的法律解释权应予承认。

2. 我国《立法法》及立法理论与现实之间存在差距

我国《立法法》（2015年修正）第二章第四节专门规定了法律解释，明确法律解释权属于全国人大常委会，法院（法官）没有法律解释权。法官遇有法律解释需求时，可以通过最高人民法院向全国人大常委会提出法律解释要求。法律解释草案表决稿由全国人大常委会全体组成人员的过半数通过，并由全国人大常委会发布公告予以公布，该法律解释与法律具有同等的法律效力。这些规范早在2000年《立法法》通过时就已规定，2015年修正后的《立法法》对此并没有任何修改。

对于历史上形成的最高人民法院的司法解释，现行《立法法》第104

---

① 有学者将最高人民法院发布指导性案例以其所欲实现的功能作为导向，根据其法律适用方法的不同，分为造法型、释法型、宣法型三类。实证研究发现，在第1－64号指导性案例中，属于造法型的有24个，属于释法型的有35个，属于宣法型的有5个。参见资琳：《指导性案例同质化处理的困境与突破》，载《法学》2017年第1期。

② 参见王利明：《我国案例指导制度若干问题研究》，载《法学》2012年第1期。

条第1款第一句的前半句采取了描述性表述："最高人民法院、最高人民检察院作出的属于审判、检察工作中具体应用法律的解释……"而没有采取规范性的表达。而1955年制定、目前已失效的《全国人民代表大会常务委员会关于解释法律问题的决议》就曾采取过规范性的表述："凡关于审判过程中如何具体应用法律、法令的问题，由最高人民法院审判委员会进行解释。"1981年通过的《全国人民代表大会常务委员会关于加强法律解释工作的决议》也采取规范性的表述："凡属于法院审判工作中具体应用法律、法令的问题，由最高人民法院进行解释。"描述性的表述属于默许，规范性的表述属于授权。这一态度的悄然改变是在2006年。2006年全国人大常委会通过的《各级人民代表大会常务委员会监督法》第31条规定："最高人民法院、最高人民检察院作出的属于审判、检察工作中具体应用法律的解释，应当自公布之日起三十日内报全国人民代表大会常务委员会备案。"2015年修正的《立法法》第104条沿用了2006年《各级人民代表大会常务委员会监督法》第31条的描述性表述。但2015年修正的《立法法》第104条第1款第一句的后半句却是规范性的表述：（具体应用法律的解释）"应当主要针对具体的法律条文，并符合立法的目的、原则和原意。"为了规范最高人民法院"具体应用法律的解释"与立法机关的"法律解释"之间的关系，2015年修正的《立法法》第104条第1款第二句继续进行了规范："遇有本法第四十五条第二款规定情况的，应当向全国人民代表大会常务委员会提出法律解释的要求或者提出制定、修改有关法律的议案。"

从体系解释的角度看，我国的《立法法》在一定程度上否定了法院（法官）的法律解释权，这表现在：第一，《立法法》明确宣布了法律解释权属于全国人民代表大会常务委员会。第二，最高人民法院的司法解释，仅是"具体应用法律的解释"，遇有"法律的规定需要进一步明确具体含义的"这种文义解释、限缩解释、历史解释、体系解释等法律解释情形，以及“法律制定后出现新的情况，需要明确适用法律依据的”扩张解释、目的解释等具有续造性质的法律解释情形，都是“应当向全国人民代表大会常务委员会提出法律解释的要求或者提出制定、修改有关法律的议案”的。换言之，最高人民法院无权自行解释。第三，即使是我国的法院系统有“具体应用法律的解释”的权力，也仅仅是最高人民法院拥有该项权力，最高人民法院的合议庭、法官，以及地方各级人民法院和法官都没有该项权力。总体而言，我国的《立法法》和立法理论对法官的解释权和续造权持否定态度。

尽管我国的最高立法机关（全国人大及其常委会）比较积极主动，不断行使立法解释权，但其滞后性也是比较明显的。比如，在“北雁云依案”中，法院发现该案涉及需要解释法律的问题，于2010年3月裁定中止了审理，依法定程序提请全国人大常委会作出解释。但全国人大常委会做出法律解释却是在2014年11月，前后相距4年8个月的时间。待法院再依该法律解释做出一审判决已是2015年4月了。[①] 正义不能经常迟到。因需要提请立法机关作出法律解释，一个基层法院审理一起行政案件历时超过5年，可见立法解释制度会造成司法判决的拖延。如果这是一件轻微的刑事案件，5年的审判羁押时间可能会超过犯罪嫌疑人被判处徒刑的时间。如果这是一起民商事侵权案件，5年的审判历程可能会给被告转移和耗尽财产提供了充足的时间。提请立法机关解释制度的不足是显而易见的：要么立法机关疲惫不堪、应接不暇；要么造成司法拖延，正义迟到。换言之，提请立法机关作法律解释的可适用空间是非常狭窄的。

在我国的司法实践中，即使在案例指导制度建立之前，由于我国在民法理论上没有禁止类推适用，得益于民法学界对民法理论的整理，我国法

① 参见杨铜铜:《论不确定法律概念的体系解释——以“北雁云依案”为素材》，载《法学》2018年第6期。

官经常采纳理论上的通说，作为裁判的理由，这在《民法通则》中是没有对应条款的。但这样的判决多数时候是能够为社会所接受的。此外，我国法院经常在法律适用的名义下，行使未受限制的解释与续造权。① 在案例指导制度建立之后，法官的法律解释和续造权更是从事实上得到了肯定。指导性案例或先例制度“是社会赋予法官的一个工具，它把隐藏在法官队伍中改进和发展法律的宝贵能量激发出来。法官可以通过先例制度把自己填补法律漏洞、纠正制定法失误、丰富制定法以及使制定法更为确定方面的经验和决定固定下来，并使之不断发展、完善”。②

修改《立法法》，承认法官的法律解释权当然是最直截了当的解决方案，但这恐怕在短期内难以实现。如果在不修改《立法法》的前提下，通过理论创新为制度创新提供理论依据，则可以比较成本俭省地解决目前指导性案例供不应求的实际问题。

（二）指导性案例产生主体范围扩大的理论依据

我国法官的法律解释权应予承认，我国指导性案例的产生主体范围应予扩大。我国指导性案例产生主体范围的扩大本身就是对我国法官的法律解释权的承认。我国指导性案例产生主体范围的扩大是有现实必要性的，也是有理论依据的。这一理论依据就是内生性法官权力理论。它是基于历史教训而产生的一种理论学说，该学说的理论渊源向上可以追溯到法国法

① 王源渊：《法官在法律适用中的地位——法律思维与司法权限》，载葛洪义主编：《法律方法与法律思维》（第四辑），法律出版社2007年版，第187页。彭诚信则总结了我国民法领域中“有规则可以适用，但规则因与既有原则相冲突而被排除适用，从而适用某一个既有原则”以及“无具体规则可以适用而适用原则”的法律续造案例，如张学英与蒋伦芳遗赠纠纷案、张正青与张秀方合同纠纷案、李骞与刘少文买卖凶宅纠纷案、顾锡炎与哈哈大酒店等房屋迁让纠纷案、严桂英与史传宝一般人格权纠纷案、史广青与史广文财产损害纠纷案等。在这些案例中，法官实际上在造法。参见彭诚信：《从法律原则到个案规范——阿列克西原则理论的民法应用》，载《法学研究》2014年第4期。

② 张骐等：《中国司法先例与案例指导制度研究》，北京大学出版社2016年版，第15页。

学家惹尼。

1. 指导性案例的产生主体范围应予扩大

鉴于我国目前指导性案例供不应求的现状，笔者建议，有权生产、确认和公布指导性案例的主体，不应限于最高人民法院，而应扩展至地方高级人民法院和中级人民法院。之所以不将指导性案例的产生主体范围扩大到基层法院，是因为基层法院没有下级法院，而指导性案例主要就是指导和约束下级法院的。指导性案例的产生主体范围一旦扩大到了包括高级人民法院和中级人民法院在内的地方各级法院，这就意味着它是对法官法律解释权的全面肯定。我国指导性案例产生主体范围的扩大具有现实必要性，原因在于：

一方面，目前最高人民法院公布的指导性案例供不应求的问题，无法在现有制度框架内得以解决。这是由指导性案例的性质和产生机制所决定的。

为了让判例具有规范约束力，最高人民法院通过对原始裁判进行再加工、最高人民法院审判委员会讨论决定并统一进行编号和发布的形式，使判例转化为所谓的“指导性案例”。在此意义上，认为指导性案例是司法解释的一种形式是具有一定道理的，因为这比较符合《立法法》《人民法院组织法》对最高人民法院的法律解释的授权。这两部法律规定了最高人民法院应用法律之活动的性质——“具体应用法律的解释”，而没有规定其形式。[①] 尽管《最高人民法院关于司法解释工作的规定》（法发〔2007〕12 号）将最高人民法院司法解释的形式分为“解释”“规定”“批复”“决定”四种，但也可以说《最高人民法院关于案例指导工作的规定》是对《最高人民法院关于司法解释工作的规定》的突破和发展。但是，将指导性案例定位于司法解释的新形式，这种性质定位尽管获得了合法性，使

① 参见雷磊：《指导性案例法源地位再反思》，载《中国法学》2015 年第 1 期。

指导性案例具有了制度性权威和规范约束力，却导致了指导性案例数量供给严重不足。

从目前最高人民法院指导性案例的产生机制来看，毕竟最高人民法院负责遴选指导性案例的工作人员的人数有限，最高人民法院审判委员会开会的时间有限，最高人民法院的内部成员——无论是负责遴选指导性案例的工作人员，还是业务庭的审判人员，抑或是审判委员会的组成人员，其投入时间、精力以及自身对指导性案例所涉案情的理解都是有限的。无论最高人民法院的内部成员多么地精英化，由于哈耶克所说的知识天生的分散性，他们的知识也是有限的。目前，最高人民法院发布的指导性案例看似结合个案、针对个案的具体司法解释，但由于其篇幅过于短小，论证过于简洁，从其“裁判要点”来看，又像是抽象司法解释。[①] 在此意义上，最高人民法院发布的指导性案例是介于具体司法解释与抽象司法解释之间的一种新的司法解释形式。这种新的司法解释形式由于其产生主体的特定性和局限性，注定了它与成文法立法一样，是不敷使用的。[②]

另一方面，我国幅员辽阔，人口众多，各级人民法院受理的案例数量庞大，加之地区之间差异较大，客观上需要各地人民法院也产生指导性案例。由最高人民法院垄断指导性案例的确认权既不现实，也无必要。在最高人民法院的案例指导制度产生之前，各地“典型案例”之所以普遍存

① 法院或法官对法律的解释，即司法解释，可以分为具体司法解释和抽象司法解释。具体司法解释，或称个案司法解释，是指法官针对其在审案件所适用的某一个或某几个法律条款所作出的法律解释。抽象司法解释，是指法院脱离具体个案，针对某个法律文本、某类或某个法律关系、法律问题而作出的法律解释。在这种解释中，往往不以特定的个案为背景，或者即使需要解释的法律问题是由个案引发的，但解释法院并不是审理该个案的法院，而是审判法院的上级法院。抽象司法解释的解释主体是法院而非法官。参见徐凤：《我国法院司法解释制度的反思与完善》，载《法学杂志》2016年第5期。

② 我国目前不允许除最高人民法院之外的其他法院颁布司法解释，因此，这种介于具体司法解释与抽象司法解释之间的一种新的司法解释形式的颁布主体也只能是最高人民法院。

在，原因之一即在于此。这是因为，地方各级人民法院的指导性案例能够起到在本辖区内明晰法律疑难问题、统一法律适用的效果。虽然这未必一定达到在全国范围内实现法律统一适用的目标，但至少在一定区域范围内实现了法律适用的基本一致。①

2. 解释法律是法官的内生性权力

在历史上，否定法官的法律解释权的做法没有成功的先例。这是因为，在理论上，从司法裁判本身的要求来看，法律解释权是法官的内生性权力，是一种不言自明的权力。

如前所述，在国外的法制史上，曾否定法官的解释权，现实证明，这种实践并不成功。这种历史实践的典型有二，一个是 1794 年的《普鲁士一般邦法》及其实践，另一个是 18 世纪末法国的“提请立法制度”及其实践。兹不赘述。

不承认法官的法律解释权是一种“鸵鸟政策”。必须正视的是：即使成文法再完备，法官在审理案件的过程中都不可避免地进行解释。法谚有云：“法无解释，不得适用。”根据维特根斯坦的洞见，语言活动是一个理解与被理解的过程，语言既是信息的载体，也是信息传播的工具。② 法律语言亦然，也需要通过解释而得以理解。“解释是所有司法审判机关的制度性功能。”③

科学法学派的旗手萨尼认为，法国提请立法解释制度之所以失败，是因为本应由法官所行使的解释法律的权力，却给了立法机关。正是在萨尼的影响下，《瑞士民法典》规定在法律出现漏洞时法官可按照立法者应当

① 参见谷川：《高级人民法院“司法解释性文件”的功能分析》，载《河北法学》2016 年第 2 期。

② 参见［英］路德维希·维特根斯坦：《哲学研究》，陈嘉映译，商务印书馆 2015 年版，第 54 ~63 页。

③ 雷磊：《指导性案例法源地位再反思》，载《中国法学》2015 年第 1 期。

作出的规定处理。[①] 这一规定对我国台湾地区的“民法”产生了重大影响，以至于其第1条规定：“民事，法律所未规定者，依习惯；无习惯者，依法理。”

“在司法裁判过程中，对于任何一个裁判者来说，法律解释都是实现其裁判的一种基本需要。”[②] 实践已经证明，法官不是孟德斯鸠所说的立法者的嘴巴，在不添加自己的意思的情况下，仅仅说出法律中的语句就可以完成裁判的任务。[③] 法律经常是模糊的，只有具体到个案中才能最终确定其精确的含义。如果法官没有司法解释权，就无法完成司法裁判的任务，因此，赋予法官司法裁判权的同时，就赋予了法官法律解释的权力——只是法官的法律解释不能超越必要的界限。这正如德国学者克鲁斯所言：不确定性法律概念与概括条款本身就是立法者授权法官创设规范的条款，法官的裁判工作实际上肩负双重任务，既解决纠纷又创设规范。[④] 因此，法律解释权和法内续造权是法官司法裁判权的应有之义，司法裁判权隐含了法律解释权和法内续造权。换言之，法律解释权和法内续造权是司法裁判权自然生发出来的、不言自明的、隐含的一种权力。

指导性案例能被下级法院所遵从，一应具有理性权威，二应具有制度权威。理性权威需要通过指导性案例的论证和说理让下级法院的法官认识到它判得好。制度权威需要赋予指导性案例约束效力，下级法院的法官必须遵从，否则就要承担相应的背离指导性案例的责任。

我国最高人民法院的指导性案例已经具有了制度权威。《最高人民法

① ［意］罗道尔夫·萨科：《比较法导论》，费安玲、刘家安、贾婉婷译，商务印书馆2014年版，第302页。

② 张志铭：《法律解释学》，中国人民大学出版社2015年版，第168页。

③ 参见［法］孟德斯鸠：《论法的精神》（上卷），许明龙译，商务印书馆2012年版，第188页。

④ Vgl. Heinrich Kruse, Das Richterrecht als Rechtsquelle des innerstaalichen Rechts, Tübingen: Mohr, 1971, S. 7.

院关于案例指导工作的规定》（法发〔2010〕51号）第7条赋予了指导性案例制度权威或规范约束力。该条规定："最高人民法院发布的指导性案例，各级人民法院审判类似案件时应当参照。"如果有指导性案例应该参照而法官不予参照的，则法官需要承担一定的"责任"。这一"责任"就是法官的论证义务，即法官背离指导性案例时应予以详细论证，说明背离的理由。通过指导性案例的规范拘束力，使法官在整个法官体系内"作茧自缚"，使自己受到本系统创造的规则的约束，从而控制法官的恣意。

在我国当下，由中级、高级和最高人民法院（审判委员会）或其内设专业审判庭自行决定、遴选、公布指导性案例，并予以规范化，要求下级法院必须遵从，是需要理论依据的。毕竟，在书面上，地方法院的法律解释权不被承认。而内生性法官权力理论则为解决这一难题提供了理论依据。这一理论认为，解释法律，甚至续造法律，是法官的内生性权力。换言之，法官的法律解释与续造权具有内生性，司法裁判权隐含和默许了法律解释与续造权；权力机关在赋予法官司法裁判的权力和义务的同时，也就赋予了法官解释法律和在法律出现漏洞时续造法律、填补法律漏洞的权力和义务。法律解释与续造权是法官的内生性权利和义务。法官的司法裁判权，既是一种权力，也是一种义务，因为法官不可以法无明文规定为由拒绝裁判。

在此理论之下，虽然说任何一个判例一旦诞生即具有价值约束力，但我们也可以再赋予指导性案例规范约束力，这更有利于案例指导制度的推行。而一旦规范化的指导性案例由中级、高级和最高人民法院统一对外公布，就在理性权威的基础上附加了制度权威，在价值约束力上附加了规范约束力，就能促使下一级法院予以参考、遵照。如果下一级法院不参考、遵照，则可以通过二审、再审制度予以纠正，从而促使其参考、遵照。

（三）指导性案例产生主体范围的扩大方案

1. 扩大产生主体范围是解决指导性案例供应不足或援引率较低问题的前提条件

如果有权产生、确认和公布指导性案例的主体范围扩展至地方高级、中级人民法院，指导性案例的数量就会增加，高质量的判决也有望在此基础上涌现。学者们固然可以在此过程中发挥其智库的作用，但鉴于目前国内学者的学术传统、学术偏好、考核机制等短期内难以大幅改变，期望其像德国学者那样，最终评判和遴选优秀判例并将其系统化、教义化，是不现实的。因此，德国的判例制度模式在我国移植并不现实。美国的判例制度模式在我国移植则更不现实，毕竟我国不是判例法国家，法官在判决时追根溯源、梳理相关先例并进行评析也是不现实的。英美法系国家的原始判决文本在自然竞争的过程中优胜劣汰，这在我国也是不现实的。现实可行的就是由中级、高级和最高人民法院（审判委员会）或其内设专业审判庭自行决定、遴选、公布指导性案例，并予以规范化。当然，社会各界也可以推荐指导性案例。①

在现实中，其实已有这方面的实践。例如，2012 年 9 月，河南省高级人民法院公布了 7 个有关刑事、民事、行政、执行等方面的案例作为第一批参考性案例，下发全省各级法院作为指导案例进行开庭断案的参考。此举意味着参考性案例指导制度在河南省全省法院的正式试行。河南省高级人民法院院长介绍说，具体参照参考性案例时要注意：一是不能与案例所提炼出的裁判要点相背离，也不能罔顾个案具体案情，生搬硬套案例的裁判结果；二是参考性案例可以作为裁判理由在裁判论证说理中加以引述，

① 参见赵磊：《商事指导性案例的规范意义》，载《政法论坛》2018 年第 2 期。

但因为其不属于正式的法律渊源，不能在裁判文书中作为法律依据直接援引。①

最高人民法院、高级人民法院、中级人民法院认可、公布的指导性案例也不一定是本级法院的判例，也可以是下级法院的判例，这是我国的判例制度与其他国家判例制度的不同之处。将下级法院的判例进行统一编号、公布（转发）和认可，赋予其制度约束力，能最大限度地提高指导性案例的参照率或援引率。舍此，仅凭价值约束力，指导性案例的参照率或援引率会更低。一旦规范化的指导性案例统一对外公布，就会引起社会各界尤其是学界的广泛关注，学界对各级指导性案例的讨论、评析和监督，则会促进指导性案例的进一步完善。如果某个指导性案例存在严重缺陷，学界对它的批判会促使该指导性案例的发布者尽快发布另一个相关的指导性案例来取代它。最高人民法院也可以通过提审的方式纠正它。这也是一个试错的过程，从而淘汰不合适的指导性案例，留下精品。

当前我国法院指导性案例的数量供给严重不足，制约了其在实践中的应用，导致了指导性案例的总体援引率不高。只有首先提高指导性案例的数量，才能提高其影响力和总体的援引率。而提高指导性案例的数量，路径很多，本书提出了其中的一种路径，即扩大指导性案例产生主体范围的路径。当然，需要说明的是，指导性案例产生主体范围的扩大，只是解决上述问题的必要条件，而不是充分条件。

2. 认可与公布指导性案例的原始文本以提高其援引率

为了提高指导性案例的供给数量，摆脱指导性案例是一种介于抽象司

① 邓红阳：《河南省高院试行参考性案例指导制度》，载法制网：http：//www. legaldaily. com. cn/index/content/2012 -09/21/content_3860189. htm?node =20908，最后访问日期：2019 年 7 月 26 日。

法解释与具体司法解释之间的新的司法解释形式的定位，让指导性案例回归法律解释权的本色，最高人民法院、高级人民法院、中级人民法院认可、公布的指导性案例应该是判决的原始文本、真实的案例，而不应该是裁剪加工后的文本和假想案例。裁剪案例文本一是费心费力，导致产出低下；二是极易使后案的法官脱离指导性案例的其他要素，仅仅引用裁判要点做出裁判，将指导性案例作为抽象的裁判规则来理解。这种脱离指导性案例的整体内容的做法，极易导致断章取义。[1] 这其实是不利于提高指导性案例的援引率的。只有认可与公布指导性案例的原始文本，才能让后来的法官透彻理解指导性案例的裁判精神和要旨，而不至于断章取义、误解和歪曲，才能提高指导性案例的援引率。但是，不加工并不意味着不可以进行文字性的修改和编辑，它只是意味着不能改变判决文本的总体内容尤其是核心内容，更不要改变判决的“作者”。

在该机制下产生的指导性案例，是法官具体解释法律甚至续造法律的载体，在性质上属于“非正式法律渊源”或“准法律渊源”或“间接法律渊源”，只不过，这种“非正式法律渊源”附加了一定的制度权威。这就决定了指导性案例在定位上就是附加了制度权威的中国特色的判例制度。指导性案例不是抽象司法解释，也不是介于抽象司法解释与具体司法解释之间的新的司法解释形式，更不是习惯（法）。指导性案例不仅是一种司法管理制度，还是一种司法技术和技艺理性的体现。指导性案例也不同于德国、法国或日本等国的判例制度，指导性案例就是指导性案例，它的模式是独特的，是适应我国国情的一种制度创新。

总之，当前我国法院指导性案例的数量供给严重不足，制约了其在实践中的应用，导致了指导性案例的总体援引率不高。只有首先提高指导性案例的数量，才能提高其影响力和总体的援引率。而提高指导性案例的数

① 参见马俊彦：《论最高人民法院指导性案例的识别方法》，载《财经法学》2018 年第 1 期。

量，就要扩大指导性案例的产生主体范围。由于我国立法理论的制约，这就需要相应的理论创新作为理论支撑。本书所提出的内生性法官权力理论，能够为最高人民法院之外的其他层级的人民法院产生指导性案例提供理论支持。基于这一理论，笔者所提出的扩大指导性案例产生主体范围的方案，又进一步为解决指导性案例数量少、援引率低的问题提供了指引。详言之，在内生性法官权力理论视角下，我国法院的指导性案例在性质上属于非正式的法律渊源，在定位上是一种特殊的判例制度，它除了具有理性权威之外，还具有一定的制度性权威。基于此，除最高人民法院外，包括高级人民法院和中级人民法院在内的地方各级人民法院皆可认可、公布指导性案例，该指导性案例应该是真实的案例，公布的应该是判例的原始文本而非裁剪后的文本。上级法院除了公布本院的指导性案例外，还可以将下级法院的判例进行统一编号、公布（转发）和认可，以赋予其制度约束力，提高指导性案例的遵从度。

当然，提高指导性案例的援引率，除了指导性案例产生主体范围扩大和数量供给增加外，还需要其他配套制度的支持。

二、指导性案例的适用技术

适用指导性案例的前提是待判案件与某个指导性案例类似。如果不类似，就不应适用。但问题是，在具体的诉讼过程中，原被告双方当事人都有可能将某个指导性案例作为证据来提交，并主张适用该指导性案例进行判决。另外一方也可能反驳说，待判案件与该指导性案例不类似，不应适用。在此情况下，是否应该适用该指导性案例呢？这主要取决于法官对待判案件与该指导性案例是否类似的认识。如果类似，法官就会适用；如果不类似，法官就不会适用。但无论待判案件与该指导性案例是否类似，法官都应论证。法官应该对当事人的主张予以回应，并公开其论证过程和依据。但遗憾的是，我国目前法院的裁判文书普遍说理不足。如果待判案件与该指导性案例类似，法官往往简单地说二者类似，或者干脆绕开指导性案例，直接引用法条，借用指导性案例裁判要点的表述予以判案。如果待判案件与该指导性案例不类似，法官更是要么简单地说二者不类似，要么不予理睬该指导性案例及相关主张。

例如，在“张延刚与新泰市城市管理行政执法局规划行政处罚纠纷一案”中，法院适用了指导案例6号，但在判决书中仅仅提到“限期拆除违法建筑属于对相对人权益产生较大影响的行政处罚类型，应当根据《中华人民共和国行政处罚法》第四十二条的规定适用听证程序，被告未告知原告有要求听证的权利，违反了法定程序，构成程序违法”。[①] 但为什么限期拆除违法建筑属于对相对人权益产生较大影响的行政处罚类型，判决书未予论证。在“唐齐珍与上海市长宁区人民政府拆迁一审行政纠纷案”中，[②] 原告唐齐珍认为被告作出的系争征收补偿决定对房屋面积认定有误，租赁凭证上7平方米灶间未计入补偿，并举出指导案例6号，证明若被告未将7平方米灶间计入补偿，应按法定程序对原告进行告知。本案的审判法院未采纳原告的主张，但也没有对该举证进行任何回应。在“韩爱景、翟俊彩机动车交通事故责任纠纷案”[③] 中，一审法院认为，韩爱景因受伤致残，其伤残系数应乘以参与度认定为29%。因此，对于医疗费和残疾赔偿金等的承担，均是按照原告方承担29%、被告方70%来判决的。对此，韩爱景不服，提起上诉称：根据最高人民法院指导案例24号，残疾赔偿金、被扶养人生活费、护理依赖费用等项下赔偿项目不应按照外伤参与度进行赔付。被告方（人寿财险濮阳支公司）辩称：最高人民法院指导案例24号与本案情况不尽相同，不应当参照该判例进行判决。二审法院在审理时认

---

① 新泰市人民法院行政判决书（2014）新行初字第72号。

② 上海市长宁区人民法院行政判决书（2014）长行初字第17号。

③ 河南省濮阳县人民法院民事判决书（2018）豫0928民初5130号；濮阳市中级人民法院民事判决书（2018）豫09民终2612号。

定，本案系机动车交通事故责任纠纷。当事人二审争议焦点之一是：一审判决对韩爱景的残疾赔偿金、被扶养人生活费及院外护理依赖费用参照外伤参与度计算是否正确。对此，二审法院没有比较本案与指导案例 24 号究竟是否类似，而是绕开了指导案例 24 号，直接适用《道路交通安全法》进行了判决。[①] 二审法院之所以没有比较本案与指导案例 24 号是否类似，对指导案例 24 号没有直接援引，而是间接援引，主要的原因还是我国的法官缺乏相关的法律推理技术。

目前在我国，无论是学术界还是实务界对于法官应该说理的认识已经达成一致意见，但问题是法官如何说理这一操作问题需要继续研究和达成共识。具体到法官在适用或不适用某个指导性案例时，如何说理论证，值得进一步探讨。

（一）类似案件的判断标准

2010 年 11 月 26 日，最高人民法院研究室负责人在《最高人民法院关于案例指导工作的规定》发布后答记者问中对如何理解“类似案件”的回答是：“这个问题比较复杂，需要深入研究。我的理解是，类似案件就是相似或者相同案件。包括行为类似案件（如利用虚假诉讼诈骗他人财物或者利用网络诽谤他人）、性质类似案件（如罪名相同和民事案由相同案件）

---

① 濮阳市中级人民法院民事判决书（2018）豫 09 民终 2612 号指出：“《中华人民共和国道路交通安全法》第七十六条第一款第二项规定，机动车与非机动车驾驶人、行人之间发生交通事故，非机动车驾驶人、行人没有过错的，由机动车一方承担赔偿责任；有证据证明非机动车驾驶人、行人有过错的，根据过错程度适当减轻机动车一方的赔偿责任。本案中，残疾赔偿金、被扶养人生活费及院外护理依赖费用是否应当参照外伤参与度予以扣减，应当根据韩爱景对损失的发生或扩大是否存在过错进行分析，对于本次交通事故的发生，韩爱景不负事故责任，韩爱景的个人身体状况不是法律规定的过错，不应因其个人身体状况对交通事故导致的损害后果存在一定影响而自负相应责任。故一审判决依据鉴定机构作出的韩爱景伤残等级及外伤参与度 70% 的意见，在计算残疾赔偿金、被扶养人生活费及院外护理依赖费用时作相应扣减属适用法律错误，应予纠正。”

和争议类似案件（即案件中争议的问题相同，如知识产权案件中同一种商品的理解与认定问题）。这里的类似不仅指结果类似、数额类似或者某一个其他情节类似。”

张骐认为，比较待审案件与指导性案例的相似性，如果比较“基本案情”的话，则是不易把握的，比较案件的“关键事实”才更具有可操作性。所谓“关键事实”，就是“与案件争议点直接相关的案件事实”。[①] 法官们关注的具有可比性的案件事实，是具有法律意义的、成为法律评判对象的事实，尤其是根据法律确定案件事实性质的关键点或争议点，就是构成要件。[②] 在判断案件相似性中具有关键作用的构成要件，具有多种表现形式。有时，构成要件表现为当事人的讼争基础、法律评判对象的案件基本事实，诸如当事人的意思表示、当事人的侵权行为、行为的损害后果、当事人的主观过错、当事人行为的标的物、诉讼请求等，有时表现为法律解决方案所针对的案例、案件中的某一个争议点。[③] 例如，当事人是否可以获得精神损害赔偿，在法律没有明确规定时，如果有指导性案例做出了肯定的回答，则后案就可以参照该指导性案例。或许，该指导性案例与后案在事实上有很大的不同，后案的法官仍然可以发现两案的相似性。[④]

张骐的构成要件说可以追溯至德国。在德国，判例也具有重要地位。德国的法官关注的是兼有事实和法律评价双重属性的构成要件，只有构成要件相似的两个案件，才能作出同样或相似的法律评价。那么何为构成要件呢？根据拉伦茨的观点，构成要件即关于法律对特定事实评价的重要观点。拉伦茨还认为，决定案件最终法律判断的并非案件的全部事实，而是

① 张骐：《再论类似案件的判断与指导性案例的使用——以当代中国法官对指导性案例的使用经验为契口》，载《法制与社会发展》2015 年第 5 期。

② 张骐等：《中国司法先例与案例指导制度研究》，北京大学出版社 2016 年版，第 199 页。

③ 同上书，第 208 页。

④ 参见张骐等：《中国司法先例与案例指导制度研究》，北京大学出版社 2016 年版，第 208 页。

那些和法律评价直接相关的要件事实。[①] 构成要件起到了案件的事实认定和法律评价的连接和融贯作用。作为构成要件的事实需要具备两个方面的特性：其一，该事实必须具备争议性。其二，该事实必须要经过法律的评价才能够形成。作为相似性对比关键的构成要件的事实并非客观的日常事实，而是具有可能会影响法官对案件中争议点判断的法律事实。所谓的“相似”也不是指构成事实的各种要素都相似，而是指事实在法律的评价下被“视为相似”的构成要件，本质上是一种“法律拟制”。[②]

还有学者认为，待决案件与指导性案例之间的对比要点宜以案件法律关系为框架体系，形成以具体行为、法律关系主体、客体以及内容（权利与义务）为要点的相似性对比标准。“关键事实”还是“主要事实”并无本质上的区别。两者都强调要点相似，但主要事实或关键事实不等于一个事实要点。[③]

笔者认为，张骐的见解和观点是比较深刻的，笔者持赞同态度，理由如下：

判断一个案件（或称当前案件、待决案件、目标案件）与另一个案件（或称先前案件、先例、来源案件）是否类似，如果类似，就适用后者的裁判结果的方法，是一种类比推理（Analogical Reasoning）或称法律类比（Legal Analogy）。

类比推理是“从特殊到特殊”的特殊推理，不同于“从一般到特殊”的演绎推理与“从特殊到一般”的归纳推理。它的理论基础是“等者等之，异者异之”。它所面对的基本问题是，如果法律已经对案件事实 A 作出了规定，但对与之相似的案件事实 B 没有作出规定，可否将适用于案件

---

① 参见［德］卡尔・拉伦茨：《法学方法论》，陈爱娥译，商务印书馆 2004 年版，第 258 页。

② 孙跃：《德国法官如何援引司法判例——基于民事判例的考察》，载《私法》2018 年第 2 期。

③ 参见雷槟硕：《指导性案例适用的阿基米德支点——事实要点相似性判断研究》，载《法制与社会发展》2018 年第 2 期。

事实 A 的法律规范适用于案件事实 B。这种推理的核心是，判断案件事实 A 与案件事实 B 在本质上是否相同。如果两个案件事实本质相同，就应作相同处理，即将规范案件事实 A 的法律规范推而广之，适用于案件事实 B。[①] 於兴中认为，“类比推理是根据两个或两类对象之间在某些属性上的相同，而推断出它们在另一属性上也相同的结论”。[②] 它的特点是：类比推理是在两个或两类对象之间具有一定相似性关系的基础上进行的，是从个案到个案的一种独立的推理方式。类比推理的结论是或然的，不一定百分之百正确，需要不断检验和补充。[③]

正如世界上不存在两片完全相同的树叶，世界上也绝不可能存在两个完全相同的案件。桑斯坦就说：“任何事物在不计其数的各个方面与其他事物具有相似性，同时又在同样不胜枚举的各种角度与其他事物具有差异性。”[④]

关于类比推理的两个问题出现了。首先，决策者通过什么过程确定当前案件与类似案件之间的“共同特征”？其次，共同特征提供了什么类型的正当性力量？关于第一个问题，两个案例不可能在每个方面都是相同的，两个案例也不可能在事实方面没有任何共同特征。但并不是每个案例都可以类比，那么限制或指导类比选择的标准是什么呢？

类比在于两个案件事实具有一些共同特征，或两个案件的法律原则、法律原理、法律问题都与同一个问题相关。“如果问题涉及武器，刀具可能类似于枪支，但如果问题涉及餐具，刀具也可能类似于茶匙。如果问题涉及防御，胁迫可能类似于挑衅，但如果问题涉及共谋，胁迫也可能类似

① 杨登峰：《指导案例 6 号的未竟之业》，载《法治现代化研究》2017 年第 3 期。

② 於兴中：《法律中的类比推理》，载《法律方法与法律思维》2000 年第 1 辑。

③ 同上。

④ Cass Sunstein，Legal Reasoning and Political Conflict，Oxford University Press，1996，P. 73.

于煽动。"[1] 抽象的两个原则或两组事实或许并不相似，但是在一个法律问题的具体背景下，就可能是相似的。

在实践中，原被告双方都会选择有利于己方的案例做类比。之所以选择这些类比，是因为人们相信它们能够提供相应的指引，给出相关的解释，给予相关的教训，有助于提高相关的说服力。[2] 类比推理论证的力量在于其说服力。

质言之，一个案件之所以能被论证为与另一个案例类似，是因为它们在法律意义上具有相关相似性（relevant similarity），或者是它们具有法律意义的相关相似性。例如，在决定枪支销售商是否应当对其向未成年人非法出售枪支从而导致的第三人受伤或死亡承担赔偿责任时，可能会将其与如下的先前判决做类比：酒精饮料销售者通常应对因其向未成年人非法出售酒精饮料而导致该未成年人醉酒，从而导致醉酒打人致第三人受伤或死亡而承担赔偿责任。酒精饮料和枪支的差异性大于相似性，但尽管如此，这一类比还是比较具有说服力的，因为二者具有一定的共同特征，即心智不成熟的使用者可能会滥用它从而给第三人带来损害。这一共同特征是具有法律意义的，它可以为法律所评价，是法律评价的对象，在法官评判相关的责任承担时需要对它进行考虑。因此，法律类比绝非简单的事实层面的比较，[3] 也和我们在学生时代做比较题（如法律和道德的共同点和不同点有哪些？大陆法系和英美法系的共同点和不同点有哪些？等等）时遵循的方法和逻辑有本质的不同。法律类比所关注的不是待决案例与被类比的先前案件所共同具有的事实特征与规范的法律后果之间是否存在因果关系，而是后者的法律后果是否应当同样适用

---

① Precedent and Analogy in Legal Reasoning，https：//plato. stanford. edu/entries/legal-reas-prec/.

② 参见［美］弗里德里克·肖尔：《像法律人那样思考：法律推理新论》，雷磊译，中国法制出版社 2016 年版，第 97 页。

③ 参见雷磊：《类比法律论证——以德国学说为出发点》，中国政法大学出版社 2011 年版，第 5 页。

于待决案件（尽管二者存在事实差异），即二者是否应作同一法律评价。[①] 因此，简单地说，两个案件的案情类似、关键事实或主要事实类似、行为类似、性质类似、争议类似，等等，都是既不全面，又未把握住问题的实质的。但笔者也不赞同直接将德国法学界的“构成要件类似”直接拿到我国来，因为“构成要件”主要在刑法领域运用，且主要是指主体、主观方面、客体、客观方面等，考虑问题的维度有限，容易引起误解。如本书后面的孙银山系列案所表明的，即使是同一个人，反复地在不同的超市买“不符合安全标准”的不同种类的食品并索赔，后案和前案也未必都应做相似处理。

类比的存在最终取决于类比决策的正当性。“案件中的事实可能超出已有先例的判决理由，因此法院不受先例约束。另外，先前判决的理由可能适用于后面的案件，因此可以通过类比为后面的案件提供论证。”[②] 其实，类比推理和区别先例像照镜子一样是可以互为对照的：两个案件的事实既定，问题在于是否有充分的理由区别对待两个案件。[③] 如果区别对待两个案件，那么除非有充分的理由，否则必须遵循先例。如果类比对待两个案例，那么先例就必须延伸到当前的案件，除非有足够的理由区别对待当前的案件。但这会产生误导，因为两个案件是不可能在所有方面都是相似性的。不能说因为先例判决错误，所以要区别先例：先例的判决必须默认是正确的。然而，如果后来的法院认为先例判决的基本原理（rationale）缺乏说服力，那么就没必要将先例延伸到本案。后来的法院经过综合考量，可以不遵从先例。

---

① 参见雷磊：《类比法律论证——以德国学说为出发点》，中国政法大学出版社2011年版，第6页。

② Precedent and Analogy in Legal Reasoning，https://plato.stanford.edu/entries/legal-reas-prec/.

③ Eisenberg，M. The Nature of the Common Law，Cambridge，Mass：Harvard University Press，1988，p. 87.

（二）判断类似案件的法律技术——类比推理

判断类似案件的法律技术为类比推理技术。Grant Lamond 将普通法系法官的类比分为三类：分类类比（classificatory analogies）、近类比（close analogies）、远类比（distant analogies）。该分类有助于我们理解类比推理技术的具体运作。

分类类比在日常的法律实践中发挥着重要的作用。分类类比用于帮助确定案件事实的法律特征（legal characterisation）。法律类别（Legal category）通常属于更为抽象的类别。例如，“非机动车”是一个法律类别，它可以属于更为抽象的“车辆”类别。之所以进行分类类比，可能是由于法律规则的模糊性和开放结构（open texture）。“非机动车”是否属于“禁止车辆进入公园”这一规则中的“车辆”？这就需要进行分类类比。

法律规则的适用要求规则中的抽象类别适用于当前案件事实中的具体类别。例如，如果要禁止婴儿车、滑板车等非机动车进入公园，就要求“禁止车辆进入公园”这一规则中的“车辆”类别能够适用于当前案件事实中“非机动车”类别。而一个抽象的类别是否适用于该事实，又取决于它是否满足该类别的归属标准。有时，一个法律类别是否归属更高一级的、抽象的某个法律类别，并不是很明确的。例如，婴儿车、滑板车等非机动车是否属于“禁止车辆进入公园”这一规则中的“车辆”？这并不是很清楚。此时，就需要求助于近似判例以发现法官是如何解决这一问题的，以获得指导来解决当前的案例。

是什么让一个新案例与既有案件“类似”？这部分取决于为什么早期案件的法院将某一特定类别归于先前案件中的事实（或拒绝这样做）。是什么最终让案件“足够”类似？这是一个判断问题。

类比推理之后，有的对解决当前的问题提供了强有力的支持，有的仅仅对解决当前的问题有帮助或有提示性（suggestive）作用。前者被称为近类比，后者被称为远类比。

例如，当法官审判一起以证券律师对于其客户上市公司的注意义务标准为争议点的案件时，如果找到了另外一起律师对于客户的注意义务标准的先前判决，哪怕该客户不是上市公司，二者也显然是近类比。如果没有找到律师对于客户的注意义务标准的先前判决，而是找到了一个会计师对于客户上市公司的注意义务标准的先前判决，二者仍然也可以算作一个近类比，因为它们都是中介机构对于客户的专家责任问题。但如果没有找到会计师对于客户的注意义务标准的先前判决，而是找到了医生对于病人的注意义务的先前判决，二者尽管都是专家责任问题，但医生面对病人，和律师面对当事人，二者还是有很大不同的。如果要类比，可能就是一种远类比了。当然，近类比与远类比之划分是相对而言的，二者没有一个截然的界限。同样，分类类比与近类比的划分也是相对而言的，也可以说分类类比是比近类比更近的类比。

识别类似案件，是在解决同一类型法律问题的原则的同类领域中寻找的。类似案件的法律领域与当前案件的法律领域越接近，类比就越接近。类比越具体，效力就越强；越抽象，效力就越弱。因为如果类比越具体，区别两个案例的空间就越少；而如果类比越抽象，就越有理由认为两个案例显著不同。允许文身是合法的，允许装饰性的烙印（decorative banding）也是合法的，这就是近类比。此外，将拳击类比为施虐受虐活动，则是远类比，虽然两者都涉及一定程度的故意侵害。①

近类比是在“法理”（legal doctrine）之内进行的推理。近类比推理的力量或其运用在于“法理”的结构之内。“法理”不可理解为仅仅诸如“法律面前人人平等”“罪行法定”“比例原则”“诚实信用”之类的法律“原则”，它既可能是非常宽泛的原则，也可能是非常具体的规则。法律不

① Precedent and Analogy in Legal Reasoning，https：//plato. stanford. edu/entries/legal-reas-prec/.

仅仅是一个规则体系，它由一系列相互联系和相互关联的“理性之理”（reasoned doctrine）所组成。“法理”不仅由规制和创造活动的规则群所构成，也由使这些规则和标准理性化和正当化的价值和利益所构成。[①]

远类比是通过（across）“法理”进行的推理，或者在不同的“法理”之间（between）进行的推理，而不是在一个“法理”之内（within）进行的推理。近类比所共享的“法理”是相同的，远类比共享的“基本原理”（rationale）是相同的。“基本原理”位于“法理”之后或之上，基本原理衍生出“法理”。

事实上，除非相互参照，否则先例本身的法律原则和近类比都不能被正确地理解。先前的案件之所以与后一个案件相关，是因为在某一个法律问题领域，在更高的层面上，案件具有可比性。[②] 例如，律师、会计师和医生，一旦涉及侵权，它们都具有专家身份。因此，类比不可避免地涉及归纳，也不可避免地涉及演绎，是一种先归纳后演绎的推理，即类比推理包含了归纳推理和演绎推理两种推理形式。古塔尔认为，英国法院“适用先例的推理”，可以分为两个阶段：法官先是通过归纳推理，从一个或数个先例中抽象出一个原则，然后以演绎推理的方式将该规则适用于当下案件。[③] 列维则将这种推理称为“例推法”（reasoning by example），也就是将一项由先例提炼出来的论断视同一项法则并将之适用于后一个类似的情景中。列维将这一过程分为三步，即首先提炼出个案之间的相似之处，然后总结出先例中蕴含的相关法则，最后再将此相关法则运用于当下的个案

---

① Grant Lamond, Analogical Reasoning in the Common Law, Oxford Journal of Legal Studies, Volume 34, Issue 3, Autumn 2014, p. 579.

② Ibid., p. 578.

③ L. Goutal, Characteristics of Judicial Style in France, Britian and the USA, 24 The American Journal of Comparative Law, 43 –72 (1976).

之中。[①]

指导案例24号“荣宝英诉王阳、永诚财产保险股份有限公司江阴支公司机动车交通事故责任纠纷案”[②] 归纳出了“受害人的特殊体质既非受害人对损害发生的过错，也与损害后果间不存在法律上的因果关系，故不能减轻加害人的赔偿责任”的规则，[③] 即“蛋壳脑袋规则”，[④] 这对于其他类似案件具有较强的参照价值，因此被广泛引用。[⑤] 本案的具体案情是：本案中，原告荣宝英诉称：被告王阳驾驶轿车与其发生刮擦，致其受伤。该事故经交警大队认定：王阳负事故的全部责任，荣宝英无责。原告要求两被告赔偿医疗费用等。被告永诚保险公司辩称：对于事故经过及责任认定没有异议，其愿意在交强险限额范围内予以赔偿；因鉴定意见结论中载明“损伤参与度评定为75%，其个人体质的因素占25%”，故确定残疾赔偿金应当乘以损伤参与度系数0.75，因此，只认可部分金额。被告王阳同意保险公司意见。二审法院无锡市中级人民法院认为：交通事故中在计算残疾赔偿金是否应当扣减时应当根据受害人对损失的发生或扩大是否存在过错进行分析。本案中，虽然原告荣宝英的个人体质状况对损害后果的发生具有一定的影响，但这不是侵权责任法等法律规定的过错，荣宝英不应因个人体质状况对交通事故导致的伤残存在一定影响而自负相应责任，一

---

① ［美］安德华·H. 列维：《法律推理引论》，庄重译，中国政法大学出版社2002年版，第3页。

② 无锡市中级人民法院民事判决书（2013）锡民终字第497号。

③ 程啸：《受害人特殊体质与损害赔偿责任的减轻——最高人民法院第24号指导案例评析》，载《法学研究》2018年第1期。

④ 石磊：《〈荣宝英诉王阳、永诚财产保险股份有限公司江阴支公司机动车交通事故责任纠纷案〉的理解与参照——个人体质特殊不属于减轻侵权人责任的情形》，载《人民司法·案例》2015年第12期。

⑤ 截至2018年12月31日，最高人民法院已发布20批共计106例指导性案例。在最高人民法院已发布的106例指导性案例中，有78例指导性案例被应用于司法实践，共计3098例应用案例。其中机动车交通事故责任纠纷的指导案例24号应用频率最高，共071次。参见郭叶、孙妹：《最高人民法院指导性案例2018年度司法应用报告》，载《中国应用法学》2019年第3期。

审判决以伤残等级鉴定结论中将荣宝英个人体质状况“损伤参与度评定为75%”为由，在计算残疾赔偿金时作相应扣减属适用法律错误，应予纠正。从交通事故受害人发生损伤及造成损害后果的因果关系来看，本起交通事故系肇事者王阳驾驶机动车穿越人行横道线时，未尽到安全注意义务碰擦行人荣宝英所致；本起交通事故造成的损害后果系受害人荣宝英被机动车碰撞、跌倒发生骨折所致，事故责任认定荣宝英对本起事故不负责任，其对事故的发生及损害后果的造成均无过错。虽然荣宝英年事已高，但其年老骨质疏松仅是事故造成后果的客观因素，并无法律上的因果关系。因此，受害人荣宝英对于损害的发生或者扩大没有过错，不存在减轻或者免除加害人赔偿责任的法定情形。同时，机动车应当遵守文明行车、礼让行人的一般交通规则和社会公德。本案所涉事故发生在人行横道线上，正常行走的宋宝英对将被机动车碰撞这一事件无法预见，而王阳驾驶机动车在路经人行横道线时未依法减速慢行、避让行人，导致事故发生。因此，依法应当由机动车一方承担事故引发的全部赔偿责任。根据我国道路交通安全法的相关规定，机动车发生交通事故造成人身伤亡、财产损失的，由保险公司在机动车第三者责任强制保险责任限额范围内予以赔偿。而我国交强险立法并未规定在确定交强险责任时应依据受害人体质状况对损害后果的影响作相应扣减，保险公司的免责事由也仅限于受害人故意造成交通事故的情形，即便是投保机动车无责，保险公司也应在交强险无责限额内予以赔偿。因此，对于受害人符合法律规定的赔偿项目和标准的损失，均属交强险的赔偿范围，参照“损伤参与度”确定损害赔偿责任和交强险责任均没有法律依据。

上海铁路运输中级法院在“中国人民财产保险股份有限公司上海市分公司与陈德中、董胖等机动车交通事故责任纠纷案”① 中就参照适用了指

① 上海铁路运输中级法院民事判决书（2014）沪铁中民终字第14号。

导案例 24 号。在本案中，生效裁判认为：类似案例就是相似案件，它包括行为类似案件、性质类似案件（相同案由）和争议类似案件（案件中争议的问题相同）。本案与指导案例 24 号均为民事交通事故过错责任类纠纷。受害人在交通事故中均经交警部门认定不承担责任，其对事故的发生及损害后果的造成均没有过错，其两者的体质状况仅是事故造成后果的客观因素，并无法律上的因果关系。两案中的当事人均对案件处理是否要参照“损伤参与度”的问题提出争议。综上所述，由于两案存在行为类似、性质类似和争议类似，故原审法院参照指导案例 24 号，在本案交通事故的受害人没有过错的情况下，未将其体质状况对损害后果的影响作为属于可以减轻侵权人责任的法定情形即未采用损伤参与度进行审理并无不当。本院应当予以维持。笔者认为，该案二审判决指出的两案存在行为类似、性质类似和争议类似，以及对这些方面类似的描述、论证，言简意赅，准确地把握了问题的本质，抓住了问题的核心，因此，最高人民法院将其当作释法说理的典型案例予以推广。[①]

（三）类比推理时应注意运用区别技术

应该同时看到，类比推理仅仅是达成与被类比的案件相同结果的“一个”理由，即在达成该结果时要与其他理由相比、权衡的一个理由，而且也是在没有其他强有力的理由去达成相反结果的情况下这样做的充分理由。[②] 达成先前案件中的判决结果，往往不仅仅有一个理由，而是有多个理由。仅考虑其中的一个理由往往是想法太简单了。因此，在类比先前案件之时，法官必须考虑达成先前案件结果的所有理由，并决定其中的“一

① 参见胡昌明：《裁判文书释法说理方法——〈最高人民法院裁判文书释法说理知道意见〉的案例解读》，人民法院出版社 2018 年版。

② Grant Lamond, Analogical Reasoning in the Common Law, Oxford Journal of Legal Studies, Volume 34, Issue 3, Autumn 2014, p. 578.

个”理由是否适用于当前的案件。

近类比如何与当前的案件“接近”，这是一个程度问题。类比越远，案件的背景差异就越大，采纳被类比案件的理由的吸引力就越小。被类比的案例越古老，相关的法律原则就越有可能向前发展，适用该被类比的案例的理由的直接性就越弱（less straightforward）。[①] 总之，类比离不开权衡，离不开规则、原则和法律原理的指引，因此，类比推理其实本质上是在规则、原则和法律原理的指引下的一种推理。

在普通法系国家的实际运作中，往往不是将当前的案件与先前的某一个案件做类比，而是与先前的多个案件做类比。在与某一个先前案件做类比时，往往只关注其相似之处以及它们的关系，因此可以说，在很多情况下，法律类比推理都是不完整的。美国弗吉尼亚大学法学院教授弗里德里克·肖尔指出：类比推理严格说来更多是一种不具有逻辑必然性的思维方式。[②]

既然如此，在运用类比时就必须时刻保持警惕，避免将指导性案例看成一成不变的事物。在法律的思维方式和运作方式上，普通法法系法官常常运用区别技术（distinguishing technique）来规避先例的适用。这一方法的模式可以归纳为：（1）运用归纳方法对前例中的法律事实进行归纳；（2）运用归纳方法对待判案件的法律事实进行归纳；（3）将两个案件中的法律事实划分为实质性事实和非实质性事实；（4）运用比较的方法分析两个案件中的实质性事实是否相同或相似；（5）找出前例中所包含的规则或原则；（6）如果两个案件中的实质性要件相同或相似，则根据遵循先例的原则，前例中包含的规则或原则可以适用于待判案例。在对待先例的问题

---

① Grant Lamond，Analogical Reasoning in the Common Law，Oxford Journal of Legal Studies，Volume 34，Issue 3，Autumn 2014，p. 578.

② ［美］弗里德里克·肖尔：《像法律人那样思考：法律推理新论》，雷磊译，中国法制出版社 2016 年版。

上有三种做法：（1）遵循先例。一般来讲，下级法院应当遵循上级法院的判例，上诉法院还要遵循自己以前的判例。（2）推翻先例。在美国，联邦最高法院和各州最高法院有权推翻自己以前的判决。（3）避开先例。主要适用于下级法院不愿适用某一先例但又不愿公开推翻它时，可以以前后两个案件在实质性事实上存在区别为由而避开这一先例。美国学者总结认为，判例适用的标准因时间、地点和环境而异。“对于马拉车构成过失的速度对汽车则并非如此。在乡村农业社会是不合理的事物，在城市工业社会不必然是不合理的。在昨天的情境下不合理的事物，在明天的情境下可能如此也可能并非如此。”①

我国也应该借鉴英美法系国家法官的做法，建立指导性案例排除适用制度。正如制定法规定一样，无论是判例还是指导性案例，本身都存在滞后性和僵化性的特点，特别是指导性案例赖以生存的社会经济如果发生重大变化，往日符合社会发展要求的案例在今时可能不符合时代的需求。如果依旧参照指导性案例，可能将得出不合理、不公正的判决结果。这时就可以排除指导性案例的适用，并要有足够充分的理由予以说明。

类比推理可以用以下公式化的表达：在指导案例 G 中记录着该案例的事实是 a、b、c、d、e、g，指导案例 G 中的关键事实是 A、B、C（a、b、c 分别是 A、B、C 的具体情况，A、B、C 分别是 a、b、c 的一般性质），由于有 A、B、C，所以有指导案例中的法律解决方案（个案规则）X。待决案件 N 包含事实 a 1、b 1、c 1、d 1、$\bar{e}1$（非 e 1）、f 1。由于待决案件 N 有 A、B、C，所以是类似案件，法官应当参照指导案例审判，而 $\bar{e}1$（非 e 1）不足以排除 X。② 但如果 $\bar{e}1$（非 e 1）足以排除 X，则就属于区别

---

① ［美］罗斯科·庞德：《何为遵循先例原则》，李鸻译，载《山东大学学报》（哲学社会科学版）2006 年第 5 期。

② 张骐：《再论类似案件的判断与指导性案例的使用——以当代中国法官对指导性案例的使用经验为契口》，载《法制与社会发展》2015 年第 5 期。

技术了。

1. 以指导案例 24 号为例看区别技术的运用

在“中国平安财产保险股份有限公司呼和浩特中心支公司与武二毛、李军军等机动车交通事故责任纠纷案”（以下简称“李最云案”）中，[①] 一审法院认为本案与指导案例 24 号类似，因此适用了指导案例 24 号。但二审法院运用了区别技术，认为本案与指导案例 24 号不同，不能适用指导案例 24 号。本案的具体情况是：2016 年 11 月 12 日，李最云驾驶电动三轮车行驶时，与被告马卫中驾驶的小型轿车发生碰撞，造成李最云受伤，经凉城县医院抢救无效死亡。乌兰察布市公安局交通警察支队凉城县大队认定本起交通事故被告马卫中与李最云违法过错相当，应承担同等责任。李最云死亡后，内蒙古医科大学司法鉴定中心出具的司法鉴定意见书为：李最云主要因疾病致死，交通损伤与死亡存在一定程度的因果关系。一审法院认为，被侵权人因交通事故死亡，其近亲属依法有权向侵权人或其他赔偿义务人请求承担侵权责任。李最云因本起交通事故死亡，三原告作为近亲属向侵权人马卫中及为肇事机动车承保交强险与商业第三者责任保险的平安财险呼市公司主张赔偿符合法律规定。被告平安财险呼市公司提出，致李最云死亡的主要原因系疾病，对原告方的赔偿应按本起交通事故责任比例 50% 进行划分后，再扣除 70% 进行赔偿，但根据相关法律规定及最高人民法院发布的第六批指导性案例的裁判精神，被侵权人自身对损害的发生也存在过错，方可减轻侵权人的责任，被侵权人自身存在的身体疾病因素对损害后果的影响不属于可以减轻侵权人责任的法定情形，被告平安财险呼市公司提出因李最云死亡的主因系疾病，应减轻侵权人或赔偿义务人赔偿责任的答辩理由缺乏法律依据，依法不予采纳，该保险公司应在保险限额内根据本起交通事故的责任比例依法依规率先承担保险金理赔义务。

① 乌兰察布市中级人民法院民事判决书（2017）内 09 民终 752 号。

宣判后，平安财险呼市公司不服，提起上诉，其上诉的主要内容和理由为：根据内蒙古医科大学司法鉴定中心司法鉴定意见书鉴定结论，该案的死亡赔偿金应当按照事故责任比例划分后，再扣除70%进行赔付。二审法院认为，一审法院依据最高人民法院发布的第六批指导案例24号案件作为裁判依据，认为死亡赔偿金不应当考虑自身疾病的参与度。最高人民法院发布的第六批指导案例24号案件中受伤者在交通事故中无责任，本案中李最云负事故的同等责任，对事故的发生及损害后果均存在过错，故该指导性案例并不适用于本案，李最云的死亡赔偿金应当考虑疾病损伤参与度。因鉴定结论未给出明确的参与度为多少，综合全案情况考虑，本院确定自身疾病的损伤参与度为50%。

"李最云案"与指导案例24号有诸多相似之处：都是交通事故赔偿纠纷，受伤者均具有自身疾病且对于损失具有参与度，被告人均是驾驶机动车发生交通事故，被告人的机动车均投保了交强险，等等。但两案也有不同之处："李最云案"中的受伤者在交通事故发生后不久死亡了，而指导案例24号中的受伤者在交通事故发生后没有死亡；"李最云案"中的受伤者对交通事故的发生负有责任，与被告负同等责任，而指导案例24号中的受伤者对交通事故的发生不负责任，被告负全部责任。一审法院只注意到了两案的相同之处，忽略了不同之处。二审法院运用了区别技术，除了注意到两案的相同之处，还特别关注了两案的不同之处，尤其是受伤者对交通事故的发生是否负有责任这一事实。正是这一事实，决定了"李最云案"与指导案例24号的不同和适用规则的不同。

在"中国平安财产保险股份有限公司赤壁支公司、戴易成机动车交通事故责任纠纷案"（以下简称"戴易成案"）中，[①] 2017年8月29日，江阳明驾驶小型轿车行驶时，因江阳明采取措施不当，与戴易成驾驶停驻的

---

① 咸宁市中级人民法院民事判决书（2018）鄂12民终1454号。

正三轮载货摩托车发生碰撞，造成戴易成受伤的交通事故。相关交通事故认定书认定：江阳明应负此次事故的全部责任，戴易成不负此次事故责任。相关司法鉴定意见为：戴易成的交通事故损伤与第一次就诊开支（3069元）存在直接因果关系，参与度100%；戴易成的交通事故损伤与第二次就诊开支（55,285.81元）存在间接因果关系，参与度50%左右。一审法院认为，本案交通事故中的受害人戴易成的损害后果情况与最高人民法院指导案例24号案情相类似，并列举了该指导性案例的裁判要点。而在本案中，从交通事故受害人戴易成发生损伤及造成损害后果的因果关系来看，此次交通事故系江阳明驾驶机动车疏忽大意，未在确保安全的原则下通行，未与前车保持足以采取紧急制动措施的安全距离，从而和由戴易成驾驶停驻的正三轮载货摩托车发生碰撞所致；此次交通事故造成戴易成受伤，并引发心脏等部位疾病。事故责任认定戴易成对此次交通事故不负责任，其对事故的发生及损害后果的造成均无过错。戴易成虽然患有先天性心脏病和慢性支气管炎，但仅是造成损害后果的客观因素，而无法律上的因果关系。因此，受害人戴易成对损害的发生及扩大没有过错，不存在减轻或者免除加害人江阳明赔偿责任的法定情形，江阳明应当承担事故引发的全部赔偿责任。因此，一审法院认为戴易成因此次交通事故而发生的医疗费不应当计算参与度，应当由江阳明赔偿全部医疗费，平安财保赤壁公司对此在保险责任范围内予以赔偿。江阳明、鲍凯、平安财保赤壁公司关于医疗费中55,285.81元的费用应当按照参与度50%进行计算的抗辩意见不成立，不予采纳，对戴易成关于医疗费的主张予以支持。一审宣判后，平安财保赤壁公司不服，上诉称，原审法院直接引用最高人民法院指导案例24号作为本案的裁判依据是对“个人体质”的扩大解释，本案中戴易成在交通事故发生前患有先天性心脏疾病和慢性支气管炎，这是一种显然易见的疾病，并不是个人体质，与指导案例中所述的个人体质是两种完全不同的概念。

在这里，平安财保赤壁公司认为，戴易成在交通事故发生前患有先天性心脏疾病和慢性支气管炎，这是一种疾病，并不是个人体质，因此，本案与指导案例 24 号的事实不同，不应适用指导案例 24 号。

对此，二审法院进行了详细论证：首先，从法律上看，虽然戴易成个人身体状况对损害后果具有一定的影响，但是这不属于侵权责任法等法律中的过错情形。侵权责任法上的过错是指行为人对侵权行为本身主观上明知或应当知道，戴易成患有未发作的身体疾病不构成过错。故戴易成不应当因为其身体状况对交通事故导致的损害存在一定影响而自负相应的责任。其次，从客观逻辑上看，如果戴易成未受到此次交通事故的侵害，即没有受到严重撞击，其不会因此产生交通事故致损的医疗费用，也不会因此产生由此事故引发的治疗其心脏疾病的相关费用。其中的朴素逻辑是：如果没有这次事故，就不会有这笔费用发生。且上诉人平安财保赤壁公司亦无证据证明在未发生此次事故的情况下这笔费用一定会发生。再次，从因果关系上看，侵权责任的要件之一是侵权行为与损害后果具有因果关系，这种因果关系是事物之间一种内在的必然联系，不是时间的先后，或事件发生的先后，即不能理解为交通事故只造成了受害人身体直接损伤，其原有疾病系间接发生。因为撞击过程本身就足以直接引发其原有的疾病复发或者症状由隐性变成显性。即使在常人难以说清的复杂情形下，也应当作出对受害人有利的推断。上诉人认为受害人因事故而治疗疾病的损失是间接损失，其不应当赔偿，既没有法律上的理由，也缺乏应有的说服力。最后，从“参与度”适用的前提来看，参与度是在侵权案件中发生多因一果或多因多果的情况下，每一个原因力对侵权损害后果的作用力大小即贡献大小。本案中戴易成的自身病症在事故发生前处于稳定状态，不必然导致本案相关治疗费用发生，该治疗费用的发生系由于交通事故原因力的介入，而且从侵权法上看是本案唯一原因。如果将受害人自身疾病或体质考量计入“参与度”，实际上是将其本身的疾病视为致损的一个原因力，那么可能产生患者本人成为侵权人，这将导致自相矛盾的逻辑结果。因此，从侵权责任的基本原理分析，本案缺乏“参与度”适用的前提条件。故原审法院没有认定参与度并无不当，本院继续予以确认。

应该说，该二审法院的说理、论证比指导案例24号还要详细、透彻，它虽然超越了指导案例24号，没有论述二者的相似或相异之处，却论证了指导案例24号裁判要点背后的基本法理，驳斥了上诉人关于个人疾病不是个人体质因此不应适用指导案例24号的观点，而认为个人疾病、个人特质都不属于侵权责任法等法律中的过错情形。也就是说，ē1（非e 1）不足以排除X。

在长春市朝阳区人民法院审理“高歧荣、远洋与吉林省肿瘤医院医疗损害责任纠纷一案”① 中，也运用了区别技术，从而排除了指导案例24号的适用。本案中，远贵茹因患下咽癌到吉林省肿瘤医院进行治疗过程中死亡。由长春市中级人民法院委托吉林信达司法鉴定中心进行的鉴定意见书认为：“1. 医方在远贵茹的诊疗、抢救过程中存在行为过错。2. 医方的行为过错与远贵茹的死亡存在一定的因果关系。3. 医方的行为过错在远贵茹的死亡后果构成中参与度以次要作用为宜。”在诉讼过程中，原告认为鉴定报告已经鉴定出过错及因果关系，被告责任已经构成，参与度不能替代侵权责任法，并提供了指导案例24号复印件。该审理法院依据上述鉴定结论，判决吉林省肿瘤医院对远贵茹的死亡负次要（30%）赔偿责任。关于原告诉讼代理人提供的指导案例24号，该法院认为，该指导性案例仅适用于交通事故责任纠纷领域，故原告方的主张不予支持。总之，该案之所以没有适用指导案例24号，就是因为本案与指导案例24号相比，有重大区别：本案的基础事实为医疗机构在抢救患者过程中存在过错，而指导案例24号的基础事实为在交通事故责任纠纷中，被害人的个人特殊体质对危害结果的影响是否构成过错的问题。虽然两案的鉴定结论都出现了“参

① 长春市朝阳区人民法院民事判决书（2017）吉0104民初3668号。

与度”的字样，但审理法院没有望文生义地认为两案相同或类似。

2. 以指导案例23号为例看区别技术

指导案例23号“孙银山诉南京欧尚超市买卖合同纠纷案”[①]也是一个比较受关注的指导性案例。其基本案情为：消费者孙银山在被告（经营者）南京欧尚超市有限公司江宁店（以下简称欧尚超市江宁店）购买“玉兔牌”香肠15包，其中价值558.6元的14包香肠已过保质期。孙银山到收银台结账后，即径直到服务台索赔，后因协商未果诉至法院，要求欧尚超市江宁店支付14包香肠售价十倍的赔偿金5586元。关于原告孙银山是否属于消费者的问题，法院认为，只要在市场交易中购买、使用商品或者接受服务是为了个人、家庭生活需要，而不是为了生产经营活动或者职业活动需要的，就应当认定为“为生活消费需要”的消费者，属于消费者权益保护法调整的范围。本案中，孙银山并未将所购香肠用于再次销售经营，欧尚超市江宁店也未提供证据证明其购买商品是为了生产经营。孙银山因购买到超过保质期的食品而索赔，属于行使法定权利。因此欧尚超市江宁店认为孙银山“买假索赔”不是消费者的抗辩理由不能成立。当销售者销售明知是不符合安全标准的食品时，消费者可以同时主张赔偿损失和支付价款十倍的赔偿金，也可以只主张支付价款十倍的赔偿金。本案中，原告孙银山仅要求欧尚超市江宁店支付售价十倍的赔偿金，属于当事人自行处分权利的行为，应予支持。该指导性案例的裁判要点为：“消费者购买到不符合食品安全标准的食品，要求销售者或者生产者依照食品安全法规定支付价款十倍赔偿金或者依照法律规定的其他赔偿标准赔偿的，不论其购买时是否明知食品不符合安全标准，人民法院都应予支持。”

该指导性案例很明确，孙银山在本案中购买食品并索赔，不是为了生产经营活动需要，而是为了“生活需要”，因此，孙银山是消费者，有权

---

① 最高人民法院审判委员会讨论通过，2014年1月26日发布。

对不符合安全标准的食品向经营者主张十倍价款的赔偿。至于孙银山是不是所谓的“职业打假人”，该指导性案例未予明确。

该指导性案例公布后，孙银山还真的走上了所谓的“职业打假人”之路。根据“无讼”网站上检索到的孙银山购买食品并提起诉讼进行索赔的情况（以购买假货的时间为序），孙银山此后又提起了多起诉讼索赔：“原告孙银山诉被告江苏明都超市有限公司常州明都连锁店产品销售者责任纠纷一案一审民事判决书”①“原告孙银山与被告南京悦家超市有限公司大行宫店买卖合同纠纷一审民事判决书”②“孙银山与无锡大统华购物有限公司产品销售者责任纠纷一审民事判决书”③“孙银山与无锡华润万家生活超市有限公司滨湖店产品销售者责任纠纷一审民事判决书”④“上诉人南京欧尚超市有限公司与被上诉人孙银山产品销售者责任纠纷一案的民事判决书”⑤“原告孙银山与被告南京悦家超市有限公司大华店（下称悦家超市大华店）买卖合同纠纷一案的民事判决书”⑥“孙银山与无锡悦家商业有限公司宝龙店、无锡悦家商业有限公司产品销售者责任纠纷一审民事判决书”⑦“孙银山与马鞍山惠亿家商贸有限公司买卖合同纠纷一审民事判决书”。⑧

以上有限的案例表明，孙银山 2015 年知假打假 5 起案例，2016 年知假打假 2 起案例，2017 年知假打假 1 起案例，均大获全胜。

但笔者的检索显示，自 2016 年之后，孙银山在其他“打假”诉讼中

---

① 常州市天宁区人民法院民事判决书（2015）天民初字第 1839 号。

② 南京市玄武区人民法院民事判决书（2015）玄孝民初字第 271 号。

③ 无锡市滨湖区人民法院民事判决书（2015）锡滨民初字第 01399 号。

④ 无锡市滨湖区人民法院民事判决书（2015）锡滨民初字第 02249 号。

⑤ 南京市建邺区人民法院民事判决书（2015）建民初字第 4784 号；南京市中级人民法院民事判决书（2016）苏 01 民终 4300 号。

⑥ 南京市浦口区人民法院民事判决书（2016）苏 0111 民初 3790 号。

⑦ 无锡市高新技术产业开发区人民法院民事判决书（2016）苏 0291 民初 1563 号。

⑧ 马鞍山市花山区人民法院民事判决书（2018）皖 0503 民初 1300 号。

频频撤诉，或起诉后不到庭被当作撤诉处理。撤诉时间最早的是2016年2月[①]，多是发生在2017年[②]和2018年[③]。转折性案例可能是“鞍山市花山区人民法院（2018）皖0503民初1340号民事判决书”，该案判决孙银山败诉，但笔者在中国法院裁判文书网等网站上尚未找到该判决书原文。

其实，对于职业打假来说，2014年是一道“分水岭”。[④] 2014年1月10日，最高人民法院发布《关于审理食品药品纠纷案件适用法律若干问题的规定》，明确规定：“因食品、药品质量问题发生纠纷，购买者向生产者、销售者主张权利，生产者、销售者以购买者明知食品、药品存在质量问题而仍然购买为由进行抗辩的，人民法院不予支持。”2014年1月29日，最高人民法院发布《最高人民法院关于发布第六批指导性案例的通知》，发布了指导案例23号——“孙银山诉南京欧尚超市江宁店案”。

---

① “孙银山与锦江麦德龙现购自运有限公司无锡锡山商场产品销售者责任纠纷一审民事裁定书”［无锡市锡山区人民法院民事裁定书（2015）锡法北民初字第1247号］显示：原告孙银山与被告锦江麦德龙现购自运有限公司无锡锡山商场产品销售者责任纠纷一案，本院于2015年12月25日立案受理，于2016年2月18日进行公开开庭审理，原告孙银山经本院合法传唤，无正当理由拒不到庭。依照《民事诉讼法》第143条第1款之规定，裁定如下：本案按撤诉处理。

② 如“孙银山与安徽欧尚超市有限公司马鞍山花雨店买卖合同纠纷一案民事裁定书”［马鞍山市花山区人民法院民事裁定书（2017）皖0503民初1204号］显示：原告孙银山与被告安徽欧尚超市有限公司马鞍山花雨店买卖合同纠纷一案，本院于2017年2月28日立案。原告孙银山于2017年4月24日向本院提出撤诉申请，本院予以准许。

③ 如“孙银山与安德利购物中心有限公司买卖合同纠纷一审民事裁定书”［当涂县人民法院民事裁定书（2017）皖0521民初2982号］显示：孙银山，男，1981年5月1日出生，汉族，住马鞍山市博望区。本院在审理原告孙银山与被告安德利购物中心有限公司买卖合同纠纷一案中，原告孙银山经本院传票传唤无正当理由拒不到庭，依照《民事诉讼法》第143条规定，裁定如下：本案按撤诉处理。二零一八年九月十九日。“孙银山、安徽欧尚超市有限公司马鞍山花雨店买卖合同纠纷二审民事裁定书”［马鞍山市中级人民法院民事裁定书（2018）皖05民终1206号］显示：孙银山，男，1981年5月1日出生，汉族，无业，住安徽省当涂县。上诉人孙银山因与被上诉人安徽欧尚超市有限公司马鞍山花雨店买卖合同纠纷一案，不服马鞍山市花山区人民法院（2018）皖0503民初1340号民事判决，向本院提起上诉。本案在审理过程中，上诉人孙银山于2018年9月11日向本院申请撤回上诉。本院经审查认为孙银山申请撤回上诉不违反法律规定，准许撤回，双方均按原审判决执行。

④ 王健：《是“职业打假人”还是“职业索赔人”?》，载《民主与法制》2016年6月22日。

对于职业打假者是否属于消费者，现行法律和有关司法解释尚无明确规定，在法学理论界和司法实践中一直存有争议。第一种观点认为，无论职业打假者主观意图为何，其行为客观上是为了保护消费者的权益，维护诚实商家的利益以及公平公正的市场交易秩序和竞争秩序，支持职业打假个人及其公司符合立法本意。第二种观点认为，知假买假（暗含职业打假）不是为了生活需要而消费，因此，知假买假者不是消费者。第三种观点认为，职业打假人是否属于消费者，要从其购买行为是否符合一般消费习惯考量。如果职业打假人的购买行为明显不符合消费交易习惯，则应认定其不属于消费者范畴。第四种观点认为，个人即使职业打假以消费者身份主张权利的也应支持，职业打假组织（包括公司、非法人组织和名义上是个人实际上是公司）不具有法定的消费者身份，不应予以支持。

指导性案例23号实际上支持了第四种观点。最高人民法院案例指导工作办公室撰写的相关“理解与参照”论文指出：“消费者知假买假实际上暗含着职业打假人以消费者身份主张权利的情况。知假买假是消费者主动行使监督权利的一种方式，职业打假人实际上也不过是时常、主动行使监督权利的消费者。况且消费者是弱势群体，缺乏专业知识，且囿于维权成本顾虑，许多人不愿意诉讼，而职业打假人是自发的民间监督力量，客观上代表了消费者维权，具有公益诉讼的成分，有利于净化食品市场和促进食品安全，应当给予支持。随着社会诚信建设和法治建设的推进以及公平有序竞争市场的形成，假冒伪劣必将得到有效遏制，职业打假人就会自然消失，对此也不必有过多顾虑。”①

尽管最高人民法院明文将“知假买假”局限在食品、药品领域，但是

---

① 最高人民法院案例指导工作办公室：《〈孙银山诉欧尚超市有限公司江宁店买卖合同纠纷案〉的理解与参照——消费者明知食品不符合安全标准而购买可十倍索赔》，载《人民司法·案例》2015年第12期。

更多的地方法院在食品、药品以外的领域仍然参照该司法解释。这是一种远类比。导致诉至法院的职业打假案例呈井喷之势。

撇开诉讼负担猛增不论，法院开始关注到了职业打假中的异常现象：有的职业打假人多次买同一问题食品并分次起诉，或者以其亲朋好友的名义买同一问题商品并分次起诉，以图获得多份超额赔偿；有的职业打假人甚至通过不当手段获利，比如将过期食品带进超市，再“买”一次并索赔，或先到超市里把食品藏在角落里不让超市工作人员发现，一等食品保质期届满就马上把藏起来的食品买来进行索赔；有的职业打假人利用商场小票没有标注具体商品号码的漏洞，买的是合格食品，结账后刚一出收款台就调包为事先准备好的过期食品并到服务台索赔……“职业打假人”开始变成“职业索赔人”了，甚至是“职业碰瓷人”“职业敲诈人”。

职业打假的“变味”，不但造成了司法资源的大量无效占用，还扭曲了法律的价值导向。从 2016 年开始，一些地方法院开始改变，不再支持“职业打假人”。[①] 孙银山也正是在这一时期开始撤诉的。

2017 年 8 月 24 日最高人民法院办公厅对十二届全国人大五次会议第 5990 号建议的答复意见（法办函〔2017〕181 号）提到：（1）《最高人民法院关于审理食品药品纠纷案件适用法律若干问题的规定》（法释〔2013〕28 号）第 3 条规定：“因食品、药品质量问题发生纠纷，购买者向生产者、销售者主张权利。生产者、销售者以购买者明知食品、药品存在质量问题而仍然购买为理由而进行抗辩的，人民法院不予支持。”因食品、药品是直接关系人体健康安全的特殊、重要的消费产品，而该司法解释亦产生于地沟油、三聚氰胺奶粉、毒胶囊等一系列重大食品、药品安全事件频繁曝出，群众对食药安全问题反映强烈的大背景之下，是基于特殊背景下的特殊政策考量。（2）不宜将食药纠纷的特殊政策推广适用到所有消费者保护

---

① 王健：《是“职业打假人”还是“职业索赔人”?》，载《民主与法制》2016 年 6 月 22 日。

领域。因为对于知假买假人而言，不存在其主观上受到欺诈的情形；从打击的效果来看，牟利性打假的对象主要是大型超市和企业，主要集中在产品标识、说明等方面。该类企业往往是同类市场上产品质量相对有保障，管理较为规范的生产经营主体，而对于真正对市场危害较大的假冒伪劣产品及不规范的小规模经营主体打击效果不明显。目前消费维权司法实践中，知假买假行为有形成商业化的趋势，出现了越来越多的职业打假人、打假公司（集团），其动机并非为了净化市场，而是利用惩罚性赔偿为自身牟利或借机对商家进行敲诈勒索。更有甚者针对某产品已经胜诉并获得赔偿，又购买该产品以图再次获利。上述行为严重违背诚信原则，无视司法权威，浪费司法资源，我们不支持这种以恶惩恶，饮鸩止渴的治理模式。（3）总之，目前可以考虑在除购买食品、药品之外的情形，逐步限制职业打假人的牟利性打假行为。

在这样的背景下，笔者注意到以下案例拒绝参照指导案例23号：

一是"隋君杰与大连海云天海产品贸易有限公司等网络购物合同纠纷案"（以下简称"隋君杰案"）。[①] 2017年3月8日和12日，隋君杰分两次在大连海云天公司开设的辽贡旗舰店上购买大海米84袋、42公斤，总计金额3343.2元。该大海米被有关部门认定为假冒产品。但一审法院对隋君杰要求大连海云天公司等支付十倍赔款33,432元的诉讼请求不予支持，其最重要的理由是隋君杰在涉案买卖合同关系中不具备消费者身份。在十倍赔偿数额的刺激下产生的"职业打假人"群体，并非为生活所需购买商品，而是以十倍赔偿作为牟利的手段，并举出了2017年8月24日最高人民法院办公厅对十二届全国人大五次会议第5990号建议的答复意见（法办函〔2017〕181号）。隋君杰2017年在一审法院提起诉讼多达14起，均

① 济南市历下区人民法院民事判决书（2017）鲁0102民初3806号；济南市中级人民法院民事判决书（2018）鲁01民终7421号。

涉及网络购买海米或烤虾等海产品，并均要求十倍价款赔偿。隋君杰多次、大量购买干货海米，其数量已经远远超出正常食用和消费的范围，足以说明隋君杰购买涉案的海米、虾干并非为生活所需，而是以牟利为目的。综上所述，隋君杰在本案中不具备消费者身份，不能适用《消费者权益保护法》中“消费者”才能享有的主张十倍赔偿的权利。

隋君杰不服一审判决，提起上诉称：《最高人民法院关于审理食品药品纠纷案件适用法律若干问题的规定》第 3 条的规定、最高人民法院公布的指导案例 23 号以及《最高人民法院办公厅对十二届全国人大五次会议第 5990 号建议的答复意见》均认为，“知假买假”属于消费者，在食品、药品领域国家支持“知假买假”。

但二审法院坚持认为：隋君杰于 2017 年在一审法院提起十余起诉讼，均涉及网络购买海米或烤虾等海产品，并要求赔偿十倍价款，隋君杰的多次购买数量远超出正常消费产品且多次起诉要求十倍赔偿的行为，说明其购买涉案产品并非生活所需，系以牟利为目的，故隋君杰在本案中不具备消费者身份，不能适用《消费者权益保护法》享有主张十倍赔偿的权利，因此，驳回了隋君杰的上诉，维持了一审判决。应该说，隋君杰的理解是符合“法办函〔2017〕181 号”的答复意见的，但法院还是不支持食品领域的职业打假。

二是“晏娜娜与宿迁润良商业有限公司买卖合同纠纷案”。[①] 本案中，一审法院认为，仅当购买者“为了生活消费需要”而“购买、使用商品或者接受服务”时才适用相关法律规定。现晏娜娜依据《食品安全法》第 148 条主张权利，则其应符合《消费者权益保护法》界定的消费者。如果晏娜娜不是“为了生活消费需要”而是以营利为主要目的，或直白地说是主要

① 宿迁市宿城区人民法院民事判决书（2016）苏 1302 民初 4229 号，宿迁市中级人民法院民事判决书（2017）苏 13 民终 2025 号。

为了索赔，则不应适用该条的规定。晏娜娜提起6件案件均以营利为目的，故不适用《食品安全法》第148条的规定。理由如下：（1）晏娜娜及其兄长的购物索赔行为已远远脱离普通消费者维权常态。（2）晏娜娜购买行为与日常消费迥异，不合情理。晏娜娜及其兄长均有打假能力。晏娜娜兄长暨本案一审诉讼代理人晏景中系法学教师，法学是其专长，尤其对《消费者权益保护法》及《食品安全法》应非常熟悉，不仅有查找相关产品缺陷的基本识别能力，还有索赔打官司的专业知识储备，晏景中可以轻松避开不符合法律规定商品的“蒙骗”。如不是为了索赔，完全可以在发现缺陷后拒绝购买或仅仅进行投诉举报。因晏娜娜在此前已有较多打假经验，其单次购买1袋食品不认真识别的可能本已不大，至少其后购买数百元相关食品定会倍加小心或让其兄长把关，不该如本案所呈现的数次大额购买。其购买时不知晓相关产品包装瑕疵的可能性极低。（3）晏娜娜追求诉讼利益最大化的特征明显。晏娜娜基于8次结算分别提起6件索赔案件，尽可能实现诉讼费交纳的最少化及获赔率最大化。一审法院对于晏娜娜主张货款损失10倍或1000元的赔偿不予支持。

晏娜娜不服一审判决，上诉称：晏娜娜在其他案件中已被确认为消费者。最高人民法院关于孙银山诉南京欧尚超市有限公司江宁店买卖合同纠纷一案中已经认定十倍价款赔偿所获得的利益属于法律应当保护的利益，且法律并未对消费者主观购物动机作出限制性规定。晏娜娜多次购买的行为属于正常的消费需要，不存在违法牟利行为。依据为《江苏省高院关于审理消费者权益保护纠纷案件若干问题的讨论纪要》第5条：“同一主体在同一商家重复购买单价较小的若干件商品，并以每一件商品为标的物分别提起诉讼，利用《消费者权益保护法》《食品安全法》等法律中关于惩罚性赔偿最低额度的规定，试图在每一起案件中都获得法律规定的惩罚性赔偿最低额度的，人民法院应将消费者分别提起的若干件案件并案审理，并以商品总价为基数计算惩罚性赔偿的数额。”

二审法院认为，晏娜娜及其兄长、母亲在省内外均有大量涉及消费者权益及食品安全方面的诉讼案件，而且在上述多数案件中，晏娜娜及其兄长、母亲据以主张三倍或十倍赔偿的主要理由系商品标识不符合国家标准。因此，晏娜娜及其兄长等对商品标识规范具有高于一般人的认知能力。晏娜娜明知涉案商品存在问题仍分 10 次（以结账作为划分标准）在宿迁同一家超市购买涉案商品，且其中 6 次购买时间几乎为同一时间，却分开结账、独立开票，对此也未能作出合理解释，而后又根据可能实现的获赔金额情况分别提起六起诉讼以实现获赔率最大化。因此，就本案所涉交易，晏娜娜不具有消费者身份，故其依据《食品安全法》的规定主张惩罚性赔偿依据不足，一审法院未予支持符合法律规定。因晏娜娜不具有消费者的身份，故其关于消费者的购物动机不影响消费者身份的认定的主张不适用于本案情形。2017 年 8 月 7 日，二审法院驳回上诉，维持原判。

三是“江南春、安徽一笑堂茶业有限公司网络购物合同纠纷案”。[①] 本案中，一审、二审法院均不认可原告为消费者。二审法院认为，江南春自 2016 年 3 月 21 日至 12 月 1 日，向安义县人民法院陆续提起了网络购物合同诉讼达 21 起，涉案标的共计 60 余万元，仅 2016 年 8 月、10 月、12 月提起诉讼案件中，涉及购买茶叶案件就有 9 件，共购买茶叶 6 万余克，标的为 39.7 万元，且江南春所诉案件大多从商品包装标签、标识上的问题来质疑涉案食品安全，并诉请十倍赔偿，从 21 起案件审理情况可见，江南春是一边起诉，一边购买后又起诉，在购买时对于产品标准、标识的了解也远远超出普通消费者的了解范围，难以认定涉案茶叶的包装标签、标准标识等会对其造成误导。在涉案茶叶不存在食品安全问题，且即便涉案茶叶存在瑕疵，也未对江南春造成误导的情况下，依照《食品安全法》第 148 条第 2 款规定，江南春诉请十倍赔偿，属于该法规定获得十倍赔偿的除外

---

① 南昌市中级人民法院民事判决书（2017）赣 01 民终 811 号。

情况。此外，由于并无证据证明涉案茶叶存在质量问题，所以江南春退还货款的诉请缺乏法律依据，本院不予支持。虽然江南春二审期间提交了最高人民法院发布的几宗典型案例［例如：孙银山诉南京欧尚超市有限公司江宁店买卖合同纠纷案；皮旻旻诉重庆远东百货有限公司、重庆武陵山珍王食品开发有限公司等产品责任纠纷案（2013）渝一中法民终字第01628号；陈曦与重庆远东百货有限公司产品质量纠纷案等］，但案与案之间案情有所不同，因而法律适用会有所区别，江南春提交的这些案例均不能对本案形成指导性或借鉴性。

2019年7月30日，北京市第三中级人民法院对外公布12份终审判决书，事由均为在超市买到低价过期或无生产日期食品后主张1000元赔偿，这些诉讼的原审原告均涉及"职业索赔人"，11份终审判决书的原审被告均为家乐福，1份终审判决书的原审被告为华联超市，一审均判决"职业索赔人"胜诉，二审均判撤销一审判决，驳回"职业索赔人"的全部起诉。[①] 这12份终审判决书均是从举证责任的角度进行论证的：原审原告（"职业索赔人"）提交了购物小票，证明其从超市（被告）购买的涉案食品不合格，但原审原告在法院有多件涉及惩罚性赔偿的案件，其诉讼知识、举证能力并不弱于经营者，不属于传统意义上的弱势消费者。普通消费者提交了购物小票，法院可推定其购买的商品为经营者所销售。但在本案中，原审原告并不处于弱势地位，为实现双方当事人之间利益的实质公平，其对所主张的购买食品为无生产日期产品的事实应当提交充分证据予以证明。生产日期是消费者选择是否购买食品考虑的最主要因素之一，而原审原告曾以所购产品保质期违反规定为由提起多起诉讼，应当已经具备及时识别产品保质期是否符合规定的经验和能力。消费者在发现产品保质

① 湘江：《法院一天公布12份终审判决，全部改判职业索赔人败诉》，载《中国消费者报》2019年7月31日。

期不符合规定之后，通常的反应是选择放弃购买或当场向销售者要求退换货、赔偿，但原审原告依然选择购买产品，并主张购买时产品无保质期，与常理不符。超市已经提供了其商场对产品保质期的管理制度，证明其有对产品进行定期检查生产日期的工作程序且实际实行，该商场不存在销售过期产品、无保质期产品的情形。超市已就其进行过注意义务提交证据予以证明，依据原审原告现有证据难以证明本案小票对应的产品购买时就是不符合食品安全的产品。在超市提交相应证据的情况下，原审原告应进一步提供证据证明待证事实真实存在具有高度可能性，而原审原告未提供，本院据此对原审原告主张涉案食品在销售时不合格的事实不予认可。

由于知假买假问题高度敏感，最高人民法院出于维护指导性案例尊严的角度也并未宣告指导案例23号废止，因此，法院态度的变化是在悄悄进行的。

可见，类比推理也是与时俱进、因时而异的。同样是孙银山的知假买假食品并起诉，案情的类似性却因时而异：在第一起案例中，孙银山是为了“生活需要”，属于消费者，该案被列为指导性案例。其他人照葫芦画瓢，像孙银山这样专门去买不符合食品安全标准的食品并起诉索赔，也可以说是为了“生活需要”，属于消费者，与指导案例23号具有类似性，应该参照适用。孙银山继续知假买假食品并起诉，第二起、第三起、第四起……也可以说是为了“生活需要”，属于消费者，与指导案例23号具有类似性，应该参照适用。其他人也继续学习孙银山知假买假食品并起诉，这也可以说是为了“生活需要”，属于消费者，与指导案例23号具有类似性，应该参照适用。但到了某个临界点上，同样是孙银山知假买假，买的同样是不符合安全标准的食品，但量变已经引起质变，孙银山已经成了“职业索赔人”，此孙银山已经不再是彼孙银山了。那些学习孙银山的人也一样，已经从消费者转变成了经营者，不能再适用《消费者权益保护法》和《食品安全法》了，不能再适用指导案例23号了。因此，从类比推理的角度看，这也是能够论证得清楚的，而不必非得绕过指导案例23号，从其他角度予以论证。

在我国案例指导制度之下，法官用来进行法律推理的前提除了完整的制定法规则和经证据证明了的案件事实外，还包括对应的指导性案例。因此，案例指导制度下法律推理的形式结构应为：[①]

大前提（完整的制定法规则）
小前提（案件事实）

裁判结论

因此，法院在对指导性案例进行类比适用之时，还可以援引制定法——包括最高人民法院的抽象司法解释。在此情况下，下级法院在排除指导性案例的适用时，就更有法理依据了。

（四）远类比适用技术展望

我国现阶段各级人民法院对于指导性案例的适用，主要还是一种分类类比和近类比。分类类比和近类比对下级法院具有强大的规范性力量。但在指导性案例适用的过程中，也有可能运用远类比。

严格地说，当满足如下两个条件时，就是远类比：（1）当前案件中出现的“问题”（issue）和先例中已经解决的“问题”具有共同特征；（2）先前案例中解决问题的基本原理（rationale）是适用于该共同特征的。[②]

以美国有关石油和天然气所有权的发展为例，一般普通法规则是土地所有者对土地上或土地下的所有物品拥有所有权，但是土地所有者对其土地上移动的无主物（如野生动物）没有所有权，除非土地所有者将其据为

---

① 黄泽敏、张继成：《案例指导制度下的法律推理及其规则》，载《法学研究》2013年第2期。

② Grant Lamond, Analogical Reasoning in the Common Law, Oxford Journal of Legal Studies, Volume 34, Issue 3, Autumn 2014, p. 581.

己有（“捕获规则”）。这导致了一个问题，即土地所有者对属于土地储层一部分的石油或天然气是否拥有所有权？美国的法官类比了英国关于地下水权利的判例，得出了土地所有者对地下的石油和天然气没有所有权的结论。英国关于地下水权利的判例认为，土地所有者有权取用地下水，但在水被土地所有者取用之前，土地所有者对于地下水没有所有权。对于石油和天然气的所有权问题可以类比土地所有者对地下水的权利，因为两者都是液体，在地下是流动的，范围是不确定的（共同的特征）。英国先前判决中解决产权问题的原理即这些特征决定了土地所有者仅具有取用权（right to extract）而没有所有权提供了理论依据（相关理论基础）。

从上例可见，远类比与遵循先例是有区别的。远类比本质上是一种借鉴，先前案例的判决并无强制约束力，甚至国外的先前案例也可借鉴。

远类比是相关的，它举例说明并支持该法律原则，证明被类比的判例结果的法律原则也是适用于当前的案件的，并支持相同的判决结果。① 远类比比起近类比，在法官进行法律推理之时，所起的决定性作用要弱。法官往往视近类比为支持其做出相同判决的强有力、充足的理由，而仅仅视远类比为支持其决定的一个理由，或提供了一个理由。该理由必须与其他理由结合在一起才能支持或反对一个结果。② 远类比背后的法律原则并不是具有结论性的，这是因为当前的案件与被类比的案件在一些方面相似，但在另外一些方面却有不同。或许正是这些不同方面中的一个方面解释了为什么应该有不同的判决结果。在此意义上，类比推理在本质上是对法律原则进行推理的一种形式。尽管其决定性作用不强，但远类比在普通法系国家还是得到了广泛的运用。

---

① Grant Lamond, Analogical Reasoning in the Common Law, Oxford Journal of Legal Studies, Volume 34, Issue 3, Autumn 2014, p. 583.

② Grant Lamond, Analogical Reasoning in the Common Law, Oxford Journal of Legal Studies, Volume 34, Issue 3, Autumn 2014, p. 582.

在我国，其实也有远类比的应用。最高人民法院指导案例 6 号“黄泽富、何伯琼、何熠诉四川省成都市金堂工商行政管理局行政处罚”一案就是远类比的典型案例。在本案中，法院生效裁判认为：《行政处罚法》第 42 条规定：“行政机关作出责令停产停业、吊销许可证或者执照、较大数额罚款等行政处罚决定之前，应当告知当事人有要求举行听证的权利。”虽然该条规定没有明确列举“没收财产”，但是该条中的“等”系不完全列举，应当包括与明文列举的“责令停产停业、吊销许可证或者执照、较大数额罚款”类似的其他对相对人权益产生较大影响的行政处罚。为了保证行政相对人充分行使陈述权和申辩权，保障行政处罚决定的合法性和合理性，对没收较大数额财产的行政处罚，也应当根据《行政处罚法》第 42 条的规定适用听证程序。

《行政处罚法》第 42 条仅明确列举了三种行政处罚需要听证——责令停产停业、吊销许可证或者执照、较大数额罚款。但行政处罚的种类很多，《行政处罚法》第 42 条中的“等”是“等内等”还是“等外等”呢？从立法过程中我们可以发现立法原意。第八届全国人大法律委员会关于《中华人民共和国行政处罚法（草案）》审议结果的报告指出：草案规定，对行政机关作出的责令停产停业、吊销营业执照、较大数额罚款三种行政处罚，当事人可以要求举行听证。有代表提出，这一规定仅适用于这三种行政处罚，范围较窄，吊销各种许可证和执照也是对当事人权益影响较大的行政处罚，建议扩大允许听证的范围，以更充分地保护当事人权益。因此，对该条进行修改，不仅增加了“吊销许可证”内容，还多了“等”字。由此可见，立法机关和人大代表当时已认识到听证范围较窄的问题，用完全列举法对以后听证范围扩大将形成障碍，因此“等”是一种立法技巧，为扩大听证范围埋下伏笔。[①]

---

① 徐辉：《我国行政立法与执法领域听证制度的适用范围》，载《中共福建省委党校学报》2006 年第 5 期。

在2004年最高人民法院给新疆高级人民法院《关于没收财产是否应进行听证及没收经营药品行为等有关法律问题的答复》中，最高人民法院曾明确指出："人民法院经审理认定，行政机关作出没收较大数额财产的行政处罚决定前，未告知当事人有权要求举行听证或者未按规定举行听证的，应当根据行政处罚法的有关规定，确认该行政处罚决定违反法定程序"。指导案例6号可谓与该答复一致。"6号指导案例在很大程度上是最高人民法院就行政处罚听证范围问题的一次司法重申。"①

最高人民法院案例指导工作办公室认为，人民法院在审判实践中，不仅对于"没收较大数额涉案财产"类案件，对于其他与《行政处罚法》第42条明文列举的三种行政处罚类似且对相对人权益产生重大影响的行政处罚案件，都要在分析把握住"对相对人权益产生重大影响"这一立法本意的基础上，对是否应适用听证程序作出认定。② 这就要求各级人民法院在具体审理案件时进行类比推理，"举重以明轻"，具体衡量争议的行政处罚对相对人权益产生的影响与《行政处罚法》第42条明确列举的三种行政处罚行为——责令停产停业、吊销许可证或者执照、较大数额罚款对相对人权益产生的影响——孰大孰小，如果大于或等于这三类行政处罚行为，行政机关在做出行政处罚时就应该告知当事人听证的权利，否则就是违反法定程序。

在"张延刚与新泰市城市管理行政执法局规划行政处罚纠纷一审行政判决书"中，法院就运用了远类比推理技术从而适用了指导案例6号。本案争议的焦点之一是行政机关作出的"限期拆除违法建筑"的行政处罚决定是否应告知当事人听证权利的问题。本案中，涉案的建筑物的建筑面积

---

① 章志远：《法定行政程序的扩张性解释及其限度——最高人民法院6号指导案例之评析》，载《浙江社会科学》2013年第1期。

② 最高人民法院案例指导工作办公室：《指导案例6号〈黄泽富、何伯琼、何熠诉成都市金堂工商行政管理局行政处罚案〉的理解与参照》，载《人民司法·案例》2015年第15期。

共计294.12平方米，显然价值巨大。远远超出本省《山东省行政处罚听证程序实施办法》规定的“数额较大的罚款”——对公民处以500元以上罚款，对法人或者其他组织处以20,000元以上罚款——的标准，也高于指导案例6号中被没收的财物的价值——10万多元，因此，“限期拆除违法建筑”应属于应该告知当事人听证权利的行政处罚。只不过，判决书的论证比较简单：“参照最高人民法院指导案例6号黄泽富、何伯琼、何熠诉四川省成都市金堂工商行政管理局行政处罚一案裁判观点，本条[①]的表述虽未明确列举限期拆除违法建筑行政处罚属于法定听证的类型，但本条中‘等’系开放式不完全列举，包括了与明文列举的‘责令停产停业、吊销许可证或者执照、较大数额罚款’类似的其他对相对人权益产生较大影响的行政处罚行为。限期拆除违法建筑属于对相对人权益产生较大影响的行政处罚类型，应当根据《行政处罚法》第42条的规定适用听证程序，被告未告知原告有要求听证的权利，违反了法定程序，构成程序违法。”[②]

总而言之，当法院适用远类比时，一定要从更高的角度予以论证，论证在当前案件中出现的“问题”（issue）和在先例中已经解决的“问题”具有共同特征，先前案例中解决问题的基本原理（rationale）是适用于该共同特征的。即本案与指导性案例有共同甚至共通之处，其共同甚至共通的基本原理也适用于本案。

（五）小　　结

类比推理简称类推，类推在刑事领域中已被禁止，但在其他领域，类推有广阔的适用空间，尤其是在我国推行案例指导制度的今天，类比推理

---

① 即《中华人民共和国行政处罚法》第42条。

② 新泰市人民法院行政判决书（2014）新行初字第72号。

的价值更大。

类推是一种法律漏洞弥补技术。拉伦茨认为，填补开放的法律漏洞，通常需要运用类推适用。[①] 如本书前面所述，法官运用法律技术填补法律漏洞，属于三元模式。本书倡导我国践行三元模式，运用类比推理技术以填补法律漏洞（当然，特殊领域如刑法领域除外）。不过，类比推理不一定都填补法律漏洞，但填补法律漏洞可以以类比推理为工具。

在法官运用类比推理技术弥补法律漏洞的基础上，亦能创造新的指导性案例。例如，在前述“张延刚与新泰市城市管理行政执法局规划行政处罚纠纷一审行政判决书”中，法院运用了远类比推理技术适用了指导案例6号，并创造出了新的具有指导性的案例——“限期拆除违法建筑”应给予当事人听证的机会。

① 参见［德］卡尔·拉伦茨：《法学方法论》，陈爱娥译，商务印书馆2004年版，第258页。

第九章　结　　语

本书通过理想类型的研究方法分析建构出五种法律解释权模式：一元模式、二元模式、三元模式、四元模式和多元模式。一元模式是法律解释权最初始的模式。在一元模式中，立法者创制法律，是规范的唯一源泉；司法者不创制法律，司法不能改变法律。二元模式允许法官采取各种解释方法解释法律，但反对司法造法。在法官适用法律、解释法律的过程中，法律是没有变化的。只有按规定程序修改相关立法，法律才会改变。二元模式坚持成文法是法律的唯一渊源，不允许法官在成文法之外另寻法源。三元模式不但允许法官的法律解释，还允许法律续造。法律续造超越了法规的字面文义，但符合法规的精神和目的。法官成了辅助立法者、临时立法者。三元模式同时囊括了一元模式和二元模式的合理因素，当法律条文明确无误时，法官要坚守法律的字面含义、严格适用法律；当法律条文存在不确定性时，法官要利用法律解释学的方法进行法律解释；当法律存在漏洞时，法官应利用法学方法论进行漏洞填补。四元模式不仅允许法官的法律解释和续造，而且允许法律创造。法律创造既超越了法规的字面文义，又超越了法规的精神和目的，但仍在整体法秩序之内。四元模式赋予法官更大的自由裁量权。在四元模式下，法律是开放的、非自足的，它允许政治、经济、社会甚至个人因素入法。四元模式奉为至上的原则不是追求法律的确定性，而是结果至上。多元模式认为制定法是法律信息的重要传输工具，法官裁判过程就是造法过程，判例也会产生法律信息，判例与判例之间是平等的。在多元模式中，立法者、法律文本和法官在司法裁判中共同发挥重要作用，不预先排除任何可能的解决方案，不追求唯一正解，只追求合理的答案。

法律解释权的上述五种模式具有一定的演变规律，具体包括：(1) 判例地位的变化规律，即从一元模式到三元模式，判例的地位逐渐上升并在三元模式下达到顶峰，随后又呈现逐步下降的趋势；(2) 法律解释权的现实映照规律，即从一元模式到多元模式的现实映照在出现时间上呈现先后递进的规律，一元模式的现实映照出现得最早，多元模式的现实映照出现得最晚；(3) 法律解释权模式的理论基础变迁规律，即从一元模式到多元模式，这五种模式的理论基础大体上也是向前进化的，从古典自然法学派的理性主义、实证主义中的形式主义、实证主义中的实质主义、实用主义自然法到现代诠释学，反映了人类对法律解释权限认识的不断深化；(4) 法律论证强度变化规律，即从一元模式到多元模式，法律论证的义务逐渐增加，一元模式的法律论证义务最低，多元模式的法律论证义务最重。

根据以上规律，结合我国的具体情况，本书建议我国实行三元模式。我国当前司法解释权的表现形式是最高人民法院的抽象司法解释，不承认法官的具体司法解释。尽管抽象司法解释具有一定的历史合理性和法律合法性，但其弊端也不容忽视。我国应抑制和逐步减少抽象司法解释，提倡法官基于个案的具体司法解释。在我国当前大力推行案例指导制度的背景下，我国法律解释权的三元模式可以通过案例指导制度予以实施。目前，最高人民法院指导性案例供不应求，不能满足实际审判工作的需要，扩大指导性案例的产生主体范围是必要的，而这受制于现有《立法法》和立法理论的制约，需要相应的理论创新及其指导之下的制度创新。内生性法官权力理论为我国实施三元模式和扩大指导性案例的供给主体范围提供了理论依据。该理论认为，立法机关在赋予法官司法裁判的权力和义务的同时，也就赋予了法官解释法律和在法律出现漏洞时续造法律、填补法律漏洞的权力和义务，即法官的法律解释与续造权具有内生性，司法裁判权隐含和默许了法律解释与续造权。基于此，包括高级人民法院和中级人民法院在内的地方法院也应有权遴选和公布其指导性案例。该指导性案例不应是裁剪后的文本，而应是判决的原始文本。与此同时，法官还须掌握类比推理技术和区别技术，以更好地参照或区别指导性案例。当然，法官的法律解释和续造，是受权力机关、检察机关、法院内部审级以及媒体、社会公众和法律共同体的监督和制约的，法官应当承担法律论证义务，裁判文书应予以公开。案例指导制度的实施，不仅有利于我国法律解释权模式的完善，有利于法官素质和能力的提升，而且有利于法官主观能动性的发挥。指导性案例是法官智慧的结晶，法官通过指导性案例，能够获得职业荣誉感和成就感。这将激励法官最大限度地运用法律智慧，通过法律方法，为疑难案件找到法律答案。这既维护了法律的安定性和可预期性，又保持了法律的适应性和进化力。

参 考 文 献

（一）中文著述

［1］鲍禄：《法理学与比较法》（第2版），对外经济贸易大学出版社2011年版。

［2］陈金钊：《法律方法论》，北京大学出版社2013年版。

［3］陈金钊等：《法律方法论研究》，山东人民出版社2010年版。

［4］陈金钊主编：《法律方法论》，中国政法大学出版社2007年版。

［5］陈林林：《法律方法比较研究——以法律解释为基点的考察》，浙江大学出版社2014年版。

［6］陈小文：《行政法的哲学基础》，北京大学出版社2009年版。

［7］陈兴良：《刑法知识论》，中国人民大学出版社2007年版。

［8］崔林林：《严格规则与自由裁量之间——英美司法风格的差异及其成因的比较研究》，北京大学出版社2005年版。

［9］丁建弘、李霞：《德国文化：普鲁士精神和文化》，上海社会科学院出版社2003年版。

［10］董皞：《司法解释论》，中国政法大学出版社1999年版。

［11］杜景林、卢谌：《德国民法典评注：总则·债法·物权》，法律出版社2011年版。

［12］杜景林、卢谌：《德国民法典——全条文注释》（上册），中国

政法大学出版社 2015 年版。

[13] 范季海:《批判法学》，法律出版社 2008 年版。

[14] 范剑虹、李翀:《德国法研究导论》，中国法制出版社 2013 年版。

[15] 付池斌:《现实主义法学》，法律出版社 2005 年版。

[16] 高鸿钧、赵晓力主编:《新编西方法律思想史》（现代、当代部分），清华大学出版社 2015 年版。

[17] 顾祝轩:《制造“拉伦茨神话”——德国法学方法论史》，法律出版社 2011 年版。

[18] 郭华成:《法律解释比较研究》，中国人民大学出版社 1993 年版。

[19] 何家弘主编:《外国司法判例制度》，中国法制出版社 2014 年版。

[20] 何勤华主编:《法国法律发达史》，法律出版社 2001 年版。

[21] 何勤华:《西方法学史》（第二版），中国政法大学出版社 1996 年版。

[22] 胡昌明:《裁判文书释法说理方法——〈最高人民法院裁判文书释法说理知道意见〉的案例解读》，人民法院出版社 2018 年版。

[23] 胡玉鸿:《法学方法论导论》，山东人民出版社 2002 年版。

[24] 胡云腾主编:《中国案例指导》（总第 1 辑），法律出版社 2015 年版。

[25] 季卫东:《法治构图》，法律出版社 2012 年版。

[26] 季卫东:《法治秩序的建构》（增补本），商务印书馆 2014 年版。

[27] 雷磊:《类比法律论证——以德国学说为出发点》，中国政法大学出版社 2011 年版。

[28] 李道军:《法的应然与实然》，山东人民出版社 2001 年版。

［29］梁慧星：《民法解释学》，中国政法大学出版社 1995 年版。

［30］林进富：《租税法新论》，三民书局 2012 年版。

［31］孟凡哲：《和谐视域下的判例主义司法文化》，中国法制出版社 2012 年版。

［32］苗力田主编：《古希腊哲学》，中国人民大学出版社 1989 年版。

［33］浦法仁编：《法律辞典》，上海辞书出版社 2009 年版。

［34］钱跃君：《德国法律精神与司法现实》，社会科学文献出版社 2014 年版。

［35］秦策、张镭：《司法方法与法学流派》，人民出版社 2011 年版。

［36］邱聪智：《从侵权行为归责原理之变动论危险责任之构成》，中国人民大学出版社 2006 年版。

［37］沈宗灵：《现代西方法理学》，北京大学出版社 1992 年版。

［38］孙文恺：《社会学法学》，法律出版社 2005 年版。

［39］王泽鉴：《法律思维与民法实例》，中国政法大学出版社 2001 年版。

［40］王泽鉴：《民法总则》，中国政法大学出版社 2001 年版。

［41］王泽鉴：《王泽鉴法学全集·第十四卷——侵权行为法》，中国政法大学出版社 2003 年版。

［42］魏胜强：《法律解释权的配置研究》，北京大学出版社 2013 年版。

［43］文军主编：《西方社会学经典命题》，江西人民出版社 2008 年版。

［44］吴从舟：《概念法学、利益法学与价值法学：探索一部民法方法论的演变史》，中国法制出版社 2011 年版。

［45］谢鸿飞：《法律与历史：体系化法史学与法律历史社会学》，北京大学出版社 2012 年版。

［46］徐爱国等：《肯尼迪：批判法学的教皇》，黑龙江大学出版社

2009 年版。

[47] 薛军:《批判民法学的理论建构》,北京大学出版社 2012 年版。

[48] 杨仁寿:《法学方法论》(第二版),中国政法大学出版社 2013 年版。

[49] 杨善华、谢立中主编:《西方社会学理论》(上卷),北京大学出版社 2005 年版。

[50] 姚建宗编著:《法理学——一般法律科学》,中国政法大学出版社 2006 年版。

[51] 殷生根译:《瑞士民法典》,法律出版社 1987 年版。

[52] 於兴中:《法理学前沿》,中国民主法制出版社 2015 年版。

[53] 余怀彦:《深层美国:实用主义与美国的 300 年》,中国友谊出版公司 2015 年版。

[54] 占茂华:《自然法观念的变迁》,法律出版社 2010 年版。

[55] 张骐等:《中国司法先例与案例指导制度研究》,北京大学出版社 2016 年版。

[56] 张芝梅:《美国的法律实用主义》,法律出版社 2008 年版。

[57] 张志铭:《法律解释操作分析》,中国政法大学出版社 1999 年版。

[58] 张志铭:《法律解释学》,中国人民大学出版社 2015 年版。

[59] 郑成良主编:《法理学》,清华大学出版社 2008 年版。

[60] 郑永流主编:《法哲学与法社会学论丛(一)》,中国政法大学出版社 1998 年版。

(二)中文论文

[1] 鲍禄:《“法律 3.0 时代”背景下的“法治中国”》,载《政法论丛》2014 年第 1 期。

[2] 鲍禄：《构建动态、开放的基本法解释制度——欧盟法院初裁制度的启示》，载《山东社会科学》2008 年第 10 期。

[3] 陈爱娥：《萨维尼：历史法学派与近代法学方法论的奠基人》，载许章润主编：《萨维尼与历史法学派》，广西师范大学出版社 2004 年版。

[4] 陈金钊：《法治反对解释的原则》，载《法律科学》2007 年第 3 期。

[5] 陈金钊：《目的解释方法及其意义》，载《法律科学》2004 年第 5 期。

[6] 陈开琦：《美国法官遴选制的机理及启示》，载《社会科学研究》2006 年第 6 期。

[7] 程啸：《受害人特殊体质与损害赔偿责任的减轻——最高人民法院第 24 号指导案例评析》，载《法学研究》2018 年第 1 期。

[8] 冯军：《论刑法解释的边界和路径——以扩张解释与类推适用的区分为中心》，载《法学家》2012 年第 1 期。

[9] 谷川：《高级人民法院"司法解释性文件"的功能分析》，载《河北法学》2016 年第 2 期。

[10] 冯健鹏：《极度的精密在法律中应受非难》，载《人民法院报》2006 年 5 月 8 日，第 B04 版。

[11] 黄泽敏、张继成：《案例指导制度下的法律推理及其规则》，载《法学研究》2013 年第 2 期。

[12] 胡玉鸿：《韦伯的"理想类型"及其法学方法论意义——兼论法学中"类型"的建构》，载《广西师范大学学报》（哲学社会科学版）2003 年第 2 期。

[13] 季卫东：《法律解释的真谛（上）——探索实用法学的第三道路》，载《中外法学》1998 年第 6 期。

[14] 贾敬华：《法的确定性和规则中心主义》，载《南开学报》（哲学社会科学版）2006 年第 2 期。

［15］蒋集跃、杨永华：《司法解释的缺陷及其补救——兼谈中国式判例制度的建构》，载《法学》2003 年第 10 期。

［16］蓝天彬：《首例冷冻胚胎继承案主审法官谈“十年鲜见的好判决”怎样出炉》，载《上海法治报》2014 年 9 月 20 日。

［17］雷槟硕：《指导性案例适用的阿基米德支点——事实要点相似性判断研究》，载《法制与社会发展》2018 年第 2 期。

［18］李其瑞、邱昭继：《西方马克思主义法学的源流、方法与价值》，载《法律科学》2012 年第 5 期。

［19］李荣：《西方法官解释的历史与学派之争》，载《环球法律评论》2007 年第 3 期。

［20］李晓波：《美国法官制度》，载《人民法院报》2002 年 8 月 29 日。

［21］林端：《德国历史法学派——兼论其与法律解释学、法律史和法律社会学的关系》，载许章润主编：《萨维尼与历史法学派》，广西师范大学出版社 2004 年版。

［22］刘飞：《民法法系判例制度及其借鉴意义》，载《华东政法大学学报》2009 年第 1 期。

［23］卢文道：《立法滞后与法官自由裁量权》，载《法学》1997 年第 8 期。

［24］蒙晓阳：《为概念法学正名》，载《法学》2003 年第 12 期。

［25］彭诚信：《从法律原则到个案规范——阿列克西原则理论的民法应用》，载《法学研究》2014 年第 4 期。

［26］全亮：《美国法官任用制度及其借鉴》，载《求索》2013 年第 8 期。

［27］史广龙：《法官作为补充性的立法者——比较法视野下〈瑞士民法典〉的百年历程及其对中国的启示》，载《法律方法》2013 年第 13 卷。

［28］苏力：《代译序：司法如何穿过错综复杂》，载［美］理查德·

波斯纳：《波斯纳法官司法反思录》，苏力译，北京大学出版社 2014 年版。

［29］苏力：《解释的难题：对几种法律文本解释方法的追问》，载《中国社会科学》1997 年第 4 期。

［30］苏力：《司法解释、公共政策和最高法院——从最高法院有关“奸淫幼女”的司法解释切入》，载《法学》2003 年第 8 期。

［31］孙跃：《德国法官如何援引司法判例——基于民事判例的考察》，载《私法》2018 年第 2 期。

［32］王彬：《文义解释的反思与重构》，载《宁夏大学学报》（人文社会科学版）2008 年第 3 期。

［33］王家国：《不确定性、意识形态与法律的政治性——〈判决的批判〉代译序》，载［美］邓肯·肯尼迪：《判决的批判：写在世纪之末》，王家国译，法律出版社 2012 年版。

［34］王利明：《论法律解释之必要性》，载《中国法律评论》2014 年第 2 期。

［35］王利明：《我国案例指导制度若干问题研究》，载《法学》2012 年第 1 期。

［36］王源渊：《法官在法律适用中的地位——法律思维与司法权限》，载葛洪义主编：《法律方法与法律思维》（第四辑），法律出版社 2007 年版。

［37］吴秋萍：《立法解释与司法解释的运行及反思》，载《学理论》2014 年第 1 期。

［38］新华：《习近平：努力让人民群众在每一个司法案件中都感受到公平正义》，载《老同志之友》2013 年第 6 期。

［39］夏红莉：《从“管理”走向“治理”：政府与社会关系的重构》，载《安徽行政学院学报》2014 年第 2 期。

［40］於兴中：《法律中的类比推理》，载葛洪义主编：《法律方法与法

律思维》（第一辑），中国政法大学出版社 2002 年版。

［41］徐凤：《法律语言的模糊性及其克制》，载《首都师范大学学报》（社会科学版）2013 年第 1 期。

［42］徐凤：《我国法院司法解释制度的反思与完善》，载《法学杂志》2016 年第 5 期。

［43］徐明：《文义解释的语用分析与构建》，载《政法论丛》2016 年第 3 期。

［44］许光耀：《“合理原则”及其立法模式比较》，载《法学评论》2005 年第 2 期。

［45］杨成波：《韦伯社会行动的理想类型及当代启示》，载《山西师大学报》（社会科学版）2011 年第 1 期。

［46］杨登峰：《指导案例 6 号的未竟之业》，载《法治现代化研究》2017 年第 3 期。

［47］杨立新：《一份标志人伦与情理胜诉的民事判决——人的体外胚胎权属争议案二审判决释评》，载《法律适用》2014 年第 11 期。

［48］叶林、石旭雯：《外观主义的商法意义——从内在体系的视角出发》，载《河南大学学报》（社会科学版）2008 年第 3 期。

［49］俞可平：《治理和善治：一种新的政治分析框架》，载《南京社会科学》2001 年第 9 期。

［50］张骐：《再论类似案件的判断与指导性案例的使用———以当代中国法官对指导性案例的使用经验为契口》，载《法制与社会发展》2015 年第 5 期。

［51］章志远：《法定行政程序的扩张性解释及其限度——最高人民法院 6 号指导案例之评析》，载《浙江社会科学》2013 年第 1 期。

［52］朱明哲：《法国民法学说演进中对立法者认识的变迁——以惹尼、莱维、里佩尔为例》，载《苏州大学学报》（法学版）2014 年第 3 期。

（三）中文译著

［1］［古罗马］盖尤斯：《盖尤斯法学阶梯》，黄风译，中国政法大学出版社 2008 年版。

［2］［爱尔兰］J. M. 凯利：《西方法律思想简史》，王笑红译，法律出版社 2002 年版。

［3］［奥］凯尔森：《纯粹法理论》，张书友译，中国法制出版社 2008 年版。

［4］［奥］凯尔森：《法与国家的一般理论》，沈宗灵译，商务印书馆 2013 年版。

［5］［德］鲍尔·施蒂尔纳：《德国物权法》（上册），张双根译，法律出版社 2004 年版。

［6］［德］伯恩·魏德士：《法理学》，丁晓春、吴越译，法律出版社 2013 年版。

［7］［德］弗朗茨·维亚克尔：《近代私法史——以德意志的发展为观察重点》，陈爱娥、黄建辉译，上海三联书店 2006 年版。

［8］《萨维尼法学方法论讲义与格林笔记》，杨代雄译，法律出版社 2014 年版。

［9］［德］弗里德里希·卡尔·冯·萨维尼：《论立法与法学的当代使命》，许章润译，中国法制出版社 2001 年版。

［10］［德］弗里德里希·卡尔·冯·萨维尼著、艾里克·沃尔夫编：《历史法学派的基本思想（1814－1840 年）》，郑永流译，法律出版社 2009 年版。

［11］［德］格尔德·克莱因梅尔、扬·施罗德主编：《九百年来德意志及欧洲法学家》，许兰译，法律出版社 2005 年版。

［12］［德］汉斯－格奥尔格·伽达默尔：《真理与方法：哲学诠释学

的基本特征》（上卷），洪汉鼎译，上海译文出版社 2004 年版。

［13］［德］赫尔曼·康特洛维茨：《为法学而斗争：法的定义》，雷磊译，中国法制出版社 2011 年版。

［14］［德］黑格尔：《法哲学原理》，范扬、张企泰译，商务印书馆 2009 年版。

［15］［德］霍尔斯特·海因里希·雅科布斯：《十九世纪德国民法科学与立法》，王娜译，法律出版社 2003 年版。

［16］［德］卡尔·拉伦茨：《德国民法通论》（上册），王晓晔等译，法律出版社 2004 年版。

［17］［德］卡尔·拉伦茨：《法学方法论》，陈爱娥译，商务印书馆 2003 年版。

［18］［德］克劳斯·罗克辛：《德国刑法学总论》（第 1 卷），王世洲译，法律出版社 2005 年版。

［19］［德］赖因哈德·齐默尔曼：《罗马法、当代法与欧洲法：现今的民法传统》，常鹏翱译，北京大学出版社 2009 年版。

［20］［德］鲁道夫·冯·耶林：《法学的概念天国》，柯伟才、于庆生译，中国法制出版社 2009 年版。

［21］［德］马克斯·韦伯：《论经济与社会中的法律》，张乃根等译，中国大百科全书出版社 1998 年版。

［22］［德］萨缪尔·普芬道夫：《论人与公民在自然法上的责任》，支振锋等译，北京大学出版社 2010 年版。

［23］［法］孟德斯鸠：《论法的精神》，许明龙译，商务印书馆 2011 年版。

［24］［法］雅克·盖斯旦、吉勒·古博：《法国民法总论》，陈鹏等译，法律出版社 2004 年版。

［25］［荷］格劳秀斯：《战争与和平法》，何勤华等译，上海人民出

版社 2005 年版。

[26]［荷］伊芙琳·T. 菲特丽丝：《法律论证原理——司法裁决之证立理论概览》，张其山、焦宝乾、夏贞鹏译，商务印书馆 2005 年版。

[27]［美］E. 博登海默：《法理学——法律哲学与法律方法》，邓正来译，中国政法大学出版社 1999 年版。

[28]［美］P. S. 阿蒂亚、R. S. 萨默斯：《英美法中的形式与实质——法律推理、法律理论和法律制度的比较研究》，金敏、陈林林、王笑红译，中国政法大学出版社 2005 年版。

[29]［美］R. M. 昂格尔：《现代社会中的法律》，吴玉章、周汉华译，译林出版社 2001 年版。

[30]［美］阿德里安·沃缪勒：《不确定状态下的裁判——法律解释的制度理论》，梁迎修、孟庆友译，北京大学出版社 2011 年版。

[31]［美］沃森：《民法法系的演变及形成》，李静冰、姚新华译，中国政法出版社 1992 年版。

[32]［美］本杰明·卡多佐：《司法过程的性质》，苏力译，商务印书馆 1998 年版。

[33]［美］本杰明·卡多佐：《法律的生长》，刘培峰、刘骁军译，贵州人民出版社 2003 年版。

[34]［美］邓肯·肯尼迪：《判决的批判：写在世纪之末》，王家国译，法律出版社 2012 年版。

[35]［美］弗朗西斯·福山：《政治秩序与政治衰败：从工业革命到民主全球化》，毛俊杰译，广西师范大学出版社 2015 年版。

[36]［美］弗里德里克·肖尔：《像法律人那样思考——法律推理新论》，雷磊译，中国法制出版社 2016 年版。

[37]［美］伯曼编：《美国法律讲话》，陈若桓译，三联书店 1988 年版。

[38]［美］黄仁宇：《万历十五年》，生活·读书·新知三联书店

2008 年版。

[39] [美] 小奥利弗·温德尔·霍姆斯:《普通法》,冉昊、姚中秋译,中国政法大学出版社 2006 年版。

[40] [美] 杰弗瑞、A. 西格尔、哈罗德、J. 斯皮斯、莎拉、C. 蓓娜莎:《美国司法体系中的最高法院》,刘哲玮、杨微波译,北京大学出版社 2011 年版。

[41] [美] 杰罗姆·弗兰克:《初审法院——美国司法中的神话与现实》,赵承寿译,中国政法大学出版社 2007 年版。

[42] [美] 罗纳德·德沃金:《法律帝国》,李常青译,中国大百科全书出版社 1996 年版。

[43] [美] 理查德·A. 波斯纳:《法理学问题》,苏力译,中国政法大学出版社 2002 年版。

[44] [美] 理查德·A. 波斯纳:《法律、实用主义与民主》,凌斌、李国庆译,中国政法大学出版社 2005 年版。

[45] [美] 理查德·波斯纳:《波斯纳法官司法反思录》,苏力译,北京大学出版社 2014 年版。

[46] [美] 鲁道夫·冯·耶林:《法学的概念天国》,柯伟才、于庆生译,中国法制出版社 2009 年版。

[47] [美] 罗杰·伯科威茨:《科学的馈赠——现代法律是如何演变为实在法的?》,田夫、徐丽丽译,法律出版社 2011 年版。

[48] [美] 罗斯科·庞德:《法律史解释》,邓正来译,中国法制出版社 2002 年版。

[49] [美] 罗斯科·庞德:《普通法的精神》,唐前宏等译,法律出版社 2001 年版。

[50] [美] 斯蒂芬·布雷耶:《积极自由——美国宪法的民主解释》,田雷译,中国政法大学出版社 2011 年版。

［51］［美］小奥利弗·温德尔·霍姆斯：《霍姆斯读本——论文与公共演讲选集》，刘思达译，上海三联书店2009年版。

［52］［美］约翰·亨利·梅利曼：《大陆法系》（第二版），顾培东、禄正平译，法律出版社2004年版。

［53］［美］约翰·奇普曼·格雷：《法律的性质与渊源》，马驰译，中国政法大学出版社2012年版。

［54］［日］金子宏：《日本税法》，战宪斌、郑林根等译，法律出版社2004年版。

［55］［日］中里实、弘中聪浩、渊圭吾、伊藤刚志、吉村政穗编：《日本税法概论》，西村朝日律师事务所、西村高等法务研究所监译，法律出版社2014年版。

［56］［瑞典］亚历山大·佩策尼克：《论法律与理性》，陈曦译，中国政法大学出版社2015年版。

［57］［瑞典］亚历山大·佩岑尼克：《法律科学：作为法律知识和法律渊源的法律学说》，桂晓伟译，武汉大学出版社2009年版。

［58］［以］巴拉克：《民主国家的法官》，毕洪海译，法律出版社2011年版。

［59］［意］蒂托·卢克雷齐奥·里佐：《法律的缘由》，李斌全译，浙江大学出版社2009年版。

［60］［意］罗道尔夫·萨科：《比较法导论》，费安玲、刘家安、贾婉婷译，商务印书馆2014年版。

［61］［意］切萨雷·贝卡里亚：《论犯罪与刑罚》，黄风译，北京大学出版社2008年版。

［62］［英］P. S. 阿蒂亚：《英国法中的实用主义与理论》，刘承韪、刘毅译，清华大学出版社2008年版。

［63］［英］霍布斯：《利维坦》，黎思复、黎廷弼译，商务印书馆

1985 年版。

［64］［英］鲁伯特·克罗斯、J. W. 哈里斯：《英国法中的先例》(第四版)，苗文龙译，北京大学出版社 2011 年版。

［65］［英］路德维希·维特根斯坦：《哲学研究》，陈嘉映译，商务印书馆 2015 年版。

［66］［英］尼尔·麦考密克：《法律推理与法律理论》，姜峰译，法律出版社 2018 年版。

［67］［美］布莱克：《法律的运作行为》，唐越、苏力译，中国政法大学出版社 1994 年版。

［68］［英］威廉·布莱克斯通：《英国法释义》（第 1 卷），游云庭、缪苗译，上海人民出版社 2006 年版。

［69］［英］威廉·格尔达特：《英国法导论》，张笑牧译，中国政法大学出版社 2013 年版。

［70］［英］约翰·奥斯丁：《法理学的范围》，刘星译，北京大学出版社 2013 年版。

［71］［英］约瑟夫·拉兹：《法律的权威：法律与道德论文集》，朱峰译，法律出版社 2005 年版。

（四）中文译文

［1］［法］皮埃尔·贝勒：《法国最高法院的崇高地位和苦役工作》，李泽锐译，载《法学译丛》1981 年第 3 期。

［2］［美］罗斯科·庞德：《何为遵循先例原则》，李鸻译，载《山东大学学报》（哲学社会科学版）2006 年第 5 期。

［3］［瑞士］艾姆尼格：《〈瑞士民法典〉之法官与法律的关系》，姜龙、沈建峰译，《法律科学》2013 年第 3 期。

［4］［意］莫诺·卡佩莱蒂：《法官造法的权力及其限度》，徐昕、王

奕译，载高鸿钧主编：《清华法治论衡》（第 4 辑），清华大学出版社 2004 年版。

（五）外文著述

[1] Arthur Taylor Von Mehren, The Civil Law System: An Introduction to the Comparative Study of Law, Little Brown, 2nd ed., 1977.

[2] Andrew West, Alain Fenet, Yvon Desdevises, The French Legal System, an Introduction, Fourmat Publishing, 1992.

[3] Anne Bayefsky, International Human Rights Law in Canadian Courts, in Enforcing International Human Rights in Domestic Courts, Benedetto Confroti and Francesco Francioni eds., 1997.

[4] Aristotle, Nicomachean Ethics, Roger Crisp Trans. and ed., Cambridge University Press, 2004.

[5] B. N. Cardozo, The Nature of the Judicial Process, Yale University Press, 1925.

[6] D. Neil Maccormic & Robert S. Summers, Interpreting Statutes: A Comparative Study (eds.), Dartmouth, Aldershot, 1991.

[7] David Kairys, Legal Reasoning, in The Politics of Law: A Progressive Critique, David Kairys ed., Pantheon, 1982.

[8] David Pollard, Sourcebook on French Law, Routledge-Cavendish, 2nd ed., 1998.

[9] Duncan Kennedy, A Critique of Adjudication: *Fin De SiÈCle*, Harvard University Press, 1997.

[10] F. MÜLler and R. Christensen, Juristische Methodik: Grundlagen, Duncker & Humblot, Berlin, 9th ed., 2004.

[11] Geles Macdonogh, Frederick the Great, Phoenix Press, 2000.

[12] H. L. A. Hart, The Concept of Law, Clarendon Press, 2nd ed., 1994.

[13] H. Rasmussen, On Law and Policy in The European Court of Justice, Nijhoff, Dordrecht, 1986.

[14] J. Stone, Precedent and Law, Butterworths, Sydney, 1985.

[15] J. WrÓBlewski, The Judicial Application of Law, Kluwer, 1992.

[16] J. H. Langbein, Blackstone on Judging in Blackstone and His Commentaries: Biography, Law, History, W. Prest ed., Hart, Oxford, 2009.

[17] Jaro Mayda, Francois Gény and Modern Jurisprudence, Louisiana State University Press, 1978.

[18] Jorome Frank, Law and Modern Mind, Coward-Mccann Publishers, 1930.

[19] L. Wittgenstein, Philosophical Investigations, Trans. G. E. M. Anscombe, Basil Blackwell Ltd., 3rd ed., 1976.

[20] Lawrence Baum, Judges and Their Audiences: A Perapective on Judicial Behavior, Princeton University Press, 2008.

[21] Lloyd L. Weinreb Natural Law and Justice, Harvard University Press, 1987.

[22] M. Hale, The History of The Common Law of England, Rothman, Littleton, Reprint ed., 1987.

[23] Marc Jacob, Precedents and Case-Based Reasoning in The European Court of Justice: Unfinished Business, Cambridge University Press, 2014.

[24] Roberto Mangabeira Unger, The Self Awakened: Pragmatism Unbound, Harvard University Press, Cambridge, Ma, 2007.

[25] Roberto Mangabeira Unger, The Critical Legal Studies Movement, Harvard University Press, 1983.

[26] Reinhard Zimmermann, An Introduction to German Legal Culture,

in Introduction to German Law, Werner F. Ebke and Matther W. Finkin eds., 1996.

[27] René David, French Law, Trans. Michael Kindred, Louisiana State University Press, 1972.

[28] Richard A. Posner, How Judges Think, Harvard University Press, 2008.

[29] Richard A. Posner, Problems of Jurisprudence, Harvard University Press, 1990.

[30] Rupert Cross, John Bell and George Engle, Statutory Interpretation, Butterworths, 3rd ed., 1995.

[31] Samuel E. Thorne, A Discourse upon the Exposition and Understanding of Statues, San Marino, Calif., 1942.

（六）外文论文、报告等

[1] A.-M. Slaughter, A Global Community of Courts, 1 Harvard International Law Journal (2003).

[2] Claire M. Germain. Approaches to Statutory Interpretation and Legislative History in France, 3 Duke Journal of Comparative & International Law (2003).

[3] E. A. Posner and J. Yoo, Judicial Independence in International Tribunals, 1 California Law Review (2005).

[4] François-Xavier Licari, François Gény in Louisiana, 6 J. Civ. L. Stud. (2013).

[5] Frank H. Easterbrook, Legal Interpretation and the Power of the Judiciary, 7 Harvard Journal of Law and Public Policy (1984).

[6] Frederick Schauer, Do Cases Make Bad Law?, 3 The University of

Chicago Law Review (2006).

[7] Grant Lamond, Analogical Reasoning in the Common Law, Oxford Journal of Legal Studies, Volume 34, Issue 3, Autumn 2014.

[8] J. Raz, Interpretation Without Retrieval, in Law and Interpretation (A. Marmor ed. , Oxford University Press, 1995).

[9] Jeremy M. Miller, A Comparative Analysis of Codification, 12 Western State University Law Review (1984).

[10] Jonathan T. Molot, The Rise and Fall of Textualism, 1 Columbia Law Review (2006).

[11] Milan Kuhli, Power and Law in Enlightened Absolutism —Carl Gottlieb Svarez' Theoretical and Practical Approach, 2 Max Planck Institute For European Legal History Research Paper Series (2012).

[12] Nieolas Bergasse, Report on the Organization of Judicial Power, Department of Justice of Canada (February 19, 2017), Http: //Www. Justice. Gc. Ca/Eng/Rp-Pr/Csj-Sjc/Ilp-Pji/Rev2/Rev2. Pdf.

[13] Oliver Wendell Holmes, The Path of the Law, 10 Harvard Law Review (1897).

[14] Oscar Gauye, François Gény est-il le père de l'article 1er, 2e alinéa, du Code civil suisse?, 92 Revue De Droit Suisse (1973).

[15] PaulR. Baier, 100 Years of Lsu Law, 1906 - 2006: A Centennial Gloss, 67 La. L. Rev. (2007).

[16] Richard B. Cappalli, At the Point of Decision: The Common Law'S Advantage over the Civil Law, 12 Temple International and Comparative Law Journal (1998).

[17] Robert S. Summers, Two Types of Substantive Reasons: The Core of A Theory of Common-Law Justication, 63 Cornell L. Rev. (1978).

[18] Ronald Dworkin, The Model of Rules, 14 The University of Chicago Law Review (1967).

[19] S. Herman, Command Versus Purpose: the Scylla And Charybdis of The Code Drafter, 52 Tul. L. Rev. (1977).

[20] Statement of The Nominee, Confirmation Hearing on The Nomination of John G. Roberts, Jr. To Be the Chief Justice of The United States, Senate Committee on the Judiciary, S. Hrg. 109 - 58, 12 - 15 Sep. 2005.

[21] Thomas A. Lambert, Dr. Miles is Dead. Now What? Structuring A Rule of Reason for Evaluating Minimum Resale Price Maintenance, 6 William & Mary Law Review (2009).

[22] T. Sampaio Ferraz Junior, on Sense and Sensibility in Legal Interpretation, 2 Rechtstheorie (2011).

中国法学会后期资助项目文丛

BOOK SERIES FUNDED BY CHINA LAW SOCIETY

1. 《行政程序法典化研究》姜明安 等著
2. 《解读青年马克思的黑格尔法哲学批判》姚远 著
3. 《清代“杀一家三人”律、例辨析》吴杰 著
4. 《中央地方关系中的民主集中制研究》苗泳 著
5. 《证券内幕交易构成要件比较研究》曹理 著
6. 《欧洲婚姻财产法的未来》樊丽君 译
7. 《德国刑法教义学上的客观处罚条件》王钰 著
8. 《结果加重犯的基本原理与认定规则研究》邓毅丞 著
9. 《刑事诉讼中法院职权调查问题研究》林铁军 著
10. 《人民陪审员角色研究》刘方勇 著
11. 《非典型劳动者权益保护研究》班小辉 著
12. 《创新与反垄断——互联网企业滥用行为之法律规制研究》仲春 著
13. 《不得援引国家豁免的商业交易诉讼研究》纪林繁 著
14. 《国家侵权的国际私法问题研究》李华成 著

15. 《法律的空间意象性》朱垭梁 著

16. 《罗马体育法要论》赵毅 著

17. 《〈大清律例〉律目研究》张田田 著

18. 《陕派律学家事迹纪年考证》闫晓君 著

19. 《论行政法上的意思表示——兼论行政行为构成中的意识要件》田勇军 著

20. 《新农村建设中保障农民政治参与权利的制度创新研究》蔡振亚　王为东 著

21. 《国家赔偿法研究述评》上官丕亮 主编

22. 《个人信息与权利配置——个人信息自决权的反思和出路》刘金瑞 著

23. 《从"大陆"走向"混合"的路易斯安那民法典》李宁 著

24. 《防控网络恐怖活动立法研究》皮勇 著

25. 《背信犯罪：当代社会的白领犯罪》刘荣 译

26. 《刑事诉讼中的鉴定意见质证制度研究》王跃 著

27. 《互联网规制的国际贸易法律问题研究》孙南翔 著

28. 《相关市场界定研究——以技术许可协议为视角》周围 著

29. 《外资并购国家安全审查制度的平衡机制研究》杨静 著

30. 《司法改革背景下裁判文书说理繁简分流研究》罗灿 著

31. 《当代中国法制的政治逻辑》瞿郑龙 著

32. 《美国行政法规的司法审查研究》杨蕾 著

33.《非上市公司股份交易法律问题研究》黄爱学 著

34.《中国商事立法研究》张保红 著

35.《日本民事再审事由研究——以判例分析为中心》翟志文 著

36.《论民法教义体系与家庭法的对立与融合：现代家庭法的谱系生成》刘征峰 著

37.《香港与内地刑事法制冲突问题研究》马正楠 著

38.《刑事程序性法律后果研究》马永平 著

39.《抢劫罪量刑经验研究》赵学军 著

40.《生态安全义务履行与人的致灾性法律控制》王建平 著

41.《税法的分配功能研究》侯卓 著

42.《裁判结果透明化的制度审思和完善路径》胡玉明 著

43.《德国判例使用方法研究》高尚 著

44.《现代性视域下的法律数字研究》高一飞 著

45.《商周刑罚制度研究》魏晓立 著

46.《面向行政任务的听证程序构造》石肖雪 著

47.《我国物流法律私法体系之建构——以方法论为视角》张敏 著

48.《再保险法》杨帆 译

49.《金融稳定法论》袁达松 著

50.《中国民事检察监督制度的改革与完善研究》路志强 著

51.《规范论在刑法解释中的作用》李世阳 著

52.《北京市盗窃罪量刑实证研究——以2736份判决书为样本》董晓华 著

53.《德国证据禁止规则研究——法典与判例的有效融合》张袁 著

54.《中国主权观的演进与发展》杨永红 著

55.《中国涉外商事仲裁裁决撤销：机制与实证》张春良 等著

56.《国际投资背景下的跨国公司与人权保护》隽薪 著

57.《法律解释权模式研究》徐凤 著

58.《中国共产党党内法规理论逻辑研究》侯嘉斌 著

59.《行政课予义务诉讼研究》胡煜 著

60.《民法典体系化的哲学》许中缘 著

61.《当代知识产权研究与实践的生态逻辑：基于马克思主义的反思》薛华 著

62.《实现担保物权非讼程序研究》李林启 著

63.《共同过失犯罪理论争鸣与探索》王东明 著

64.《交通犯罪对策研究》杨宁 译

65.《以审判为中心诉讼制度改革视野下的刑事诉讼法律关系研究》边慧亮 著

66.《科学测谎之认知脑电的法庭证据适用原理和方法》刘洪广 著

67.《金融科技监管法律制度构建研究》张永亮 著

68.《生态利益的物权法表达》项波　孟春阳 著

69.《亚投行技术援助机制构建研究》孟于群 著

70.《海上人身伤亡赔偿法比较研究》刘焕省 著

71.《涉外监护法律适用理论与实证研究》秦红嫚 著